船舶结构与设备

李亮宽　徐燕铭　主　编
许文胜　葛　涛　副主编
　　　　杜金印　主　审

哈尔滨工程大学出版社
Harbin Engineering University Press

内 容 简 介

本书将船舶原理与结构相结合、船舶设备与系统相结合,突出应用性,适应了目前教学改革的需要。全书共六章,从船舶的结构与设备两方面做介绍,包括:船舶类型、船舶几何要素、船体强度与结构、船舶轮机设备、船舶甲板设备和船舶安全设备。教材在编写中对知识点进行了梳理,并配备了大量的图片,使抽象的知识变得更直观。

本书既可作为航海类院校相关专业的教学用书,也可供相关工程技术人员参考。

图书在版编目(CIP)数据

船舶结构与设备/李亮宽,徐燕铭主编. —哈尔滨:哈尔滨工程大学出版社,2018.7(2023.2 重印)
ISBN 978 – 7 – 5661 – 2067 – 0

Ⅰ.①船… Ⅱ.①李… ②徐… Ⅲ.①船体结构 – 教材②船体设备 – 教材 Ⅳ.①U66

中国版本图书馆 CIP 数据核字(2018)第 165177 号

选题策划 史大伟
责任编辑 薛 力
封面设计 博鑫设计

出版发行	哈尔滨工程大学出版社
社 址	哈尔滨市南岗区南通大街 145 号
邮政编码	150001
发行电话	0451 – 82519328
传 真	0451 – 82519699
经 销	新华书店
印 刷	黑龙江天宇印务印刷有限公司
开 本	787 mm × 1 092 mm 1/16
印 张	15
字 数	390 千字
版 次	2018 年 7 月第 1 版
印 次	2023 年 3 月第 4 次印刷
定 价	40.00 元

http://www.hrbeupress.com
E-mail:heupress@ hrbeu.edu.cn

前　言

随着《1978 年海员培训、发证和值班标准国际公约》、2010 年马尼拉修正案的实行,及交通运输部编制的《海船船员培训大纲(2016 版)》自 2017 年 4 月 1 日起的施行,航海类院校相关专业迫切需要一本最新的船舶结构与设备教材来满足教学、培训、考试需求。本书在此基础上编写而成。

本书主要介绍了船舶类型、船舶几何要素、船体强度与结构、船舶轮机设备和船舶甲板设备、船舶安全设备等。

本书既可作为航海类院校相关专业的教学用书,也可供相关工程技术人员参考。本书特色如下:

1. 符合 STCW78/95 公约及 2010 年马尼拉修正案的要求,能满足航海教育的需要。

2. 以 2012 版《中华人民共和国海船船员适任考试大纲》作为参考,本书可作为航海类院校相关专业教学和培训考试的参考用书。

3. 本书在编写过程中参照了有关国际公约和国内最新法规、规范、指南、国家标准和国外相关资料等,保证本书知识的可靠性和准确性。

本书由天津海运职业学院李亮宽、徐燕铭、葛涛、许文胜、吴国强、许裕冬共同编写,杜金印主审。具体分工为李亮宽、徐燕铭担任主编,许文胜、葛涛担任副主编,许裕冬负责编写第一章、李亮宽负责编写第二章、吴国强负责编写第三章、徐燕铭负责编写第四章,许文胜负责编写第五章,葛涛负责编写第六章。

由于作者水平有限,书中疏漏和不足之处在所难免,敬请广大同仁和读者批评指正。

编者

2018 年 10 月

目　　录

第一章　船舶类型

第一节　船舶发展及分类

一、船舶的发展概况

船舶作为一种水上交通工具,发展至今大约有五千多年的历史。从远古的独木舟发展到现代的各类船舶,其发展历程如下。

1. 以造船材料的发展划分

(1)木船时代　19世纪以前,船舶几乎都是木材建造的。

(2)铁船时代　19世纪50年代开始进入铁船全盛时期,时间较短,仅二三十年时间。

(3)钢船时代　19世纪80年代开始至今,绝大部分船舶均采用钢材建造。20世纪40年代以前都采用铆接结构,以后部分船舶采用焊接结构,20世纪50年代以后基本上都采用焊接结构。

2. 以推进装置的发展划分

(1)舟筏时代　独木舟起源于石器时代,后被木筏、竹筏、兽皮做成的皮筏所取代。进入青铜器时代以后,出现了木板船。舟筏时代所用的推进工具是木制的桨、橹或竹制的篙。

(2)帆船时代　远在公元前4000年就出现了帆船,15世纪到19世纪中叶为帆船的鼎盛时期,直到19世纪70年代以后逐渐被新兴的蒸汽机船所取代。

(3)蒸汽机船时代　蒸汽机船包括往复式蒸汽机船和回转式汽轮机船两种类型。1807年,世界上第一艘往复式蒸汽机船"克莱蒙特"号在美国建成并试航成功,从此船舶进入了机械动力代替自然力的新纪元。1894年至1896年世界上第一艘新型的回转式蒸汽轮机船"透平尼亚"号在英国建成。由于往复式蒸汽机的效率较低,质量和尺度相对较大,20世纪50年代开始,往复式蒸汽机船逐渐被淘汰。

(4)柴油机船时代　20世纪初柴油机开始应用于船舶。1904年世界上第一艘柴油机船"万达尔"号在俄国建成。由于柴油机热效率高、经济可靠,因而得到广泛应用。20世纪40年代末,柴油机船吨位就已超过蒸汽机船,目前世界船队中柴油机船占绝对优势。

动力推进船舶的推进器经历了从明轮到螺旋桨的发展过程。最早往复式蒸汽机驱动的是明轮,从1836年开始试验用螺旋桨作为船舶推进器,到1861年左右就不再大批建造明轮推进器的船舶了。目前,绝大多数的船舶均采用螺旋桨作为推进器。

3. 现代船舶的发展特点

近五十多年来,船舶发展的突出特点是:专业化、大型化、自动化。

最早的专业化运输船舶,主要是运输散装石油的油船,其他海上货运船舶的专业化,大体是从20世纪50年代才迅速发展起来的。首先是干散货船舶与杂货船的分离,出现了矿砂船、散货船(运载谷物、煤等)、散货与石油兼用船。20世纪50年代末期,又出现了设有制冷设备的液化气体船,以及液体化学品船。将件杂货集装箱化运输,产生了集装箱船。滚装船、载驳船,还有专门运输汽车的汽车运输船也相继出现。

　　船舶大型化可以降低单位造价,有利于降低运输成本。20 世纪 50 年代以后,商船向大型化发展非常迅速,特别表现在远洋船舶中的大型油轮及矿砂船和兼用船的出现。最大船型的惊人发展,是战后油船发展的最大特点,如:1950 年最大油船的载重量为 2.8 万吨,到 1980 年的最大油轮的载重量为 56.3 万吨,载重量增加了 20 多倍。不过从 20 世纪 80 年代以后,巨型油轮的数量逐渐减少。

　　近几十年来,船舶自动化的程度越来越高,不少的船舶实现了机舱管理全自动化,这是当代船舶发展的又一大进步。

二、船舶分类

　　船舶分类方法很多,通常可按船舶用途、航区、推进动力的形式、推进器的形式、机舱位置、造船材料、航行状态以及上层建筑的结构形式等进行分类。其中,多数船舶是按其用途分类来称呼的。

　　1. 按船舶用途分类

　　(1)军用船

　　用于从事作战或辅助作战的各种舰艇。

　　(2)民用船

　　包括运输船、工程作业船、渔业船、工作船舶等。

　　①运输船　　运输船又称商船,是指从事水上客货运输的船舶。大致可分为 8 个类型:a. 客船、客货船、渡船;b. 普通货船(即杂货船);c. 集装箱船、滚装船、载驳船;d. 散粮船、运煤船、矿砂船;e. 油船、液化气体船、液体化学品船;f. 多用途散货船,包括矿砂/油两用船、矿砂/散货/油三用船;g. 特种货船,指运木船、冷藏船、汽车运输船等;h. 驳船,有拖轮拖带和顶推船顶推两种运输方式。

　　②工程作业船　　是指在港口、航道等水域从事各种工程作业的船舶。主要有挖泥船、打捞船、测量船、超重船、打桩船、钻探船等。

　　③渔业船　　是指从事捕鱼和渔业加工的船舶。主要有拖网渔船、围网渔船、刺网渔船、延绳钓渔船、捕鲸船、捕海兽船、捕虾船和捕蟹船,以及渔业加工船、渔业调查船等。

　　④工作船舶　　工作船舶又称为特殊用途船,是指为航行进行服务工作或其他专业工作的船舶,诸如破冰船、引航船、供应船、消防船、航标船、科学调查船、航道测量船等。

　　2. 按航区分类

　　(1)远洋船舶　　指能在环球航线上航行的船舶,即通常所指的能航行于无限航区的船舶。

　　(2)近海船舶　　指航行于距岸不超过 200 海里海域(个别海区不超过 120 海里或 50 海里)的船舶,即航行于近海航区的船舶,可以来往于邻近国际间港口。

　　(3)沿海船舶　　指航行于距岸不超过 20 海里海域(个别海区不超过 10 海里)的船舶,即沿海岸航行的船舶。

　　(4)内河船舶　　在内陆江河中航行的船舶。

　　3. 按推进动力的形式分类

　　(1)蒸汽机船　　以往复式蒸汽机为主机的船舶。

　　(2)汽轮机船　　以回转式蒸汽轮机为主机的船舶。

（3）柴油机船　以柴油机为主机的船舶。

（4）燃气轮机船　以燃气轮机为主机的船舶。

（5）电力推进船　由主机带动主发电机发电,再通过推进电动机驱动螺旋桨的船舶。

（6）核动力船　利用核燃料在反应堆中发生裂变反应放出的巨大热能,产生蒸汽供汽轮机主机工作的船舶。

4. 按推进器形式分类

（1）螺旋桨船　以螺旋桨为推进器的船舶,常见的有定距桨船和调距桨船两种。

（2）平旋推进器船　以平旋轮为推进器（又称为直翼推进器）的船舶。

（3）明轮船　以安装在船舶两舷或船尾的明轮为推进器的船舶。

（4）喷水推进船　利用船内水泵自船底吸水,将水流从喷管向后喷出所获得的反作用力作为推进动力的船舶。

（5）喷气推进船　将航空用的喷气式发动机装在船上以供推进用的船舶。

5. 按造船材料分类

（1）钢船　以钢板及各种型钢为主要材料的船舶。

（2）木船　以木材为主要材料,仅在板材连接处采用金属材料的船舶。

（3）钢木结构船　船体骨架用钢材,船壳用木材建造的船舶。

（4）铝合金船　以铝合金为主要材料的船舶。

（5）水泥船　以钢筋为骨架,涂以抗压水泥而成的船舶。

（6）玻璃钢船　以玻璃钢为主要材料的船舶。

6. 按航行状态分类

（1）排水型船　靠船体排开水面获得浮力,从而漂浮于水面上航行的船舶。

（2）潜水型船　潜入水下航行的船舶,如潜水艇等。

（3）腾空型船　靠船舶高速航行时所产生的水升力或靠船底向外压出空气,在船底与水面之间形成气垫,从而脱离水面而在水上滑行或腾空航行的船舶,如水翼艇、滑行艇、气垫船等。

从航运生产实际和船员作业需要出发,本书主要按船舶的用途进行区分。

第二节　民用船舶

一、客船、客货船

根据《国际海上人命安全公约》1974 年（简称为 SOLAS1974）的规定,凡载客超过 12 人的船舶,定义为客船。这是从客船在结构分舱、稳性、机电设备、防火结构、救生设备、消防设施、无线电报、电话等方面的要求上,与货船有许多不同这个角度出发定义的。

一般称专门运送旅客、行李、邮件及少量需要快速运送的货物的船舶为客船。除了载运旅客之外,还装有部分货物的船舶,称为客货船（图 1.1）。客货船在要求上与客船是相同的。

图1.1　客货船

客船、客货船的主要特点如下：

(1)客船的外形美观,采用飞剪式船首,艏部甲板外瓢,上层建筑庞大、层数多且长,其两端呈阶梯形与船体一起形成一流线型。

(2)客船的水下线型较瘦削,方形系数小,适用于中机型。这对于生活舱室设施和各种管系布置也较方便。

(3)为了布置旅客居住舱室的需要,客船设置多层甲板,大型客船的甲板多达8~9层,加上多层上层建筑,水线以上的干舷高,侧向受风面积大。

(4)客船要求保证在破舱浸水后,有足够的浮力和稳性,因此水密横舱壁的间距较小。

(5)客船的防火要求较严格,主竖区防火舱壁、甲板、上层建筑等,必须采用不燃材料制作。而家具等设施要经过防火处理,在各个防火区之间的通道上要设防火门。

(6)由于客船的居住舱室布置在水线以上,旅客又可以上下左右到处流动,所以船的重心高,船的侧向受风面积又大,故客船要求较高的稳性。一般需要装设固定的压载,如生铁块等。对于客货船,水线以下的船舱尽可能用来装货。

(7)客船要按照《国际海上人命安全公约》的要求,配备有足够的救生设施。

(8)为了减小船的摇摆,大型豪华客船一般装设有减摇鳍,可减小横摇角50%~80%。

(9)为了保证客船的航班使旅客预期到达目的地,客船的航速高,主机功率大,大部分客船都装设有两部主机、双螺旋桨,也有的大型客船装有4部主机、4个螺旋桨。一般国际航线的大型客船,航速在20~23 kn,个别的高达30 kn以上。国内沿海客船的航速为14~17 kn。

二、普通货船、集装箱船、滚装船

1.普通货船

普通货船俗称为杂货船。杂货也称统货,是指机器设备、建材、日用百货等各种物品,包装成捆、成包、成箱装船运输。专门运输杂货的船,称为杂货船或称普通货船(图1.2)。

由于受货源、货物装卸速度等原因的影响,杂货船有下列一些特征:

(1)杂货船的载重量不可能很大,远洋杂货船总载重量(DW)为10 000~14 000 t;近海的杂货船总载重量(DW)为5 000 t左右;沿海的杂货船总载重量(DW)为3 000 t以下。由于货种多,货源不足,装卸速度慢,停港时间长,杂货船的载重量过大会不经济。

(2)为了理货方便,杂货船一般设有 2 ~ 3 层甲板。载重量为万吨级的杂货船,设有 5 ~ 6 个货舱。机舱位置多数为中尾机型,也有采用尾机型。

(3)杂货船一般都设有艏楼,在机舱的上部设有桥楼。老式的 5 000 t 级杂货船,多采用三岛型。

(4)许多万吨级的杂货船,因压载要求,常设有深舱,深舱可以用来装载液体货物(动植物油、糖蜜等)。

(5)杂货船一般都装设起货设备,多数以吊杆为主,也有的装设液压旋转吊。

(6)大多数杂货船,每个货舱设置一个舱口。但少数杂货船根据装卸货物的需要,采用双排舱口。

(7)不定期的杂货船一般为低速船,航速过高对于杂货船是很不经济的。远洋杂货船航速为 14 ~ 18 kn,续航力为 12 000 n mile 以上;近海杂货船的航速为 13 ~ 15 kn;沿海杂货船的航速为 11 ~ 13 kn。

图 1.2　普通货船

(8)杂货船一般都是一部主机,单螺旋桨,单舵。

杂货船的主要缺点是:运载的各种杂货需要包装、捆绑才能装卸。装卸作业麻烦、时间长、劳动强度大、易货损、装卸效率低、货运周期长、成本高等。若把各种杂货预先装在统一规格的集装箱内,再装船运输,可以克服上述缺点。

2. 集装箱船

(1)集装箱船的类型

集装箱船是专门运输集装箱货物的船舶(图 1.3)。集装箱船是 20 世纪 50 年代后期发展起来的一种新型货船。集装箱船可分为三种类型。

①全集装箱船　是一种专门装运集装箱的船,不装运其他形式的货物。

②半集装箱船　在船长中部区域作为集装箱的专用货舱,而船的两端货舱装载杂货物。

③可变换的集装箱船　是一种多用途船。这种船的货舱,根据需要可随时改变设施,既可装运集装箱,也可以装运其他普通杂货,以提高船舶的利用率。

（2）集装箱的型号

集装箱的尺寸、质量大小和种类很多，目前各国尚未完全统一。国际标准化组织推荐的规格，也有十余种。主要有两种型号：

①40 ft[①] 集装箱　长×高×宽为40 ft×8 ft×8 ft（12.192 m×2.438 m×2.438 m）；最大质量为30.48 t。

②20 ft 集装箱　长×高×宽为20 ft×8 ft×8 ft（6.058 m×2.438 m×2.438 m）；最大质量为20.32 t。

集装箱船舶通常用载运集装箱的数目表示其载重能力，为了便于比较载运不同规格集装箱船舶的载重能力。国际上通常采用标准箱作为换算的单位。标准箱 TEU（Twenty - foot Equivalent Unit）为20 ft 集装箱，即装载一个40 ft 的集装箱等于装载两个标准箱。

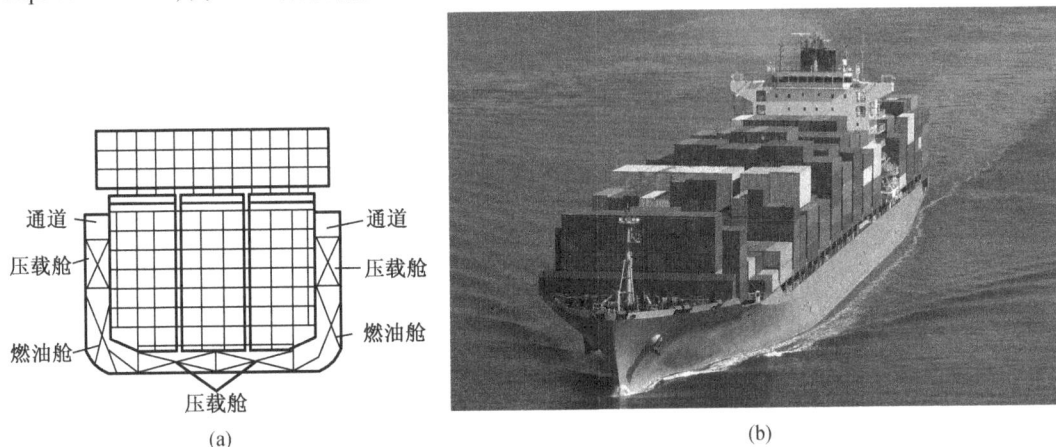

图1.3　集装箱船
（a）集装箱船横剖面示意图；（b）集装箱船照片

（3）全集装箱船的主要特点

①由于集装箱是一个长方体，为了能充分地利用舱容，要求集装箱船的货舱尽可能方整，具有较大的型深。在货舱内设置箱轨、柱子、水平桁材等，组成固定集装箱用的蜂窝状格栅。集装箱沿着导轨垂直放入格栅中，根据舱的大小可堆放4～9层同一规格的集装箱。在集装箱船的甲板上，一般设有固定集装箱用的专用设施，可堆放3层集装箱。

②由于集装箱货物的特点，集装箱船都是单甲板船。舱口宽且长，一般设置2～3排舱口，舱口总宽度可达0.7～0.8倍船宽，舱口长度为舱长的0.75～0.8倍。

③甲板开口大，对于船体总纵强度和扭转强度不利，需采取各种加强措施。全集装箱船一般为双层船壳，可提高船体的抗扭强度，在两层船壳之间作为压载水舱。

④为了使货舱尽可能方整，以及便于在甲板上堆放集装箱，一般均是尾机型或中尾机型船。

⑤除了个别集装箱船在船上装设集装箱的专用起货设备之外，一般船上均不设起货设备，而是使用岸上的集装箱专用起吊设备。

⑥集装箱船的主机功率大，航速高，多数船为两部主机，双螺旋桨。船型较瘦，远洋高

_____

① 1 ft = 0.304 8 m

速集装箱船的方形系数 C_B 小于0.6。

⑦由于甲板上堆放集装箱,所以集装箱船的受风面积大,重心高度也大,对于稳性、防摇、压载等一系列问题要采取相应的措施。

3. 滚装船

滚装船的货物装卸,不是从甲板上的货舱口垂直吊进吊出,而是通过船舶首、尾或两舷的开口以及搭到码头上的跳板,用拖车或叉式装卸车把集装箱或货物连同带轮子的底盘,从船舱至码头拖进拖出的一种船舶(图1.4)。

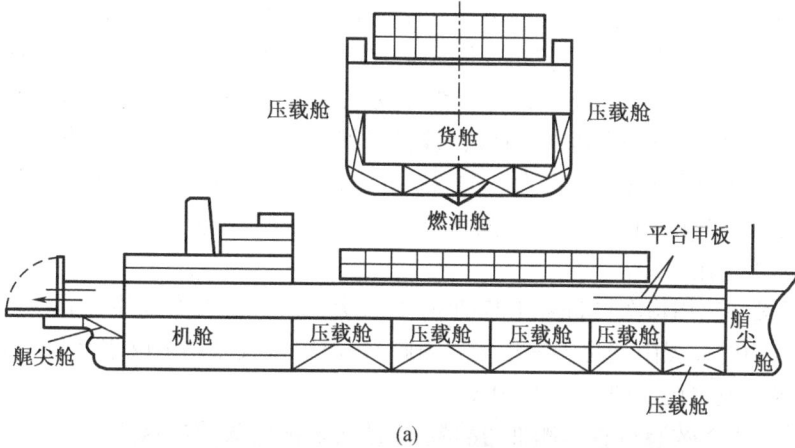

(a)

(b)

图1.4 滚装船

(a)滚装船结构示意图;(b)滚装船照片

滚装船的主要优点是:不需要起货设备,货物在港口不需要转载就可以直接拖运至收货地点,缩短货物周转的时间,减少货损。

滚装船的主要特征:

(1)滚装船的船体结构与普通货船、集装箱船等均有许多不同之处,如要求甲板面积大,甲板层数多。装载小汽车的滚装船,甲板层数可多达10层以上。主甲板以下设有双层船壳,两层船壳之间作为压载水舱。为了便于拖车开进开出,货舱区域内不设横舱壁,采用强横梁和强肋骨保证横强度。在各层甲板上设有升降平台或内跳板,用来安放货物或供拖车通行。船宽在 20～25 m 以下的船舶一般不设支柱。

（2）由于滚装船装载的货物或集装箱一般是连同底盘车一起装在舱内运输的，所占的舱容大，货舱利用率低。运输带有底盘车的货物，舱容利用率仅占 40% 左右。滚装船的载重量系数（载重量与排水量之比）仅为 0.45～0.65，而与其载重量相当的普通货船的载重量系数为 0.65～0.75，干散货船的载重系数为 0.78～0.84。因此，滚装船的型深较大，水线以上的受风面积也大。

（3）滚装船的首部、尾部或两舷侧设有开口，但多数在船尾设有开口，并装设水密门和跳板，依靠机械机构或电动液压机构进行开闭和收放。跳板的形式有很多种，有从尾部沿着船舶纵向中心线方向直伸出船外的，称为尾直跳板，其结构简单，质量小，装卸货物时不产生横倾，但要求船舶停靠突提码头。尾斜跳板，是向船的一舷侧方向偏斜 30～40° 角，因此，要求船舶只能用一舷停靠码头。尾旋转跳板，跳板可以向船的两舷侧方向旋转或伸直，操作灵活、方便，但结构复杂，质量大。类似尾跳板，也有在船首设有跳板的，但首部的开口要比尾部复杂些，故采用的较少。舷侧跳板，因为从舷侧装卸时，船易产生较大的横倾，故对小型滚装船不适用。

（4）由于滚装船用拖车开进开出装卸货物，跳板与码头的坡度不能太大，所以要求船舶吃水在装卸货物的过程中变化不得很大。因此，必须用压载来调节吃水、纵横倾和稳性等，压载质量与载重量之比一般在 0.4～0.6。

（5）滚装船大多数装有首部侧推力装置，以改善靠离码头的操纵性。

（6）滚装船航速高，远洋滚装船的航速一般在 20～30 kn。

（7）滚装船多数为尾机型，船型较瘦削，方形系数 C_B 不大于 0.6。

滚装船的主要缺点是：货舱的利用率比一般杂货船低，造价高；航行安全性问题尚未妥善解决；设在尾部的机舱体积小，工作条件差尚待进一步解决。

三、散货船、矿砂船

散装运输谷物、煤、矿砂、盐、水泥等大宗干散货物的船舶，都可以称为干散货船，或简称散货船。这些货物不需要包装成捆、成包、成箱装载运输。但是，由于谷物、煤和矿砂等的积载因数（每吨货物所占的体积）相差很大，所要求的货舱容积的大小、船体的结构、布置和设备等许多方面都有所不同。因此，一般习惯上仅把装载粮食、煤等货物积载因数相近的船舶，称为散装货船（图1.5），而装载积载因数较小的矿砂等货物的船舶，称为矿砂船（图1.6）。下面分别介绍这两类船舶的一些主要特征。

1. 散货船

（1）散货船的货舱容积主要是按积载因数大致在 1.20～1.60 m³/t 之间的货物为主要对象设计的。如小麦为 1.28～1.53 m³/t；玉米为 1.34～1.39 m³/t；大豆为 1.23～1.67 m³/t；煤为 1.17～1.34 m³/t。

（2）由于粮食、煤等散货的货源充足，装卸效率高，所以散货船的载重量较大。但是由于受到港口、航道等吃水的限制，以及世界经济形势的影响，散货船载重量的大小通常分为如下几个级别：

①总载重量（DW）为 60 000 吨级，通常称为巴拿马型。这是一种巴拿马运河所容许通过的最大船型。船长要小于 245 m，船宽不大于 32.2 m，最大的容许吃水为 12.04 m。

②总载重量（DW）为 35 000～40 000 吨级，称为轻便型散货船。吃水较浅，世界上各港

口基本都可以停靠。

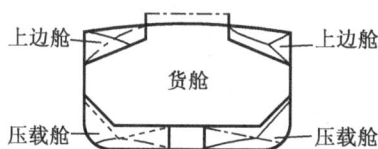

图 1.5　散货船

(a)散货船横剖图;(b)散货船照片

③总载重量(DW)为 20 000 ~ 27 000 t 级,称为小型散货船,是可驶入美国五大湖泊的最大船型。最大船长不超过 222.5 m,最大船宽小于 23.1 m,最大吃水要小于 7.925 m。

(3)因为干散货船的货种单一,不怕挤压,便于装卸,所以都是单甲板船。

(4)散货船都是尾机型船,船型肥大,机舱布置在尾部无困难。一般设有艏楼和艉甲板室,船中部无桥楼和甲板室,有利于货舱和起货设备的布置。

(5)在散货船的货舱内,在舷侧的上、下角处设有上、下边舱。由于船舶在航行中谷物等货物会下沉和横向移动,对于船舶的横倾和稳性会产生不利的影响,上边舱可以减小谷物的横向移动,上边舱底部的斜板与水平面大约成 30°角。下边舱是内底板在两舷边处向上升高而形成的,目的是使舱底货物能自然地流向舱中心部位,以便于卸货。船在空载时,上下边舱和双层底舱都作为压载舱,增加船舶的吃水,提高空船重心高度。有的散货船的上边舱设计成可以装载谷物,在上边舱下面的斜底板上设有开口。开口盖平时用螺栓固牢,当卸货时把开口盖打开,谷物会自动流入大舱内。

(6)散货船一般都是单向运输一种货物,而船型又肥大,空载时即使双层底舱和上下边舱全部装满压载水,还达不到吃水要求。因此,往往还另外用 1 ~ 2 个货舱作为压载舱。由于利用货舱装压载水,两端的水密横舱壁需加强,许多船采用双层平面舱壁。

(7)总载重量(DW)为 40 000 t 以下的散货船,一般船上都装设起货设备,且大部分采用液压旋转吊。而总载重量(DW)在 50 000 t 以上的散货船,很多船上不装起货设备。

(8)散货船的货舱口大,舱口围板高。高的舱口围板可起填注漏斗的作用。

(9)散货船也可以用来装各载积因数较小的矿砂等货物,但是由于矿砂的密度大,占的舱容小,船的重心过低。所以,当装载矿砂时都是隔舱装货,这样可以提高船的重心。但是,这种散货船在设计上必须满足强度要求,并在装载计算书上予以注明。

(10)散货船都是低速船,航速为 14 ~ 15 kn。

(11)当散货船船龄大于 10 年以上时,一般会出现下列问题:

①上边舱因经常装压载水或空舱,腐蚀严重;

②金属舱口盖锈蚀、变形、漏水都较严重,而且不易修理;

③液压旋转吊易出故障。

2. 矿砂船

(1)矿砂船是指专门运载散装矿石的船舶。它的货舱容积是按着货物的积载因数为 0.42 ~ 0.50 m³/t 为主要对象设计的。如:铁矿为 0.34 ~ 0.48 m³/t;锰矿为 0.48 ~ 0.51 m³/t;铜矿为 0.40 ~ 0.57 m³/t。

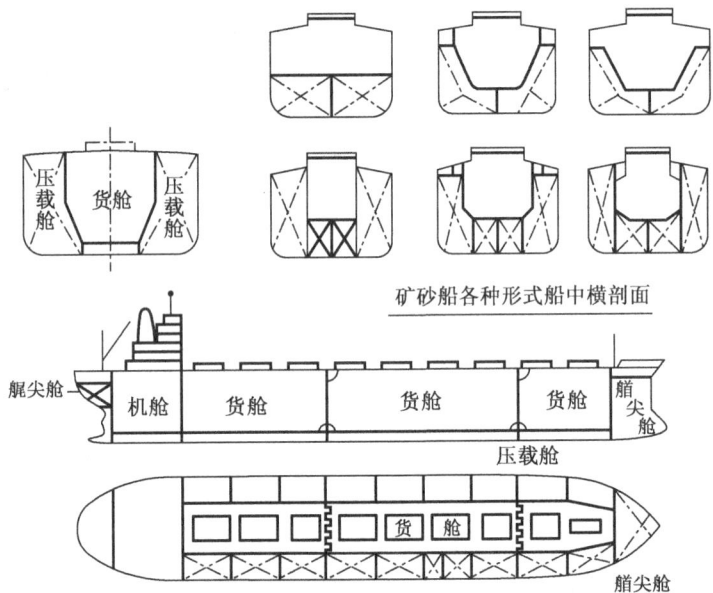

图1.6 矿砂船结构图

(2)矿砂船的载重量较大,其大小是根据航线、生产设备、运输成本等因素决定的。一般矿砂船的载重量越大,运输成本越低。目前矿砂船最小的总载重量(DW)为 57 000 t;最大的总载重量(DW)为 260 000 t;大多数矿砂船的总载重量(DW)为 120 000 ~ 150 000 t。

(3)由于矿石的密度较大,所占的货舱体积较小,为了不使船的重心太低,货舱的横断面做成漏斗形(图1.6),这样既可以提高船的重心,又便于卸舱底货,同时抬高双层底的高度。一般矿砂船的双层高度可达型深的1/5。

(4)矿砂船设置大容量的压载边舱,因为矿砂船的船型肥大,当空载时,必须装载大量的压载水才能达到吃水要求。

(5)矿砂船都是重结构船,为了减小船体质量,普遍采用高强度钢。舱内底板等构件要加厚,防止被吊货抓斗的冲击作用损坏。为了不妨碍铲车、抓斗等起货设备的操作,舱内骨架构件都装设在边舱的一侧。

(6)矿砂船都是尾机型、单甲板、低速船,船速一般为 14 ~ 15 kn。设置艉甲板室,大型矿砂船不设置艏楼。

(7)目前,大型矿砂船上都不设置起货设备,而利用岸上的起货设备。但是由于船型高大,在高潮时岸上的起货设备的高度往往不够,因此,这种矿砂船在装卸货的同时,利用压载水的多少来调节船舶吃水高低。这样要求压载舱的容积和压载系统的能力必须与起货设备相适应。

(8)为了装卸货方便,矿砂船的货舱口尽量加长,有的舱设置多个舱口,为了能迅速地开闭舱口盖,并且不妨碍抓斗等起货设备的操作,有的采用滚动式舱盖。

(9)因为铁矿石会吸收氧气变成氧化铁,航行中舱口盖在关闭的状态下,舱内会缺氧,进入舱内必须注意安全。

四、油船、液化气体船

油船,从广义上讲是指散装运输各种油类的船,除了运输石油外,还可以装运石油的成品油,各种动植物油,液态的天然气和石油气等。但是,通常所称的油船,多数是指运输原油的船(图1.7)。而装运成品油的船称为成品油船;装运液态的天然气和石油气的船称为液化气体船。

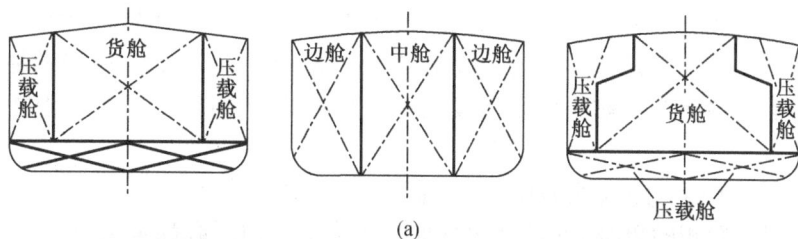

(a)

(b)

图1.7 油船

(a)油船横剖图;(b)油船照片

1. 油船

油船的主要特征:

(1)载重量大。由于石油货源充足,装卸速度快,所以油船可以建造得很大。近海油船的总载重量(DW)为30 000 t左右;近洋油船的总载重量(DW)为60 000 t左右;远洋大油船的总载重量(DW)为20万吨左右;超级油船的总载重量(DW)为30万吨以上。最大的油船达到55万吨。油船的载重量越大,运输成本越低,但是太大的油船受到航道和港口的吃水限制,不一定有利。

(2)大型油船与其他货船相比,船的长宽比L/B较小,而船宽吃水比B/d和方形系数C_B较大,因此船型较肥大。这主要是考虑到船舶造价、空船压载吃水要求及总纵强度等原因。

（3）油船都是尾机型船，机舱、锅炉舱均布置在船尾部，使货油舱连接成一个整体，无须布置轴隧。减少艉轴长度，增加货舱容积，对于防火、防爆、油密等都十分有利。

（4）油船都是单甲板、单底结构。因为货舱范围内破损后，货油浮在水面上，舱内不至于大量进水，故油船除了在机舱区域内设置双层底以外，货油舱区域一般不设置双层底。但是，油轮发生海损事故会造成污染，近年来有的大型油轮，也设置双层底或双层船壳。

（5）对于船长大于 90 m 的油船，通常要求在货油舱内设置两道纵向连续的纵舱壁。其目的是减小自由液面的影响及液体的摇荡，并可增加纵向强度。设置多道横舱壁和大型肋骨框架，保证有足够的横强度。货油舱的数目较多，还可装载不同品种的油类。

（6）设隔离空舱。为了防止油类的渗漏和防火、防爆，在货油舱的前后端设有隔离舱，使其与机炉舱、居住舱室等隔开。也有用泵舱、压载舱和燃油舱兼作隔离舱的。

（7）设干货舱。由于尾机型船满载时船尾部较轻，船的重心前移，故船舶易发生艏倾。为了调整纵倾，许多油船在艏尖舱之后设置一个空舱，舱内可以装载零星干货，故称为干货舱。

（8）压载舱。由于油轮船型较肥，为了保证空载时必要的吃水和稳性，需要装载大量的压载水，约占货舱容积的 30% ，有的高达 50% 。过去油船的压载都是用一部分货油舱装压载水的，当排放压载水时会造成海洋污染。现在载重量 7 万吨以上的原油船均设有专用的压载水舱。其好处是：防止海洋污染；减轻了由于货油舱装压载水对舱内结构的腐蚀；在装卸油的同时排出或灌入压载水，缩短停港的时间；改善了抗沉性，提高了结构强度。但是船体质量有所增加。

（9）设污油舱。国际防污染公约对船舶排放污水中的含油浓度有一定限制。因此，清洗油舱的污水，要先集中在污油舱内经过油、水分离，达到防污要求后方可排放。

（10）货油泵舱。其是专门用来布置货油泵的舱。油船在装油时都使用岸上的泵，但在卸油时是用船上的货油泵。为了防火，驱动货油泵的电动机或柴油机不能安装在泵舱中，应设在邻近的机舱或专用舱内，转动轴可穿过防火舱壁与泵相连。若用蒸汽动力驱动时，则原动机可装在泵舱内。

（11）设舱底加温管系。装运原油和重柴油的油船，在货油舱底铺设加温管系，以防舱内油料因温度下降而凝固。

（12）上层建筑、步桥和通道设置。现代油船一般不在船的中部设置桥楼，只设艉楼。起居处所等不允许布置在上甲板下面，必须位于上层建筑内或位于货油舱以外的开敞甲板上的甲板室内。

在艏部设置艏楼。艉楼和艏楼之间，设置与船楼同样高度的步桥，亦称天桥。其作用是：因油船干舷低，甲板易上浪，甲板上铺设各种管系也多，在甲板上行走不安全，且易引起火灾，故在步桥上通行方便安全。步桥下面可以铺设各种管系和电缆等。

大型油轮可以不设置艏楼，也可不设置步桥，而是在甲板的下面从艉楼至船首设置一条封闭的通道，在通道内铺设管路和电缆。

（13）防火设施。油船上的防火是极为重要的大事，须采取许多防火措施。如设置吸烟室，不准随处吸烟；在可能发生相互碰击和摩擦的部位，如舱口盖接触舱口处、步桥的伸缩接头处、吊杆与支架相接触的部位等都用有色金属制成，避免因碰击发生火花；货油舱口的观察孔设有防火网，各种排气管、排烟管、通风管的出口，装设有火星灭火器或防火装置。各种甲板机械如锚机、起货机、系泊机械等，都是采用蒸汽作为动力。

（14）油船都是单部主机、单螺旋桨和单舵的低速船。

2. 成品油船（图1.8）

（1）成品油是由原油提炼出的各种油，其分为轻油和重油两大类。轻油包括石脑油、汽油、煤油、喷气式发动机油等。重油包括一部分石脑油、润滑油和各种黏度较高的重油等。

（2）成品油船在结构上与原油船基本上相同。运输轻油的成品油船，为了防止舱内结构腐蚀和保证油的质量，在货舱内表面需要进行特殊涂装。而运输重油的成品油船，货舱内无须涂装，但是在装载重油舱中必须装设加热管，防止重油凝固而不能卸油。

（3）总载重量（DW）在30 000 t以上的新造的成品油船，需要设置专用压载舱。

（4）因为成品油的种类很多，各种油的性质又有明显不同，不能相互混合，每种成品油需要运输的数量往往又不多，因此，要求成品油船的货舱容积较小而数目多。装载各种不同油类的货舱、管系、泵等要求是完全独立的系统，所以成品油船管系复杂，货油泵的台数多。

（5）成品油船也设有洗舱设备，以便适应更换装载不同种类的成品油。

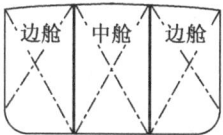

图1.8 成品油船

（a）成品油船横剖图；（b）成品油船照片

3. 液化气体船

液化气体船是专门散装运输液态的石油气和天然气的船。这些液化气体在37.8 ℃时，其饱和蒸气压力都大于0.274 6 MPa，如：甲烷（天然气）、乙烯、丙烯、丙烷、丁烷等。在常温常压下，这些液化气体会完全气化，为此需要特殊装置装载运输。

专门散装运输液化石油气（液化丙烷、丁烷等）的船舶，简称为LPG船（Liquified Pettorleum Gas Carrier）。

专门散装运输液化天然气（液化甲烷等）的船舶，简称为LNG船（Liquified Natural Gas Carrier）。

由于液化气体船也是一种散装液货船，故也有人称为特种油船。液化气体船是20世纪70年代开始发展起来的一种新型船舶。

（1）液化气体船的种类

各种石油气和天然气在某一温度下，其饱和蒸气压力相差很大。如在10 ℃时，丙烷的

饱和蒸气压力为 6.29×10^5 Pa,丁烷的液化压力为 1.46×10^5 Pa,而乙烷的饱和蒸气压力为 29.82×10^5 Pa。

因此,根据液化气体的液化压力和温度的不同及需要运输的液化气体的数量和运输航程的长短等,装运的方式有所不同。

液化气体船按其运输时液化气体的温度和压力,分为 6 种类型,即全压式、半冷/半压式、半压/全冷式、全冷式 LPG 船、乙烯船和 LNG 船。

①全压式液化气体船　这种液化气体船适用于近海短途运输少量的液化气体。它是在常温下将气体加压至液化,把液化气储藏在高压容器中进行运输。这种运输方式,船体结构及操作技术都比较简单,但容器质量大,船舶的容量利用率低,不适用于建造大型高压容器(图 1.9)。

②半冷/半压式液化气体船　液货储运采用低温压力方式,但设计压力比全压式低,一般为 0.4 ~ 0.8 MPa。液货船可承受 -5 ~ 10 ℃的低温,并设有对液货温度、压力控制的液化设备,通过控制液货温度来控制液化气压力。货船外表面包有保温绝热材料,多用于载运 LPG 和化学气体货物。

③半压/全冷式液化气体船　该船可根据装卸货港要求和液货特性灵活采用低温常压、低温加压或常温常压方式运输。与半冷/半压式类似,船舶设有液货的温度压力控制的液化装置,上述温度可控制到 -42 ℃以下。适用于 LNG 以外其他所有液化气体运输。

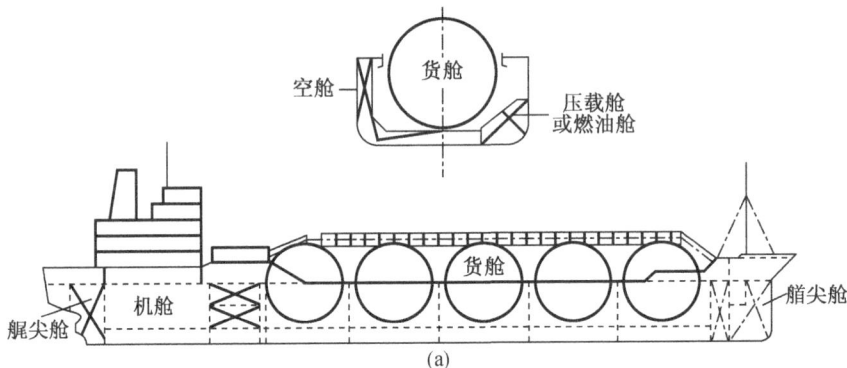

(a)

(b)

图 1.9　全压式 LPG 船

(a)LPG 船结构图;(b)LPG 船照片

④全冷式 LPG 船 液货采用常压低温方式储运。液货装在不耐压的液货舱内并处于常压的沸腾状态。设计温度为载运货在常压下的沸点温度,一般取 -48 ℃,货舱最大工作压力不超过 0.07 MPa。此类船一般用于大规模载运 LPG 和氨。

⑤乙烯船 为运输乙烯专门建造的船舶。采用常压全冷方式,货船设计在常压下温度为 -104 ℃,舱外绝热保温材料要求较高。

⑥LNG 船 也是专用船舶,以常压低温储运 LNG。温度控制在 -163 ~ -160 ℃,目前 LNG 船不设 LNG 蒸气再液化装置,主要靠液货舱高度绝热保温,液货超压蒸气可作为双燃料主机燃料或直接排入大气。

(2)液化气体船船舱结构形式和材料

液化气体船,一般都是在船体内部单独设置数个储藏液化气体的高压容器或低温冷藏舱。液化气体船的结构形式有下列几种:

①高压容器罐型 在船舱内装置数个圆筒形或球形高压容器罐,罐的设计压力是根据所装载液化气体的压力决定的。罐的壳体材料是采用 5.88 MPa ~ 7.85 MPa 的高强度钢制成。由于货舱的温度在常温 45 ℃ 以下,故不需要设置隔热绝缘材料和温度、压力控制装置。整个船体结构和设备都比较简单。

②双层船壳薄膜式低温液化气体舱 在货舱区域内,船体为双层船壳,两层船壳板之间作为压载水舱。在船体内壳的内表面,装设厚度为 0.5 ~ 0.7 mm 的 36% 镍钢薄膜。36% 镍钢薄膜在温度急剧变化时,几乎不发生伸缩变形。也有采用厚度为 1.2 ~ 1.5 mm 的不锈钢薄膜,由于不锈钢在温度急剧变化时会发生伸缩,故将不锈钢薄膜做成皱折形的。

③球形低温液化气体舱 球体舱壁是采用 9% 镍钢或铝合金,外部包着隔热绝缘材料。球形舱是支持在船舱的支架上,或用铰接机构吊挂在甲板下面。采用这种固定方式的好处是,当热胀冷缩时使球形舱有伸缩的余地。

(3)液化气体船特殊的技术要求

①要求较高的保冷技术,如在常压下必须把甲烷和乙烯分别保持在 -161.5 ℃ 和 -103.9 ℃ 以下才行。

②在常温下建造的冷藏舱,当装载液化气体时,要急速冷却至极低的温度,必须采取措施防止结构产生温差应力。

③船体结构与液化冷藏舱的连接处,由于热胀冷缩会产生间隙,必须采取各种措施防止在航行中液货舱的移动。

④必须采取措施处理液化气体的自然蒸发等问题。

部分蒸汽轮机液化天然气体船将运输途中蒸发的天然气或石油气输送到锅炉中燃烧以减少损失。

五、兼用船

散货船、矿砂船和油船等专用船舶,虽然载重量都比较大,但是由于所运输的货物种类单一,回航不能装运其他种类货物,只好压载空放。兼用船是根据货物种类的变化,船舶在往返航程中可以装载不同种类的货物,既可以装载原油,也可以装载散货或矿砂的两用船或三用船。这样提高了运力,降低运输成本。

(1)兼用船在 20 世纪 60 年代开始大量发展起来。它的主要特点是:兼用船都是肥大型船,总载重量(DW)大多数在 15 万 ~ 25 万吨。方形系数 C_b 大于 0.8,都设有中间舱和两侧边舱,并都设有双层底的单甲板船。

(2)兼用船主要有下列两种类型:

①矿/油两用船。用于运输矿砂和原油,简称为 OO 船(ore/oil),见图 1.10。

这种船的中间货舱比较窄,占整个船舶货舱的舱容 40% ~ 50%,运输矿砂时装在中间货舱内,而运输原油时,装在两侧边舱和中间舱内。

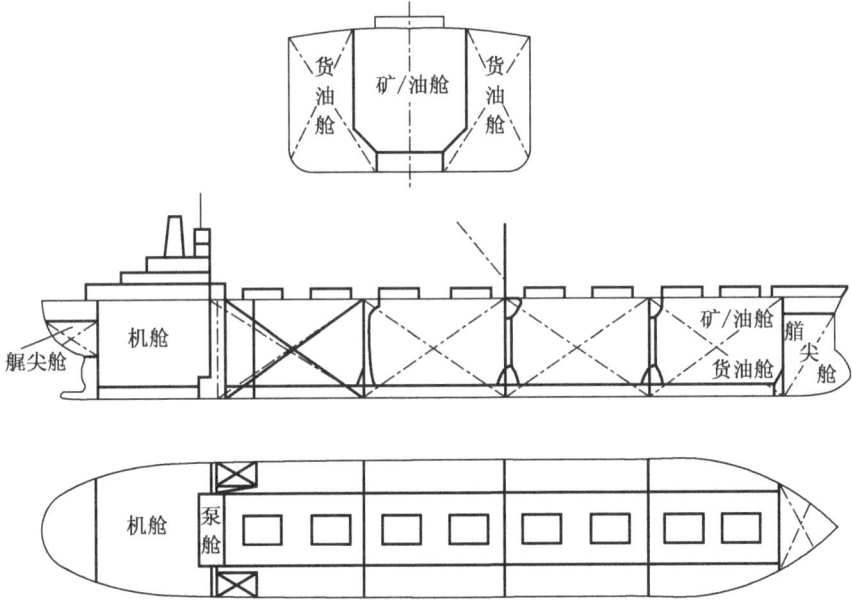

图 1.10 矿/油船(OO 船)结构图

②矿/散/油三用船。用于运输矿砂、较轻的散货和原油,简称为 OBO(ore/bulk/oil carrier),见图 1.11。

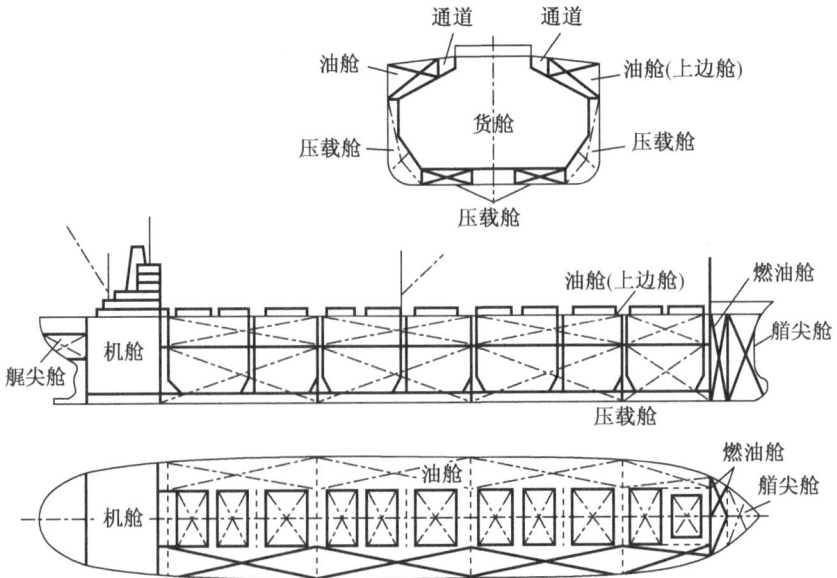

图 1.11 矿/散/油三用船(OBO 船)结构图

为了满足装载散货的要求,矿/散/油三用船货舱形状和散货船的货舱类似,设有上、下边舱,但是它有双层船壳。因此,形成中间船舱和两侧边舱,中间船舱比较宽大,占整个船舶货舱容积70%以上。中间船舱用来装散货和矿砂。当装矿砂时舱容较大,为了提高船舶重心,要隔舱装货。装载原油时,应装在中间舱和两侧边舱及上边舱内。

(3)为了不妨碍散货及矿砂的装卸作业,兼用船舱内的各种加强构件均装设在边舱的一侧,而中间货舱内的壁板表面平滑。

(4)由于兼用船中间货舱既装散货又要装载原油,装散货时要求舱口尺寸大,而装载原油时要求舱口尺寸小,因此,兼用船的舱口盖必须是钢质耐压结构,而且要求油密。

(5)当兼用船中间舱装载原油时,必须铺设加热管,而加热管又妨碍装卸货作业,故加热管采用可拆式的。当装载散货时将加热管取下,存放在舱口盖内。但也有的兼用船,将加热管固定在双层底顶部向下凹陷的特设井内,该井可兼作残油井用。

(6)兼用船的中间货舱在装载原油时,自由液面影响大,对稳性不利。

(7)对于矿/油两用船,为了提高船舶的重心,双层底如同矿砂船一样比较高。

(8)兼用船的中间船舱在装载散货或矿砂时,由于两侧的油舱为空舱,会充满油气,当装卸货物碰击发生火花时,会引起爆炸。因此,在空油舱内一般要灌满惰性气体。

(9)兼用船都是尾机型、单螺旋桨的低速船。

(10)兼用船锈蚀比较严重,洗舱也很麻烦。

第三节 工程船舶

工程船(Workship)是指专门从事某种水面或水下作业的船舶。

一、起重船(Floating Crane)

专门从事水面吊装作业的船舶称为起重船,也称为浮吊。此类船舶装备一门起重吊杆和多台绞车以及发电系统,大型起重船的吊起质量可达几百吨。起重船一般没有自航动力,船位的移动靠拖船拖带。为了固定船位,船上装备多个定位锚(见图1.12)。

图1.12 起重船

二、挖泥船(Dredger)

专门从事疏浚航道的船舶称为挖泥船,也称为航道疏浚船。按其工作原理分为链斗式、耙吸式和绞吸式等。较早的挖泥船采用链斗式挖泥设备,现代大型挖泥船多为耙吸式和绞吸式,这提高了挖泥的功效。图1.13(a)是耙吸式挖泥船。图1.13(b)是绞吸式挖泥船,在泥浆的吸入口装有旋转的绞刀,先将泥土绞碎,然后通过泥浆泵吸取泥浆。

(a)   (b)

图1.13

(a)耙吸式挖泥船;(b)绞吸式挖泥船

三、布缆船(Cable Layer)

专门从事敷设海底电缆和电缆维修的船舶称为布缆船。船首的形状比较特殊,设有几个大直径的导缆滑轮。布缆船的机舱一般设在船中后处,船中处设有大型的电缆舱。船上设有大型压载水舱,在电缆敷设作业中起调整作用。船的甲板上设有导缆槽、滑轮和吊架,中部甲板上设有布缆机(见图1.14)。

图1.14 布缆船

四、渔船(Fishing Vessel)

从事水面捕捞作业的专门船舶称为渔船。渔船通常根据所用捕捞作业的网具不同,分为拖网渔船、围网渔船和流网渔船等(见图1.15)。

图1.15 渔船

五、浮船坞(Floating Dock)

为船舶提供坞修的水上船坞称为浮船坞。浮船坞实际为一浮动的作业平台,装有大型排水泵,可在较短时间内将坞内水排出使船坐墩;设计有很多的大型的坞底水舱,通过灌排水,可以调节坞的沉浮。通常浮船坞有箱形的坞底和左右对称的箱形坞墙,其上设有起重设备(见图1.16)。

图1.16 浮船坞

六、打桩船(Pile Driving Barge)

将码头、水工建筑的桩柱打入水底作业的船舶称为打桩船。船体为一浮于水面的平台,其上竖立打桩机的直立桩架,并备有悬臂吊车。打桩船分为桩架固定式和桩架全回转式,前者只能在船首进行打桩作业,后者既可在船首进行打桩作业,也可以在左右舷进行打桩作业。打桩船本身无前进动力,依靠拖船将其带到指定的桩地。图1.17是一艘桩架固定式打桩船。

图 1.17　桩架固定式打桩船

七、航标船(Buoy Tender)

　　航标船专门从事在航道上的暗礁、浅滩、险滩和岩石等处布设和维修航标,并兼作起重、航道测量或海洋水文地质调查等用途(见图 1.18)。

图 1.18　航标船

八、浮油回收船(Oil Skimmer, Oil Recovery Ship)

　　浮油回收船专门从事港口和海上油田等发生溢油,造成浮油大面积污染时进行浮油回收和消除污染工作。船上设有吸入设备将浮油和水吸入回收舱内,并设多级沉淀舱将油水分离。图 1.19 是一艘双体浮油回收船。

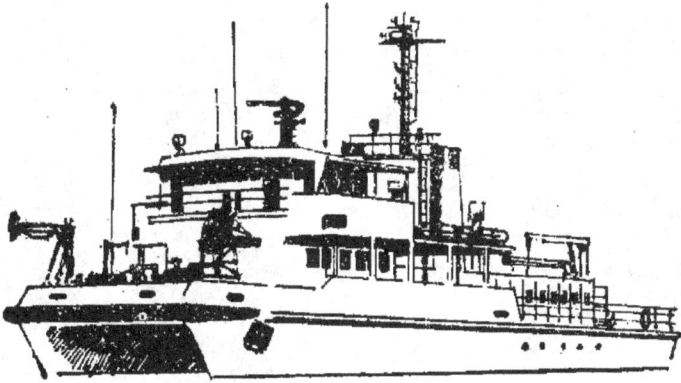

图 1.19　双体浮油回收船

九、救捞船(Salvage Ship)

对沉船和遇难船舶进行施救和打捞沉船的专用工程船称为救捞船。救捞船有较高的自航速度,工作时用锚定位。主要工作机械有起重机、绞车和空气压缩机等,它与驳船、拖船和浮筒等救捞设备配合进行救捞工作。图 1.20 是一艘大型海洋救捞船。

图 1.20　大型海洋救捞船

十、深潜器(Deep Sea Vehicle)

深潜器主要用于海底地貌的观察和标本的采取,以及搜集沉船和打捞沉船等海底物体。深潜器的外形像船,它的外壳是用高强度钢板制成的耐压球体。球体的下端有观察窗和机械手等操作装置。

深潜器装有螺旋桨推进器,在深海中有一定的活动能力。深潜器自身通过一条缆索与水面母船连接,并通过缆索向深潜器供电(见图 1.21)。

图 1.21　深潜器

第四节　高速船艇

　　高速船舶(Fast Craft, Speedboat)主要从事水上客运或娱乐、体育等。它的种类较多,其船体通常用轻型铝合金或其他轻型非金属材料制作,发动机采用高速汽油机或轻柴油机,推进方式采用螺旋桨或喷水推进器等。

一、水翼船(Hydrofoil Craft)

　　该船的底部装有前后各一对水翼,船在高航速航行时,水翼产生的升力将船体托出水面,因而能减少水对船的阻力,并能减少波浪对船的作用。水翼船有浮航和翼航两种航行状态,在速度很低时,水翼船处于浮航状态,达到一定速度后,转为翼航状态。水翼船具有速度快、航行平稳的优点。水翼的制造工艺复杂,且控制系统也很复杂。水翼船一般不适合在浅水航道航行(见图 1.22)。

图 1.22　水翼船

二、高速双体船(Twin – hull Craft, Catamaran)

双体船是一种古老的船型。双体船的船体由两个片体组成,片体具有瘦长的特点,这减少了水对船的阻力;另因两个片体的距离较大,双体船具有较宽的船身,有很好的稳性,航行安全。由澳大利亚和瑞典等发达国家开发的铝合金高速双体船,具有吃水浅、速度快、航行平稳和操纵性好等优点,使双体船受到世界各国的注意,在与水翼船和气垫船的竞争中具有相当大的优势(见图1.23)。

图1.23 高速双体船

三、气垫船(Air – cushion Vehicle, Hovercraft)

气垫船利用气垫的原理,将船体托起,使船的航行能适应各种多变的航道情况,如浅水、沼泽和沙滩等。气垫的作用是减少了船体与水的直接接触,因而气垫船一般具有很高的航速。气垫船按气垫的形式分为两种,一种称为全垫升式气垫船(见图1.24);另一类称为侧壁式气垫船(见图1.25)。

图1.24 全垫升式气垫船

图 1.25　侧壁式气垫船

四、快艇(speedboat)

快艇是小型高速船的总称,主要用途为执勤、水上救援、娱乐和体育等。快艇也根据其用途称为巡逻艇、救生艇、游艇及赛艇等。快艇有的采用舷外挂机作为推进动力,快艇在航行时船首明显翘起(见图1.26)。

图 1.26　快艇

第二章 船舶几何要素

第一节 船舶外形

船体结构由以下部分组成。

一、甲板

自船首至船尾纵向连续的,且从一舷伸至另一舷的平板,称为甲板。沿着船长方向不连续的一段甲板,称为平台甲板,或称为平台。

甲板按位置分为上甲板、下甲板等。

上甲板是船体最上面一层纵向连续(自船首至船尾)的甲板。上甲板一般都是露天甲板。

上甲板之下的甲板,自上而下分别称为:第二甲板、第三甲板,等等,并统称为下甲板。

二、主船体与上层建筑

在上甲板以下的船体,称为主船体,或称为船舶主体。而在上甲板及其以上的所有围蔽建筑,统称为上层建筑。

三、船楼与甲板室

在上甲板及其以上的围蔽建筑物的两侧壁是伸向船舶两舷并同船壳板连在一起的,或两侧壁不同船壳板连在一起,但离壳板向内的距离不大于4%船宽的,这种围蔽建筑物称为船楼,有时也称为船舶上层建筑(图2.1(a))。

而在上甲板及其以上的围蔽建筑的两侧壁,离船壳外板向内的距离大于4%船宽的,这种围蔽建筑物称为甲板室(图2.1(b))。

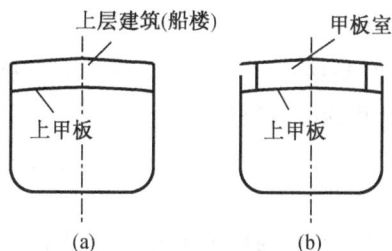

图2.1 船楼与甲板室

(a)船楼;(b)甲板室

上层建筑的布置位置、层数、长短和数目,是由船舶的大小、类型、用途、机舱位置、航海性能和船舶外形美观要求等因素决定的,一般在机舱的上方总是布置有上层建筑的。

根据船楼或甲板室沿着船长方向布置的不同,船楼又分为:艏楼、桥楼和艉楼。

四、艏楼

位于船首部的船楼,称为艏楼。艏楼的长度一般为船长的 10% 左右。超过 25% 船长的艏楼,称为长艏楼。艏楼一般只设一层。艏楼的作用是减小船舶艏部甲板上浪;并可减小纵摇,改善船舶的航海条件;艏楼内的舱室可作为储藏室,长艏楼内的舱室可用来装货。

五、桥楼

位于船长中部的上层建筑(船楼),称为桥楼。当桥楼的长度大于 15% 船长,且不小于本身高度 6 倍时,称为长桥楼。桥楼主要用来布置驾驶室和船员居住处所并保护机舱。

六、艉楼

位于船尾部的上层建筑,称为艉楼。当艉楼的长度超过 25% 船长时,称为长艉楼。艉楼的作用可减小船尾甲板的上浪和保护机舱,并可布置甲板室、船员居住处所和其他用途的舱室。

七、甲板室

对于大型船舶,由于甲板的面积大,布置船员房间等并不困难,在上甲板的中部或尾部可只设甲板室,甲板室两侧壁外面的露天甲板形成两边走道,这有利于甲板上的操作和船舶前后方向行走。在船的首部不能设甲板室,只能设艏楼或不设艏楼。

八、舱壁

竖向布置的壁板,称为舱壁。从一舷伸至另一舷的横向竖壁板,称为横舱壁。船舶首尾方向布置的竖向壁板,称为纵舱壁。

在船舶的主船体和上层建筑中,是被甲板、平台、横舱壁和纵舱壁以及壁板分隔成许多的舱室。

甲板、舱壁和舱室,根据它们的位置和作用的不同又有着不同的名称。

在上层建筑中主要有下列一些甲板。

九、罗经甲板

罗经甲板又称顶甲板,是船舶最高一层甲板,一般都是驾驶室顶部的甲板。在罗经甲板上设有桅、雷达天线、探照灯和标准罗经等。

十、驾驶甲板

在船上设置驾驶室的一层甲板,称为驾驶甲板。该层甲板上的舱室处于船舶的最高位置,所以驾驶室、海图室、报务室和引水员房间等布置在该层甲板上。

十一、艇甲板

放置救生艇或工作艇的甲板,称为艇甲板。从救生角度出发,要求该层甲板位置较高,艇的周围要有一定的空旷区域,以便在紧急情况下人员集合并能迅速登艇。艇都存放于两舷侧,能快速放入水中。船长、大副、舵工及一些公共活动场所的房间一般布置在该甲板上。

十二、起居甲板

起居甲板主要是用来布置居住舱室及生活服务的辅助舱室的一层甲板,轮机员、电工等房间布置在这一层甲板上。

十三、上层建筑内的上甲板

上层建筑内的上甲板一般布置水手、厨工等船员房间,厨房、餐厅等往往也设在这一层甲板上。

十四、游步甲板

在客船或客货船上,供旅客散步或活动的甲板,称为游步甲板。甲板上有宽敞的通道或活动场所。

在上层建筑和甲板室的各层甲板中,大部分面积用于布置船员和旅客的房间、生活辅助设施房间、公共活动场所、驾驶室及其有关设施房间。除此之外,还有下列一些舱室和储藏室。

十五、电罗经室

电罗经室一般尽可能地布置在船舶摇摆中心附近,是一个专用舱室,内设主罗经、分罗经、电压调节器等。该室的门要求经常加锁。电罗经用的变流机存放在电罗经室旁边的一个单独房间。

十六、应急发电机室

应急发电机室是为海损提供应急电源而设的安装应急发电机及其配电板的房间。按规范要求,应急发电机必须在船的中后部舱壁甲板以上较高的地方,一般位于艇甲板上,不能与机炉舱相通,并设有单独的门通至露天甲板,以备应急使用。

十七、蓄电池室

蓄电池室是存放蓄电池的房间,也位于艇甲板上。因蓄电池常有易爆性气体和电解液逸出,所以室内要铺设防腐蚀垫层。室内不宜装电气设备或电缆,照明应用防爆灯,室内有独立的通风系统,设有密闭的门窗,以有效封闭。

十八、制冷机室

供安置制冷机及其有关设备的房间,称为制冷机室,其一般靠近冷藏舱室附近。对于非氨制冷系统的制冷机室可设在机舱内,而氨制冷机都有独立的制冷机室。因氨气有毒,室壁需气密,设有两个出口,门向外开,以利操作人员在必要时可迅速离开。室内备有防毒面具,在氨气泄漏时供人员使用。

十九、空调室

空调室是存放空调机的房间,一般位于艇甲板上。

二十、各种储藏室

各种储藏室包括灯具间、油漆间、缆绳和索具间等。这些储藏室要求远离生活区,一般位于艉楼内、起货机平台下面等处。灯具间、油漆间都是钢质围蔽的单独舱室,设有向外开的门,并可直接通向露天甲板。

二十一、冷藏库和粮食库

冷藏库和粮食库一般位于厨房附近,出入口远离卫生间,且方便物品的搬运。

根据物品对冷藏温度要求的不同,冷藏库一般分 2 ~ 4 个室,分别储存鱼、肉、蔬菜、乳品、水果等。

大型船舶的粮库,分干粮库与湿粮库,干粮库存放米、面粉等;湿粮库存放油、酒和饮料等。

二十二、机舱

除了个别大型客船设有两个机舱以外,一般商船均设置一个机舱。机舱必须与货舱分开,因此在机舱的前后端均设有水密的横舱壁。

机舱内的双层底较其他货舱内的双层底高,这主要是为了和螺旋桨轴线配合不使主机底座太高,易引起振动。另外,双层底高可增加燃料舱、淡水舱的容积。

二十三、货舱

一般货船,在内底板和上甲板之间,从艏尖舱舱壁至艉尖舱舱壁的这一段空间,除了布置机舱之外,基本上都是用来布置货舱。

在两层甲板之间的船舱,称为甲板间舱,最下层甲板下面的船舱称为货舱,也称为底舱。船舱的名称排号是从船首向船尾数,如 No.1、No.2……甲板间舱,No.1、No.2……货舱。

通常,每一个船舱只设一个舱口,但是有的船因装卸货物的需要,在一个船舱内横向并排设置两个或三个货舱口,如有的运木船、集装箱船等。也有的货船在一个船舱内纵向设置两个货舱口。

船舱内的布置,要求结构整齐,通风管道、管系和其他设施都要安排在船舱范围之外,即在结构范围以内,不妨碍货物的装卸。

二十四、液舱

液舱是指用来装载液体的舱,如燃油舱、淡水舱、压载舱、液货舱等。

1. 液舱布置的特点

(1)与一般货物(矿石等除外)相比较,液体的密度较大,因此液舱一般都布置在船的低处,这有利于船舶稳性。

(2)考虑船的破舱稳性,液舱一般都对称于船舶纵向中心线布置。

(3)液舱的舱壁都是水密或油密的,除了开有清洗和维修用的人孔之外,不准开其他孔。

(4)为了减小自由液面对稳性的影响,液舱的横向尺寸都较小。

(5)液舱内设有输出输入管、空气管、溢流管、测深管等。

2. 液舱的种类

（1）燃油舱

燃油舱是供储存主、辅机所用燃油的舱。

因为主机用的重油需要加温才可以抽出，为了减少加热管系的布置，重燃油舱一般布置在机舱的前壁处和机舱的两舷侧处，以及机舱下面的双层底内。

辅机用的轻柴油舱，一般都布置在机舱下面的双层底内。

（2）燃油溢油舱

当燃油舱装满燃油而通过溢流管溢出时，流入到溢油舱内。为了能使溢出的燃油自行流入到溢油舱内，一般溢油舱都布置在船舶的最低处。燃油溢油舱中的燃油可经过管系再注入燃油沉淀舱内。

（3）滑油舱

滑油舱是供储存滑油的舱，也称滑油柜。滑油舱四周要设置隔离空舱，与清水舱、燃油舱、压载水舱及舷外水等隔开，以免污染滑油。

（4）循环滑油舱

供储存主机用的循环滑油的舱称为循环滑油舱。其通常都设在机舱下面的双层底内，也需要在其四周设置隔离空舱与其他舱隔开。

（5）污油舱

供储存污油用的舱称为污油舱。舱的位置较低，以利于外溢、泄漏的污油自行流入舱内。在舱上设有人孔，供清理油渣人员出入，并设有油管通向油水分离器，以便处理污油水。

（6）淡水舱

淡水舱通常为饮水舱、清水舱、锅炉水舱的统称。这些舱都布置在靠近居住舱室和机舱下面的双层底内，也有布置在艉尖舱内。锅炉水舱的位置靠近锅炉舱附近。

饮水舱，要求舱内的结构和涂料应能保持水质清洁，一般在舱的内壁涂有水泥。

（7）污水舱

供储存污水的舱称为污水舱。船上各处的污水通过泄水管流入污水舱中，然后用污水泵排出舷外。污水舱的位置也较低，便于污水能自然地流入舱内。

（8）压载水舱

当船舶的吃水和重心位置达不到一定要求时，对船舶的稳性和推进性能会产生许多不利影响，必须装压载水航行。双层底舱、深舱、艏艉尖舱、散货船的上下边舱、集装箱船与矿砂船的边舱，都可以作为压载水舱。

（9）艏尖舱

位于船首部防撞舱壁之前、舱壁甲板之下的船舱。首尖舱作为压载舱用，对调整船舶纵倾作用较大。在首尖舱的纵中剖面位置上设有制荡舱壁（在舱壁上开有流水孔），起缓冲舱内水的冲击作用。

（10）艉尖舱

位于船舶尾部最后一道水密横舱壁之后、在舱壁甲板或平台甲板之下的船舱称为艉尖舱。艉尖舱主要作为压载舱或淡水舱用。

（11）双层底舱

位于内底板、船底外板之间的水密舱称为双层底舱。双层底舱主要是作为装压载水、燃油、淡水等液舱。

（12）深舱

从广义上讲，除了双层底舱之外，所有深的液舱都可以称为深舱，如燃油舱、淡水舱、艏艉尖舱等。但是有些船，由于船体结构和机构设备都较轻，而稳性又要求高，双层底舱和艏艉尖舱全部用来装压载水还达不到吃水和稳性的要求，需要另设1～2个深舱，专门用来装压载水。

（13）液货舱

有许多杂货船，设有1～2个装运液体货物的深舱，如装载动植物油、糖蜜等（石油产品是用油船装运）。当无液货时，也可以作为压载舱用。

二十五、隔离空舱

隔离空舱是一个狭窄的空舱，专门用来隔开相邻的两舱室，以避免两种不同性质的液体相互渗透。如上述不同种类的滑油舱之间、燃油舱与滑油舱之间、油舱与淡水舱之间等均需设隔离空舱。有的油舱与货舱之间也需设隔离空舱。但燃油舱与压载水舱之间并不需要设置隔离空舱，隔离空舱比较窄，一般只有一个肋骨间距，并设有人孔供进出检修。油船上的泵舱可兼作隔离空舱。隔离空舱俗称干隔舱。

二十六、锚链舱

专门用来堆放锚链的舱称为锚链舱，其位于起锚机下方的艏尖舱内，用钢板围起来的两个圆形或长方形的水密小舱，并与船舶的中心线对称地布置。锚链舱的大小与锚链的长度有关。锚链舱的底部设有排水孔，将锚链带进的泥水排掉。

二十七、轴隧

中机型和中尾机型船，推进轴系要穿过机舱后面的货舱，因此必须从机舱的后面舱壁至艉尖舱舱壁之间设置一个水密的结构，将推进轴系围在里面，轴系由此通至螺旋桨，它保护轴系不受损坏，并防止水从艉轴管进入船舱内，便于工作人员检查、维修。还用于机舱通风，存放备用艉轴。

二十八、舵机间

舵机间是布置舵机的舱室，位于舵的上方艉尖舱的顶部水密平台甲板上。因布置舵机的需要，艉尖舱舱壁可允许仅通至水线以上的艉尖舱顶部的水密平台甲板上。

二十九、应急消防泵舱

根据"SOLAS"的要求，按照船舶的大小应设置有一定能力的应急消防泵。应急消防泵要求设在与机舱无关、并用钢板围起来的水密舱内。如图2.2所示，其位于舵机室下面，在艉尖舱内的一个小舱。要求在船舶位于最浅的吃水时也能抽上水。

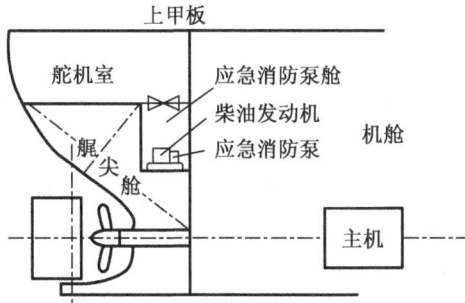

图 2.2　应急消防泵舱

三十、舱内斜梯

在每一个货舱内都有两个垂直梯子,梯口一般设在桅屋内(起货机平台下的甲板室)。散货船的每个货舱内设有一个垂直梯子,另设一个斜梯,俗称澳大利亚式斜梯(图 2.3)。

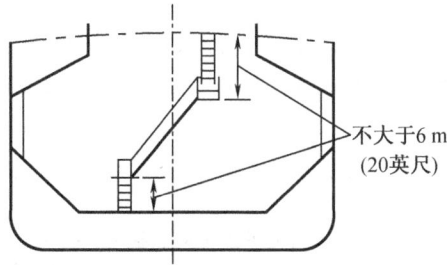

不大于 6 m
(20 英尺)

图 2.3　澳大利亚式斜梯

所谓澳大利亚式斜梯,是澳大利亚港湾工人联合会(Australian Waterside Workers' Federation)为了保障装卸工人的安全,要求在澳大利亚港口装卸的散货船,在货舱内必须设置图 2.3 所示的斜梯。梯子的上下两端为直梯,每一个直梯的高度不得大于 20 ft(约 6 m),两个直梯子之间要求设置斜梯,直梯与斜梯连接处设置小平台。

三十一、桅屋

桅屋是围在桅周围的甲板室。在桅屋顶上一般设置起货机,称为起货机平台。桅屋内布置有起货机的电器开关等装置、物料,也有的存放 CO_2 瓶。从上甲板通往货舱的梯口设在桅屋内。

第二节　船体主尺度、尺度比和船型系数

这里所介绍的船舶尺度,主要是指表示船体外形大小的基本量度。

在船舶设计和建造中,船舶的性能和强度计算,以及营运管理等,所使用的船体外形尺度是不完全相同的。因而船舶尺度的量度位置也不完全相同。

常用的船舶尺度有三种:主尺度、登记尺度、最大尺度。

一、主尺度

主尺度是用垂线间长 L_{BP} × 型宽 B × 型深 D（或船长 L × 型宽 B × 型深 D）这三个尺度表示的。

主尺度是根据《钢质海船入级与建造规范》中的定义，从船体的型表面上量度的尺度。除此之外，在船舶的设计、建造和性能计算中，还用到总长 L_{OA}、设计水线长 L_{WL} 和型吃水 d 等，也都是从船体的型表面上量取的尺度。

下面分别介绍这些尺度的定义和主要用途。

1. 船长 L

沿设计夏季载重水线，由艏柱前缘量至舵柱后缘的长度；对无舵柱的船舶，由艏柱前缘量至舵杆中心线的长度，即艏艉垂线间的长度；但均不得小于设计夏季载重水线总长的96%，且不大于97%（图2.4）。

对于箱形船体，船长 L 为沿设计夏季载重水线自船首端壁前缘量至船尾端后缘的长度。

通常所称的船长是用垂线间长 L_{BP} 代表。船长用符号"L"表示，并以米（m）为单位。

在同样的排水量情况下，船长的不同，对船体质量、船舶阻力、总纵弯曲强度、船舶布置等有不同的影响。

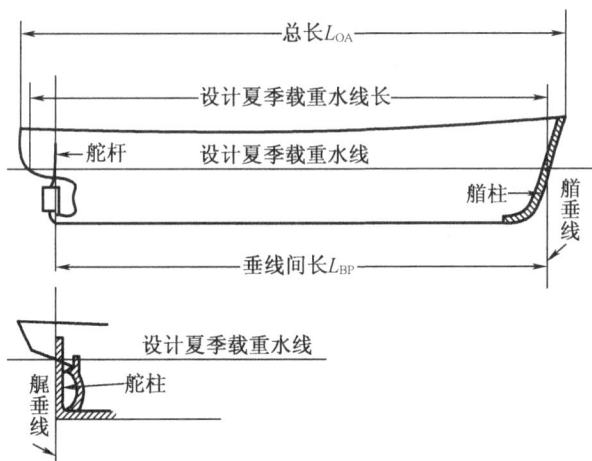

图2.4　船舶主尺度

2. 型宽 B

在船体的最宽处，由一舷的肋骨外缘量至另一舷的肋骨外缘的水平距离（图2.5）为型宽。通常所称的船宽即为型宽，以符号"B"表示，并以米（m）为单位。船宽的大小对船舶稳性、快速性、耐波性以及甲板面积等有较大的影响。

3. 型深 D

在船长中点处，沿船舷由平板龙骨上缘量至上层连续甲板横梁上缘的垂直距离；对甲板转角为圆弧形的船舶，则由平板龙骨上缘量至横梁上缘延伸线与肋骨外缘延伸线的交点（图2.5）。

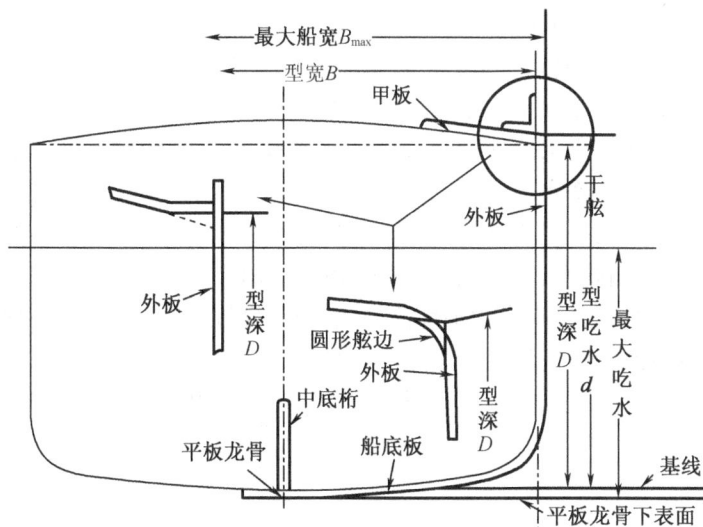

图 2.5　型宽、型深和吃水

型深用符号"D"表示,单位为米(m)。型深的大小对船舶干舷、舱容、稳性、抗沉性以及空船质量等有较大的影响。

4. 总长 L_{OA}

包括两端上层建筑在内的船体型表面最前端与最后端之间的水平距离为总长(图2.4)。总长以符号"L_{OA}"表示。在船舶总布置设计和纵倾调整等方面要用到它。

5. 设计水线长 L_{WL}

设计夏季载重水线面与船体型表面首尾端交点之间的水平距离,通常满载水线的长度即为设计水线长。

设计水线长以符号"L_{WL}"表示。船舶的许多航行性能计算都用到设计水线长。

6. 型吃水 d

在船长中点处,沿着船舷由平板龙骨上缘量至夏季载重水线的垂直距离为型吃水(图2.5)。型吃水以符号"d"表示,以米(m)为单位。

吃水一词,是指船舶在水面以下的深度。根据量度位置的不同,吃水主要分为型吃水、实际吃水(或外形吃水)、设计吃水(或满载吃水)、压载吃水、空船吃水、艏吃水、艉吃水、平均吃水等。

型吃水是根据船体型表面量度的,它不计入水下突出物和船底板的厚度,而且是量至设计水线(或满载水线、夏季载重水线)。在船舶设计中,各种船舶性能的计算均用型吃水。它对船舶稳性、抗沉性、船体强度、船舶阻力和操纵性等都有较大的影响。

外形吃水或称实际吃水,是从船舶外形的最低点(包括附体或水下突出物在内)量至某一水线面的吃水。对于平直型龙骨线船底又无突出物的船型,在夏季载重水线时的实际吃水与型吃水仅差龙骨板的厚度。船舶营运中,对于吃水受限制的水域,要特别注意船舶实际吃水的大小。

设计吃水通常指夏季满载吃水,是船舶处于满载排水量状态时的吃水,船舶在正常航行状态下的最大吃水。当计入水面下的突出物和船底板厚度时,即为实际吃水。若从型表面量度时则为型吃水。

空船吃水是船舶处于空船排水量状态的吃水。空船吃水主要用于设计计算,实际营运中很少出现,因为营运中的船总是留有一定量的油和水等。

压载吃水是船舶处于压载排水量状态时的吃水。

艏吃水是艏垂线处的吃水。通常用符号"d_F"表示,可以是型吃水或实际吃水。

艉吃水是艉垂线处的吃水。通常以符号"d_A"表示,可以是型吃水或实际吃水。

艏吃水和艉吃水的大小对船舶的操纵性、快速性等有很大影响。船舶压载状态航行时,艉吃水总是要大于艏吃水,不使螺旋桨和舵露出水面。

平均吃水,是艏吃水与艉吃水的平均值,当船舶有横倾又有纵倾时,平均吃水是左右舷相应的艏艉位置测得的吃水平均值。当船舶的纵倾角不大时,通常可用平均吃水来进行有关的船舶各种性能计算。当纵向倾斜角很大时,不能用平均吃水代表船舶的吃水状况来进行有关的计算。

二、登记尺度

船舶在完成吨位丈量工作并填写吨位证书之后,需要申请登记。登记的内容包括船名、船籍港、螺旋桨数目、建造日期、建造地点和船舶尺度等。该处所使用的船舶尺度,也称为船舶登记尺度。

目前,我国船舶所使用的登记尺度分两种:持有《国际船舶吨位证书(1969)》的船舶,是用"国际航行船舶"的登记尺度,即按《1969 年国际船舶吨位公约》中所规定的定义(与《1966 年国际船舶载重线公约》中规定的船舶尺度定义相同)。持有《船舶吨位证书》的船舶,用"国内航行船舶"的登记尺度。

1. 国际航行船舶的登记尺度

(1)长度是指量自龙骨板上缘的最小型深85% 处水线长度的96% ,或沿该水线从艏柱前缘量到上舵杆中心的长度,取两者中较大者。如船舶设计具有倾斜龙骨,则作为测量此长度的水线应平行于设计水线。

(2)宽度是指船舶长度(在(1)中所规定的长度)中点处的宽度,对于金属外板的船舶,其宽度量到两舷的肋骨型线,对于其他材料外板的船舶,其宽度量到船外板的外表面。

(3)型深:

①型深是指在长度中点船舷处从平板龙骨上表面量到上甲板下表面的垂直距离。对木质船舶和铁木混合结构船,垂直距离是从龙骨镶口的下缘量起;如船舶中央横剖面的底部具有凹形,或装有加厚的龙骨翼板时,垂直距离是从船底平坦部分向内引申与龙骨侧面相交的一点量起。

②当上甲板为台阶型甲板,并且其升高部分延伸超过决定型深的一点时,型深应量到较低部分甲板与升高部分相平行的延伸线。

2. 国内航行船舶的登记尺度

(1)量吨甲板长度——是指量吨甲板型线首尾两端点之间的水平长度。如量吨甲板有台阶时,则取其低者,并作延伸线进行测量。

(2)船宽是指在船舶中剖面型线的最大宽度。对金属外板的船舶,应量至两舷外板的内表面;对非金属的船舶,测量至两舷外板的外表面。

(3)船深,对金属外板的船舶,船深系指在中剖面处从龙骨板上表面量至量吨甲板在船舷处的下表面的垂直距离。对非金属的船舶,此垂直距离应包括底板的厚度。

上述的船舶尺度,除了在船舶登记中使用外,主要是在船舶吨位丈量和计算中使用。

量吨甲板一般为第二层甲板,对于单甲板船为上甲板。量吨甲板是构成吨位规则的吨位空间的上部边界。

三、最大尺度

最大尺度包括:船舶最大长度、最大宽度、最大高度。

1. 最大长度 L_{max}

船舶最前端与最后端之间包括外板和两端永久性固定突出物(如顶推装置等)在内的水平距离。

对于两端无永久性固定突出物的船舶,如木质、水泥、玻璃钢等船舶的最大长度等于总长,钢质船舶的最大长度与总长相差两端外板的厚度。最大长度是船舶的实际长度。

2. 最大宽度 B_{max}

最大宽度指包括外板和永久性固定突出物(如护舷材、水翼等)在内的垂直于中线面的船舶最大水平距离。

对于两舷无永久性固定突出物的船舶,如木质、水泥、玻璃钢等船舶,最大宽度等于型宽,钢质船舶的最大宽度与型宽相差两舷外板的厚度。最大宽度是船舶的实际宽度。

3. 最大高度

从船舶的空载水线面垂直量到船舶固定建筑物(包括固定的桅、烟囱等在内的任何构件)最高点的距离。

船舶在停靠码头,进坞,过船闸、桥梁和狭窄航道以及船舶避碰等要考虑到船舶最大尺度。

四、船舶主尺度比

船舶主尺度比是表示船体几何形状特征的重要参数,其大小与船舶的航海性能有着密切的关系,主要的有:

1. 长宽比 L/B

长宽比一般是指垂线间长与型宽的比值。该比值越大,船体越瘦长,其快速性和航向稳定性越好,但港内操纵不灵活。通常高速船的长宽比大于低速船的长宽比。

2. 宽度吃水比 B/d

宽度吃水比一般是指型宽与型吃水比值。该比值大,船体宽度大,船舶稳性好。但横摇周期小,耐波性变差,航行阻力增加。一般海船的宽度吃水比小于内河船的宽度吃水比。

3. 型深吃水比 D/d

型深吃水比是指型深与型吃水比值。该比值大,干舷高,储备浮力大,抗沉性好;船舱容积增大,重心升高。一般客船的型深吃水比较大,而油船的型深吃水比较小。

4. 长深比 L/D

长深比是指垂线间长与型深比值。该比值大对船体纵向强度不利,所以在船舶规范中规定,一般干货船的长深比 $L/D \le 17$。

5. 长吃水比 L/d

长吃水比一般是指垂线间长与型吃水比值。该比值大,船舶的操纵回转性能变差。

6. 宽深比 B/D

宽深比一般是指型宽与型深的比值。宽深比对船体结构强度有较大影响,该比值越大,则船舶的中横剖面越扁,对船体纵横向强度越不利,因此,在船舶建造规范中规定,一般干货船舶宽深比值 $B/D \leqslant 2.5$。

各种船舶的主尺度比值大致范围如表 2 - 1 所示。

表 2 - 1 船舶主尺度比和船型系数

	C_B	C_M	C_W	L/B	B/d	D/d
客船、集装箱船等高速船	0.50 ~ 0.60	0.85 ~ .97	0.68 ~ 0.78	6.00 ~ 8.50	2.50 ~ 3.50	1.20 ~ 2.00
普通货船等中速船	0.65 ~ 0.75	0.98 ~ 0.99	0.80 ~ 0.85	5.50 ~ 7.00	2.20 ~ 2.70	1.30 ~ 1.60
散货船、矿砂船、油船等低速船	0.78 ~ 0.85	0.995	0.86 ~ 0.92	6.00 ~ 7.00	2.30 ~ 2.85	1.20 ~ 1.50

五、船型系数

船型系数是表示水线下船体肥瘦程度的各种无因次系数的统称。它能表征水线下船体的体积和面积沿着各个方面分布的情况。主要有以下几种。

1. 水线面系数 C_W

水线面系数是平行于基平面的任一水线面面积 A_W 与对应的水线长 L 和水线面最大宽 B 的乘积之比(图 2.6)。

$$C_W = \frac{A_W}{L \times B} \tag{2 - 1}$$

水线面系数表征船体水平剖面的肥瘦程度。其值的大小对船舶的快速性、稳性和甲板面积等都有影响。

2. 中横剖面系数 C_M

中横剖面系数是中横剖面的浸水面积 A_M 与对应的水线宽 B 和型吃水 d 的乘积之比(图 2.7)。

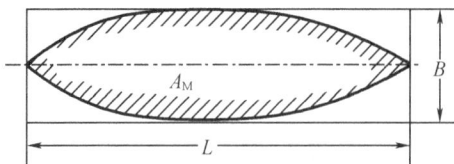

图 2.6 水线面系数

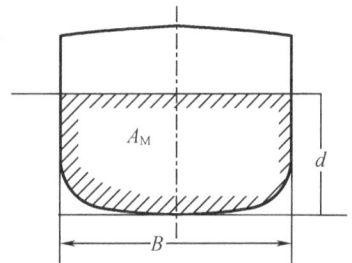

图 2.7 中横剖面系数

$$C_M = \frac{A_M}{B \times d} \tag{2 - 2}$$

中横剖面系数表征船舶中横剖面的肥瘦程度。其值的大小对船舶的快速性和耐波性等有影响。

3. 方形系数 C_B

方形系数是在与基线平行的任一水线下型排水体积 V 与对应的水线长 L、中横剖面处的水线面宽 B 和型吃水 d 三者乘积之比(图2.8)。

$$C_B = \frac{V}{L \times B \times d} \qquad (2-3)$$

方形系数表征船体的肥瘦程度,是表示船体形状的重要系数。方形系数的大小对船舶的排水量、舱室容积、快速性、耐波性等均有影响。

4. 棱形系数 C_P

棱形系数是在与基线平行的任一水线下,型排水体积 V 与对应的水线长 L、中横剖面的浸水面积 A_M 两者乘积之比(图2.9)。

$$C_P = \frac{V}{A_M \times L} \qquad (2-4)$$

棱形系数表征排水体积沿船长的分布,其值的大小对船舶的快速性、耐波性等有影响。

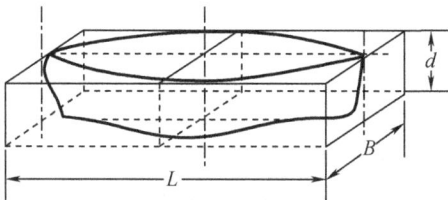

图2.8 方形系数　　　　图2.9 棱形系数

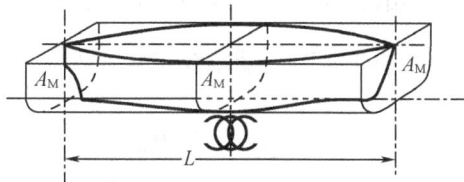

5. 垂向棱形系数 C_{VP}

垂向棱形系数是与基线平行的任一水线下,型排水体积 V 与对应的水线面面积 A_W、中横剖面处的型吃水 d 两者乘积之比(图2.10)。

$$C_{VP} = \frac{V}{A_W \times d} \qquad (2-5)$$

垂向棱形系数表征排水体积沿着船舶垂向的分布。

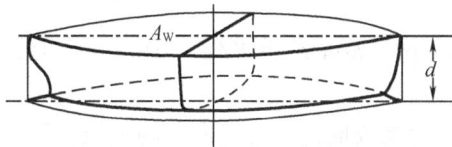

图2.10 垂向棱形系数

归纳上面所述,可得出如下几点:

(1)不同的船型系数以及船型系数值的大小,对于船舶的航海性能和使用性能有着不同的影响。

(2)船型系数值 C_W、C_M、C_B、C_P、C_{VP} 随着船舶吃水在变化的,其变化规律可以绘成曲线,画在船舶静水力曲线图中,如图2.27所示的 $C_W = f(d)$,$C_M = f(d)$,$C_B = f(d)$,$C_P = f(d)$,$C_{VP} = f(d)$ 曲线。用时可根据船舶吃水在图中查出相应吃水下的各个船型系数值。

(3)通常所称的某条船的船型系数值 C_W、C_M、C_B、C_P、C_{VP},是指在设计吃水时的各个船型系数数值。

(4)在五个船型系数值中,C_W、C_M、C_B 这三个值是独立的,而 C_P、C_{VP} 是导出的。它们之

间的关系为

$$C_P = \frac{C_B}{C_M} \qquad\qquad (2-6)$$

$$C_{VP} = \frac{C_B}{C_W} \qquad\qquad (2-7)$$

(5)对于同一条船舶,中横剖面系数 C_M 值较大,而方形系数 C_B 值最小。对于不同类型的运输船舶的船型系数值,大致范围如表 2-1 所示。

(6)利用船舶的主尺度比和船型系数,可以计算在某一吃下船舶的排水体积和其他的尺度和参数。

第三节　船体型线图

一、船体选用的参考坐标和主要剖面

1. 船体的型表面、艏垂线和艉垂线

(1)船体型表面

型表面,是指不包括船舶附体在内的船体外形的设计表面。

这里所指的船舶附体,主要包括舵、螺旋桨、舭龙骨、减摇鳍、艉轴架等。

对于金属船体来讲,型表面是指船壳外板和上甲板的内表面。或者说,是船体骨架外缘的表面。对于木质、水泥、玻璃钢船体,则为船壳外板和上甲板的外表面。

船体的几何形状,指的就是船体型表面的几何形状,船体型线图上所表示的也是船体型表面的形状和尺寸。从船体型表面上量取的尺度,称为船舶型尺度。如型宽、型深和型吃水等。

(2)艏垂线

艏垂线是指通过艏柱的前缘和设计夏季载重水线的交点所作的垂线。通常以符号"F·P"表示。

艏垂线可作为垂线间长、设计夏季载重水线长、艏吃水等有关量度的基准线。

(3)艉垂线

艉垂线是指沿着舵柱的后缘或舵杆中心线所作的垂线。通常以符号"A·P"表示。

艉垂线是量度垂线间长、艉吃水的基准线。

(4)垂线间长

垂线间长,又称两柱间长,是艏垂线与艉垂线之间的水平距离。通常以符号 L_{BP} 表示。

垂线间长,一般是用来代表船长。船体的质量估算、船舶主要性能、布置和绘制船体型线图等都要用到垂线间长。

2. 基准面、基线、直角坐标

(1)基准面

基准面也称为主坐标平面。它是用来确定船体上各部分位置和船体型尺度的直角坐标系统的坐标轴平面。

基准面有三个(图2.11):

①中线面　是将船体分为左右舷对称的两部分,并垂直于基平面的纵向平面。

②中站面　是位于垂线间长中点处,并垂直于基平面和中线面的横向平面。中站面将船体分为前体和后体两部分,是量度船舶首尾方向尺度的基准面。

③基平面　是通过中站面与龙骨线的交点,或船体型表面的最低点处(如为弧形龙骨时),并平行于设计水线面的平面。

基平面是量度船体垂直方向尺度的基准面。

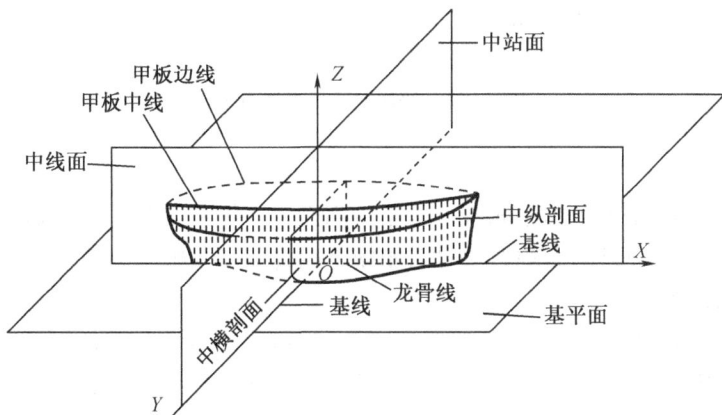

图 2.11　基准面和基线

(2)基线、直角坐标

①基线　中站面或中线面与基平面的交线,称为基线。中线面与基平面的交线,称为船体的纵向基线,中站面与基平面的交线,称为船体的横向基线。

在船舶设计中,绘制船体型线图、量度船体各部位型尺度时,都需要用到基线。

②直角坐标　在船舶静力学中,计算船舶重心、浮心、漂心和稳心位置时,是用船体上的直角坐标表示的。

在船体上选用的直角坐标是这样规定的:将中线面、中站面和基平面的交点作为坐标原点 O;中线面与基平面的交线,即纵向基线,作为坐标的纵轴,称为 X 轴,规定向艏方向为正值;中站面与基平面的交线,即横向基线,作为坐标的横轴,称为 Y 轴,规定向右舷为正值;中线面与中站面的交线,作为竖轴,称为 Z 轴,规定向上为正值(图 2.11)。

用直角坐标表示基准面时,$X-Y$ 坐标平面为基平面;$Y-Z$ 坐标平面为中站面;$X-Z$ 坐标平面为中线面。所以,基准面又可以称为主坐标平面。

船舶的左舷和右舷的定义是,站在船上面向船首,左边的称为船舶左舷,右边的称为船舶右舷。

3. 船体上的三个主要剖面(图 2.12)

船体的几何形状是比较复杂和不规则的,必须用型线图才能准确地表示出来。但是船体上有三个重要的剖面:中横剖面、中纵剖面和设计水线面,它们的几何形状可以大致地反映出船体几何形状的特征,而且这三个剖面的几何形状对船舶的航海性能和使用性能有着重要的影响。

(1)中横剖面

中横剖面是中站面与船体相截所得的船体剖面。一般船体的中横剖面是船体的最大横剖面,但对于高速船,最大横剖面可能不位于船中,而是位于船中稍偏后。船中横剖面(主要是指最大横剖面)形状,反映出中横剖面系数、舭部升高和舭部半径的大小,它对船舶阻力、横摇、舱容的大小、排泄舱底水等有着重要的影响。

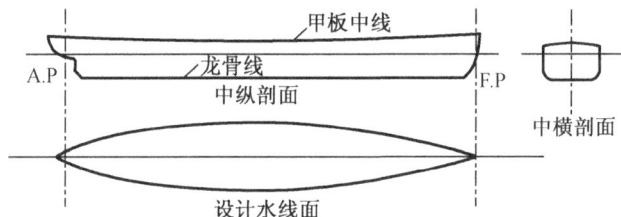

图 2.12　船体的三个主要剖面

（2）中纵剖面

中纵剖面是中线面与船体相截所得的船体剖面。中纵剖面的形状，反映出甲板、船底、艏艉端的侧视轮廓。中纵剖面的形状对船舶操纵性、速航性、耐波性等有着一定的影响。

（3）设计水线面

设计水线面是设计夏季载重吃水处的水平面与船体相截所得的船体剖面。设计水线面的形状（特别是艏艉两端）及平行中体的长度，对船舶阻力、稳性、船舶布置等有着重要的影响。

二、船体型线图

用船体型表面的剖切线和外形轮廓的投影线表示的船体几何形状和尺寸的图，称为船体型线图，简称型线图。

型线图是船体图样中最基本和最重要的图样之一。它除了表示船体的形状和大小之外，又是船舶设计、计算和船体放样的重要依据。动力装置的布置、修船等也要用到它。型线图绘制的精确度，直接影响计算的准确性和造船质量。

船体型线图是由三个视图——横剖线图、纵剖线图、半宽水线图和一个型值表组成的（图 2.13）。

横剖线图、纵剖线图、半宽水线图的表示方法如下：

1. 横剖线、纵剖线、水线

在船长方向上，将垂线间长分成 10 或 20 等分（即 11 个或 21 个等分点，在型线图中称为理论分站，简称"站"）。过每一个理论分站作平行于中站面的平面，该平面与船体型表面相截所得的交线，称为横剖线。

在船宽方向上，将船体的半宽分成 4～6 等分（大船可以分得更多等分），过每一个等分点作平行于中线面的平面，该平面与船体型表面的交线，称为纵剖线。

在船深方向上，将船舶的设计吃水分成 7～11 等分（或更多等分），过每一个等分点作平行于基平面的平面，该平面与船体型表面的交线，称为水线。

2. 横剖线图、纵剖线图、半宽水线图

横剖线、纵剖线、水线以及甲板边线和舷樯顶线等在中站面上的投影线，称为横剖线图；在中线面上的投影线，称为纵剖线图；在基平面上的投影线，称为半宽水线图。

主要尺度

总长 L_{OA}	49.80m
垂线间长 L_{BP}	44.00m
型宽 B	8.20m
型深 D	4.10m
吃水 d	3.25m
型排水体积 V	736m³
方形系数 C_B	0.643

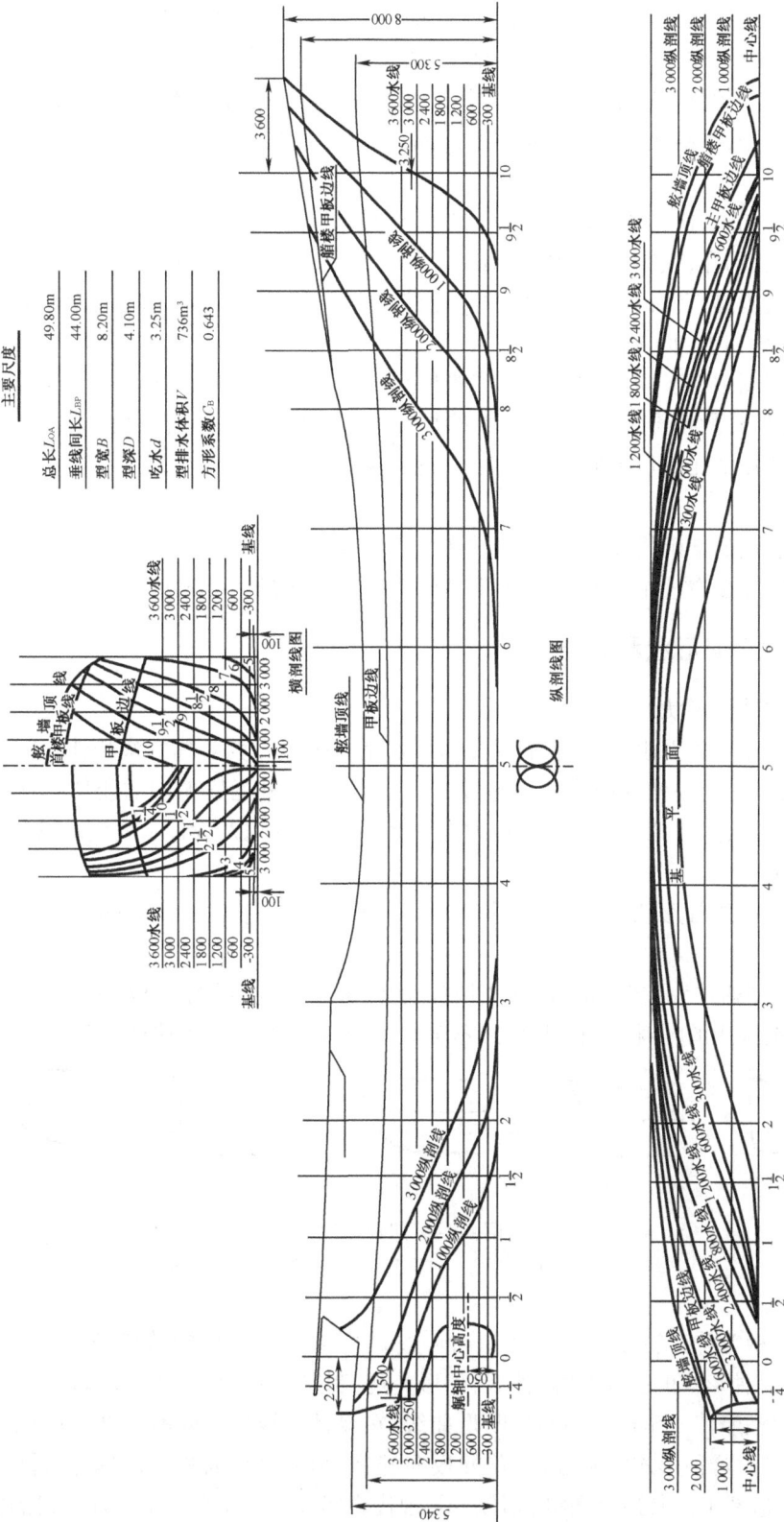

横剖线图

纵剖线图

半宽水线图

图 2.13 船体型线图

由于船体的形状是左右舷对称的,所以横剖线、纵剖线和水线只需画一半。型线图的习惯画法是:在横剖线图上的右侧是绘制中站面以前的船体右舷半宽横剖线,而左侧是绘制中站面以后的船体左舷半宽横剖线。纵剖线与水线也只绘制一半,绘制船体的左舷或右舷都可以。但是,纵剖线图和半宽水线图的船首方向,习惯上总是在图纸的右侧,船尾放在图纸的左侧。

在横剖线图中,横剖线是曲线,表示的是各分站处船体横剖面的真实形状,而纵剖线和水线则是直线;同样,在纵剖线图中,纵剖线是曲线,表示的是各纵剖面处的船体真实形状,横剖线和水线则是直线;在半宽水线图中,水线是曲线,表示的是各水线剖面处的船体真实形状,而横剖线和纵剖线则是直线。

在三个视图中,还绘有甲板边线、舷墙顶线和艏艉楼甲板的边线。由于这几条线不是剖切线,而是轮廓的投影线,故在三个视图中都是曲线,都不能表示它们的真实形状。

型线图所用的比例尺视船的大小而定,通常取 1/50、1/100、1/120 等。

3. 型值表

船体型表面的准确尺寸,都是从型线图上(经过放样光顺后)量取的。从型表面上量取的尺寸,称谓"型值"。由型值编成的表称"型值表",也列在型线图中。

三、船体几何形状和船型

1. 船体的几何形状

从型线图中可以看出,船体表面的几何形状是一个左右舷对称的瘦长体。除了姊妹船之外,几何形状完全一样的船体几乎是没有的。但是,各种运输船舶的船体几何形状有着许多共同的特点,这些特点主要表现在中纵剖面、中横剖面以及设计水线面的形状上。

1. 船首形状

这里介绍的船首形状,是指在中纵剖面上艏轮廓线的形状。常见的船首形状有下列几种:

(1)直立型船首 艏轮廓线侧形,即艏柱的侧形呈直线型(图2.14(a))。该型船首是过去的老式船采用的,甲板易上浪,外形不美观,现代船舶很少见到这种船首。

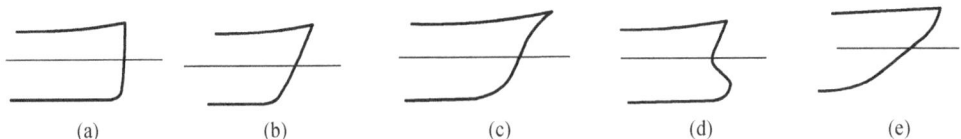

(a)   (b)   (c)   (d)   (e)

图2.14 船首形状

(a)直立型;(b)前倾型;(c)飞剪型;(d)球鼻型;(e)破冰型

(2)前倾型船首 艏柱的侧形为一向前倾斜的直线,与艏垂线的倾斜角为 10°～20°(图2.14(b))。这种形式的船首,适航性好,外形美观,制造简单,现代运输船采用的较多。

(3)飞剪型船首 艏柱的侧形呈凹形曲线,在设计水线以上向前悬伸一段很大的长度(图2.14(c))。这种形式的船首,船首外板向外飘,艏部甲板面积大,船舶的适航性好,外形美观,但制造费工。其最早在帆船上采用,现代客船和游览船多采用这种形式的船首。

(4)球鼻型船首 设计水线以下的首部前端是一个向前的突出体,近似球鼻形状(图2.14(d))。球鼻型船首的作用是可以减小船舶的兴波阻力,对于肥大型船舶,还可以改善船首附近的水流状况,减小形状阻力,提高船舶的航速。但是它不利于船舶靠离码头和收放锚的操作,建造工艺比较复杂。现代大型运输船舶,特别是肥大船舶多采用球鼻型船首。

（5）破冰型船首　设计水线以下的艏柱向前倾斜得较大,与水线面成 45°角左右（图 2.14（e））。其作用是,当船向前航行时,利用艏柱的向前倾斜坡度使船冲上冰层,靠船身与压载水的重力破冰航行。破冰船主要采用这种形式船首。

2. 船尾形状

这里所讲的船尾形状,是指在中纵剖面上艉轮廓线的形状。

运输船舶常采用的船尾形状有:椭圆形艉、巡洋舰形艉和方形艉等。

（1）椭圆形艉　艉轮廓线为一折角线形状,设计水线以上有较大的艉悬伸体（图 2.15（a））。这种船尾在折角线以上呈椭圆体向上扩展,所以上甲板的面积较宽广,建造工艺简单,但外形不美观、船尾对桨和舵的保护作用差、艉悬体不能压住螺旋桨旋转时上升的水流,不利于提高推进效率,其主要在过去的老式船上采用。

（2）巡洋舰形艉　艉轮廓线呈一勺形曲线的形状（图 2.15（b））。这种形式船尾,设计水线向艉垂线后延伸得较长,增加了船体的浸水长度,减小艉部水线的夹角,可降低船舶阻力,能压住螺旋桨的尾流不使上升,提高推进效率,建造也并不困难,现代船舶多采用巡洋舰形艉。

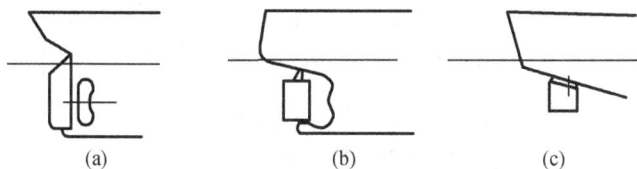

图 2.15　船尾形状
（a）椭圆形艉；（b）巡洋舰形艉；（c）方形艉

（3）方形艉　艉端呈一平面,且与基平面成直角或略向后倾斜,艉轮廓线在设计水线以下有一个大的折角（图 2.15（c））。方形艉可减小高速航行时艉部的下沉,改善快速性;艉部甲板面接近方形,建造工艺简单;但是,倒车时阻力大,且倒车的航向稳定性差。方形艉多用于快艇及游艇之类船上。

3. 舷弧

甲板中线和甲板边线统称为甲板线。

甲板中线是上甲板型表面与中线面的交线。它是一条平面上的曲线,在船长的中部较低,向艏艉两端逐渐升高,甲板中线的纵向曲度,通常称为脊弧。

甲板边线是上甲板型表面与舷侧型表面的交线。由于船体的几何形状向艏艉逐渐地瘦削,所以它是一条空间曲线。在图 2.16 上所画的甲板边线,为甲板边线在中线面上的投影线,通常也称为舷弧线。舷弧线也是从船长的中点处（一般为最低点）向艏艉两端逐渐地升高。舷弧线（或甲板边线）的纵向曲度,称为舷弧。过舷弧线的最低点（一般为船长的中点）作设计水线的平行线,称为舷弧的基准线。沿着船长方向的各点处,从舷弧基准线量至舷弧线的垂直距离,称为舷弧值,通常就简称为舷弧。在艏艉垂线处的舷弧基准线至舷弧线的垂直距离,分别称为艏舷弧和艉舷弧。《1966 年国际船舶载重线公约》规定,标准艏舷弧比艉舷弧大一倍,其值分别为

$$标准艏舷弧 = 50(L/3 + 10) \text{mm}$$

$$标准艉舷弧 = 25(L/3 + 10) \, mm$$

式中 L 为船长,(m)。

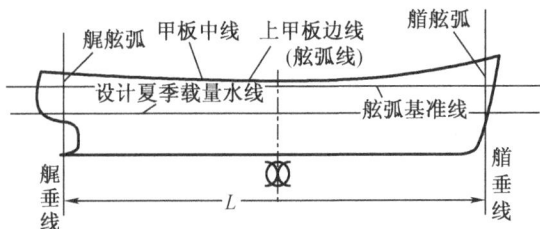

图 2.16 舷弧

表征船体几何形状特征时,一般用舷弧的概念而不用脊弧。

舷弧的作用可以减少船舶首尾部甲板的上浪,增加船舶前后部的浮力,提高船舶的抗沉性和稳性,减小纵摇,使船舶具有良好的适航性,且外形美观。

因此,海船的上甲板都设有舷弧,内河航行的小船,可以不设舷弧。

4. 梁拱

船舶上甲板的型表面与横剖面的交线为一曲线,该曲线一般呈抛物线形,在甲板中心线处最高,向甲板边线逐渐地降低。各横剖面处甲板中线与甲板边线的高度差值称为梁拱。各横剖面处的梁拱并不相同,一般所称的梁拱均为船体最大横剖面处的梁拱(图 2.17)。

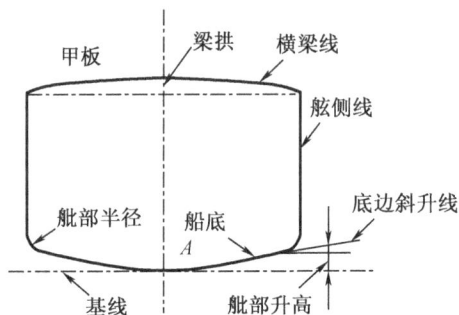

图 2.17 梁拱、舭部升高、舭部半径

标准梁拱一般为船舶型宽的 1/50。

梁拱的作用可迅速排泄甲板积水,还可以增强甲板的刚性。船舶的露天甲板必须设有梁拱。

5. 舭部升高和舭部半径

舭部升高又称船底升高。在船舶的最大横剖面处,从平板龙骨上缘的边线 A 点(图 2.17)起,向两舷船底型表面所作的切线,称船底斜升线。斜升线与舷侧切线的交点距基线的高度称为舭部升高。最大横剖面处的舭部一般呈圆弧形,其圆弧的半径称为舭部半径(图 2.17)。

舭部升高和舭部半径的大小,对船舶性能有很大的影响,如舭部升高和舭部半径大的船,船形瘦削,船舶阻力小,航速高,航向稳定性好,有利于迅速排除舱底积水。但其也减小了舱容,影响载重量,适于高速船采用。

6. 龙骨线

中线面与船体型表面底部的交线称为龙骨线。一般运输船舶的龙骨线为水平的直线

（图2.18（a））。它的优点是便于建造,进坞时易于安放在墩木上。但功率大而吃水浅的小船,如拖轮、渔船等,为了能安装大直径螺旋桨增加船舶的推力,采用向艉倾斜的龙骨线（图2.18（b））。帆船和小艇有的采用曲线或折线型龙骨线（图2.18（c））。

若龙骨线为一水平直线时,与船底纵向基本是重合的。

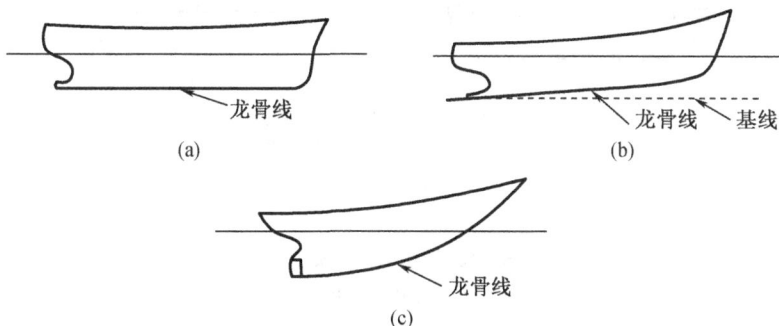

图2.18　龙骨线形状

（a）平龙骨线；（b）斜龙骨线；（c）曲线龙骨线

7. 平行中体

在船体中部有一段长度,设计水线以下的横剖面的大小和形状完全相同,该段船体称为平行中体（图2.19）。

船舶具有平行中体,能较好地利用舱容,施工方便、降低船舶造价。但对提高船速不利,故其仅适用于低速船。

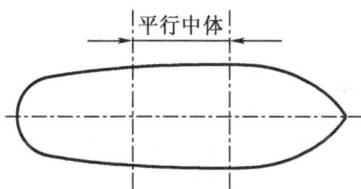

图2.19　平行中体

二、船型

所谓船型,是指按照船舶的侧面形状（不包括甲板室在内的侧面形状）和机舱在船长方向的位置划分的船舶建筑形式。

1. 按船舶的侧面形状划分船型（图2.20）

（1）平甲板型船；（2）设有艏楼型船；（3）设有艏楼和艉楼型船；（4）设有艏楼和桥楼型船；（5）三岛型船。

在上甲板上只设有甲板室而无船楼（或上层建筑）的船舶,称为平甲板船。超大型船舶采用这种船型,因为超大型船的干舷高甲板上不易上浪,甲板面积大无须设置船楼,故可采用这种船型。大型的专用运输船多设有艏楼,而在船的中部或艉部只设有甲板室的船型。机舱设在艉部的中小型船舶,一般采用设置艏楼与艉楼的船型。

在船舶的上甲板上设有艏楼、桥楼和艉楼的船舶,称为三岛型船。过去的中小型（主要是5 000吨级的）普通货船多采用这种船型,近年来已被设置艏楼和艉楼的船型代替。

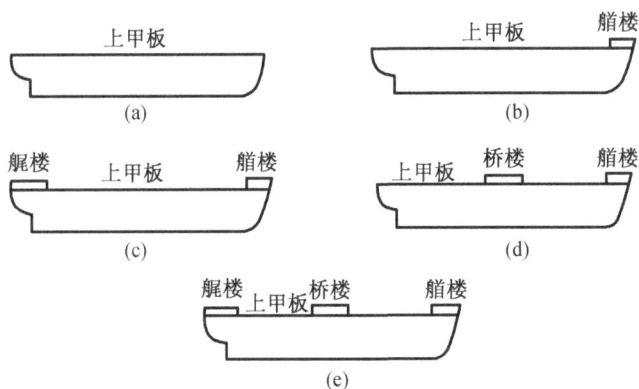

图 2.20　按船舶侧面形状划分船型

(a)平甲板船;(b)没有艏楼型船;(c)没有艏楼和艉楼型船;(d)没有艏楼桥楼型船;(e)三岛型船

2. 按照机舱在船长方向的位置划分船型(图 2.21)
(1)尾机型船;
(2)中尾机型船;
(3)中机型船。

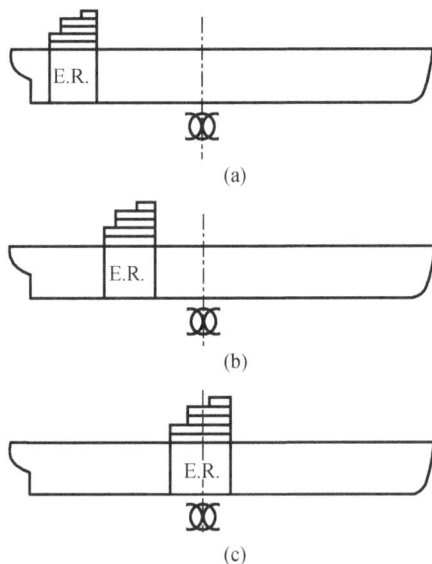

图 2.14　船首形状

(a)尾机型船;(b)中尾机型船;(c)中机型船

　　机舱位于船的尾部,称为尾机型船。尾机型船的优点:

　　①货舱连续布置,装卸货物效率高,无轴隧,货舱容积大,理货方便,易于清舱。对于油船有利于安全防火,便于管路布置等。

　　②船体结构连续,对总纵强度有利。

　　③缩短轴系长度,减少轴系磨损,提高推进效率。

　　尾机型船也有许多缺点:

　　①不论船舶在满载或是空载,纵倾调整都较困难。

②对于高速船,船尾较瘦,机舱布置困难,机舱过长,不易满足一舱不沉的要求。

③尾机型船的船舶驾驶室也位于船尾,驾驶视线稍差。

由于上述原因,尾机型船主要适用于油轮、散装货船、不定期普通货船等船速较低的船舶。方形系数 C_B 较大的船舶定采用尾机型。这些船舶尺度大而主机功率相对较小,机舱布置在艉部不困难。

中尾机型船的机舱位于船长的中后部位置。例如有五个货舱的船舶,在机舱的前部布置四个货舱,而机舱的后部布置一个货舱(通常简称4:1型)。这样,可以克服尾机型船机舱过长,生活舱室布置困难,纵倾不易调整等缺点。改善了船舶航行条件,船员住舱安排也较宽敞。中尾机型船适用于高速定期普通货船和高速集装箱船等。

中机型船的机舱位于船长中部。因船体中部较肥大,故机舱的长度短;无纵倾调整困难的问题;生活舱室及管路布置方便。但轴隧太长,损失货舱容积;装卸货物不方便;船体结构不连续,对总纵强度不利。中机型船主要适用于客船。

第四节 浮 性

一、船舶静浮于水中的平衡条件

1. 船舶的浮力与重力

船舶在各种载重情况下,能保持一定浮态的性能称为船舶浮性。船舶静浮于水中时,船体浸水表面上每一点都受到静水压力的作用,静水压力的方向垂直于船体的外表面。任意一点的静水压力都可以分为水平方向的分力和垂直方向的分力(图2.22)。作用于船体外表面上的静水压力的所有水平分力沿着船体表面的四周相互抵消,即水平分力的合力等于零。静水压力的所有垂直方向的分力,支撑着船舶的重力,使船舶浮于水中。静水压力垂直方向分力的合力,称为船舶浮力。

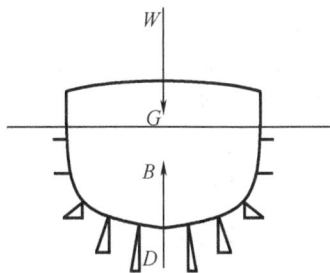

图2.22 船舶的浮力与重力

船舶自由浮于静水中所排开水的质量,称为船舶排水量,通常以符号"D"表示。排水量的大小,根据阿基米德原理

$$D = \rho V \qquad (2-8)$$

式中 D——排水量,t;

V——排水体积,m^3;

ρ——舷外水的密度,t/m^3,标准淡水 $\rho = 1.000 \ t/m^3$,标准海水 $\rho = 1.025 \ t/m^3$。

船舶浮力的大小等于船舶排水质量 D 乘以重力加速度 g,即为 Dg。D 的单位为吨(t),

g 的单位为米/秒^2(m/s^2),浮力 Dg 的单位为千牛(kN)。

船舶浮力的方向,总是垂直于静水面向上。浮力作用的中心,称为船舶的浮心,通常以符号"B"表示。浮心若使用船舶常用的直角坐标表示时,则为 $B(X_B, Y_B, Z_B)$。浮心就是水线下船体体积的几何中心。

船舶的质量是船舶所有质量之和,通常以符号"W"表示。船舶所受重力的大小,等于船舶质量 W 乘以重力加速度 g,即 Wg。W 的单位为吨(t),则 Wg 的单位为千牛(kN)。

船舶重力的方向,总是垂直于静水面向下的。重力的作用中心,称为船舶重心,通常以符号"G"表示。重心若使用船舶常用的直角坐标表示时,则为 $G(X_g, Y_g, Z_g)$。

2. 船舶浮于水中的平衡条件

根据静力学的物体平衡条件,船舶静止地浮于水中的平衡条件为作用于船上的重力 Wg 和浮力 Dg 必须大小相等方向相反,且作用在垂直于静水面的同一条垂线上,即

$$\begin{cases} Wg = Dg \\ W = D \end{cases} \qquad (2-9)$$

船舶的重力等于船舶的浮力,即船舶的质量 W 等于船舶的排水量 D,故在教材中,不需计算重力和浮力的具体数值时,都是以质量(W)和排水量(D)代表船舶的重力和浮力。

二、船舶的浮态

船舶在水中的漂浮状态称为浮态。由于船舶载重的大小和漂浮状态的不同,船舶会以各种浮态浮于水中,如正浮、横倾、纵倾、横倾加纵倾。浮态主要是用船舶的吃水 d、横倾角 θ、纵倾角 φ 或吃水差 t 表示。

1. 正浮

船舶既无横倾又无纵倾的漂浮状态称为正浮。正浮时船舶的中纵剖面与横剖面都垂直于静水面,正浮只需用吃水 d 表示其浮态。

由于船体的几何形状是左右舷对称于中线面的,故船舶在正浮时浮心一定位于中纵剖面内,即 $Y_b = 0$(图2.23)。但是船体的首尾形状并不一定对称于中站面,因此浮心的纵向坐标不一定位于中横剖面内,而是随着船舶吃水的不同可能位于船中前或船中后(图3-4)。因此,船舶在正浮时的重力和浮力、重心位置和浮心位置应满足的平衡条件为

$$\begin{cases} W = D \\ X_g = X_B \\ Y_g = Y_B = 0 \end{cases} \qquad (2-10)$$

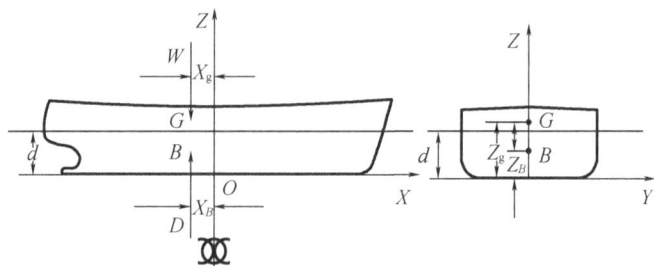

图2.23 正浮

船舶重心和浮心的竖向坐标与船舶的平衡无关,而重心一般位于浮心之上,即 $Z_g > Z_B$。

船舶的许多静水力性能都是按正浮状态进行计算的。

2. 横倾

船舶只具有横向倾斜(无纵向倾斜)的漂浮状态称为横倾。横倾用正浮与横倾时两水线的夹角 θ,即横倾角表示。

当船舶横倾一个 θ 角后达到平衡时,其重力和浮力的大小必须相等($W = D$),方向相反。位于同一条垂直于静水面的直线上。因无纵向倾斜,重心和浮心的纵向坐标相等($X_g = X_B$)。但是由于横倾 θ 角后,水线下的船体几何形状对中线面是不对称的,浮心的横向坐标 $Y_B \neq 0$;又由于 $Z_g \neq Z_B$,所以 $Y_g \neq Y_B$(图 2.24)。

因此,船舶在横倾平衡时,重力和浮力、重心和浮心位置应满足的条件为

$$\begin{cases} W = D \\ X_g = X_B \\ Y_g \neq Y_B \end{cases} \quad (2-11)$$

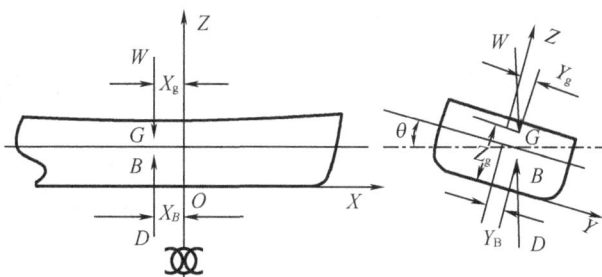

图 2.24 横倾

3. 纵倾

船舶相对于设计水线具有纵向倾斜(无横倾)的漂浮状态,称为纵倾。纵倾是用吃水差 t 或设计水线与静水平面的夹角 φ—纵倾角表示。

纵倾平衡与横倾相似,当船舶纵向倾斜一个 φ 角达到静平衡时,其重力和浮力必须大小相等方向相反,作用在垂直于静水平面的同一条直线上。但因无横倾,所以 $Y_g = Y_B = 0$,由于 $Z_g \neq Z_B$,重心和浮心的纵向坐标 $X_g \neq X_B$(图 2.25)。

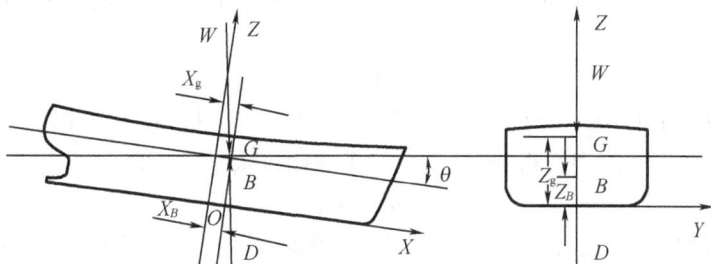

图 2.25 纵倾

因此,船舶在纵倾平衡时,重力和浮力,重心和浮心位置应满足的平衡条件为

$$\begin{cases} W = D \\ X_g \neq X_B \\ Y_g = Y_B = 0 \end{cases} \quad (2-12)$$

4.纵倾加横倾

纵倾加横倾是船舶既有纵倾又有横倾的一种漂浮状态。此时船舶的平衡条件,虽然重力和浮力的大小相等($W = D$)、方向相反,并作用在垂直于静水面的同一条直线上。但是,重心和浮心位置既不同时位于中纵剖面上,也不可能位于同一横剖面上,即 $X_g \neq X_B$,$Y_g \neq Y_B$ (图2.26)。

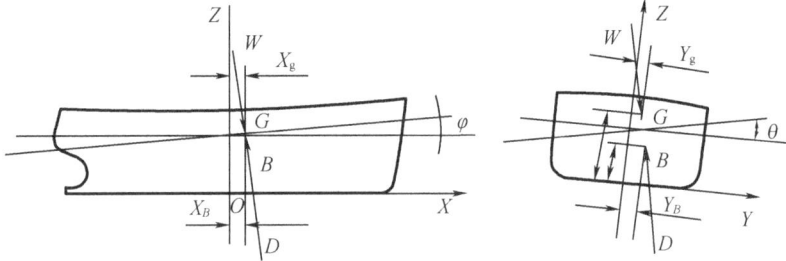

图 2.26 纵倾加横倾

因此,船舶在既有纵倾又有横倾的浮态平衡时,重力和浮力、重心和浮心位置应满足的平衡条件为

$$\begin{cases} W = D \\ X_g \neq X_B \\ Y_g \neq Y_B \end{cases} \tag{2-13}$$

这种浮态要用横倾角 θ 和纵倾角 φ 或吃水差 t 表示。

由上述的分析可见,船舶在水中的漂浮状态,即船在水中的吃水大小、正浮、横倾、纵倾等浮态和船舶的质量与重心位置、排水量与浮心位置有关。

因此,研究船舶在水中的浮态,就是研究船舶的质量和排水量的大小,重心坐标 X_g、Y_g、Z_g 和浮心坐标 X_B、Y_B、Z_B 值的计算。

三、船舶质量和重心坐标的计算

1.船舶质量 W

在船舶质量的计算中,通常船舶质量 W 由两部分组成即空船质量 W_0 和总载重量 D_W,即

$$W = W_0 + D_W$$

空船所包括的质量是一个固定质量,其数值是由船厂提供的,可以从"倾斜试验报告书"或"船舶稳性报告书"中查得,空船质量等于空船排水量 D_0,即

$$W_0 = D_0$$

总载重量是船员、粮食、淡水、供应品、燃料、滑油、货物、旅客等各项可变质量 P_i 总和的最大值,即

$$D_W = \sum P_i$$

载重量数值的大小随着航次的装载情况、航区和航程等而改变,是一个可变质量。在每一个航次中由驾驶员根据装载的每一项质量进行计算。船舶满载出港时的载重量达到最大值。因此,船舶的质量为

$$W = W_0 + \sum P_i \tag{2-14}$$

5. 船舶重心的坐标

在船舶重心坐标中,空船重心坐标是由船厂或设计部门给定的,而其他装载情况下的重心坐标是通过计算来确定的。计算时,首先必须知道装卸货物之前船舶的质量和重心坐标,然后,需要知道要装的(或卸的)每项货物质量及其重心坐标。根据合力矩定理就可求得装卸后船舶的质量和重心坐标。

(1)空船重心的坐标

设空船的重心位置为 G_0,其坐标分别为 X_{g0}、Y_{g0}、Z_{g0}。由于船体结构和设备的布置是左右舷对称的,故 $Y_{g0}=0$,而 Z_{g0} 由船舶在出厂前做的倾斜试验求得,X_{g0} 和 Z_{g0} 在船上可从"船舶倾斜试验报告书"或"船舶稳性报告书"上查得。

(2)装卸重物后船舶重心的坐标

设船舶在装卸重物之前的质量为 W,重心坐标为 X_g、Z_g(当无载重时为空船质量 W_0 及其重心坐标 X_{g0},Z_{g0})。各舱装卸的每项质量为 P_i,其重心坐标为 X_{Pi}、Z_{Pi},装卸重物之后船舶的总质量为 W_1 和重心坐标为 X_{g1}、Z_{g1}。

根据合力矩定理:合力对某轴(或某一平面)力矩等于各分力对同轴(或同一平面)力矩的代数和。因此,装卸货后船舶的质量和重心坐标表达式可写为

$$
\begin{cases}
W_1 = W + \sum P_i \\
X_{g1} = (W \cdot X_g + \sum P_i \cdot X_{Pi})/W_1 \\
Z_{g1} = (W \cdot Z_g + \sum P_i \cdot Z_{Pi})/W_1
\end{cases}
\tag{2-15}
$$

式中　$\sum P_i$——船舶所装卸重物质量的代数和,装载时 P_i 取正值,卸载时 P_i 取负值;

　　$W \cdot X_g$、$W \cdot Z_g$——装卸重物之前的船舶质量对船中或船底基线所取力矩,X_g 在船中之后取负值;

　　$\sum P_i \cdot X_{Pi}$,$\sum P_i \cdot Z_{Pi}$——装卸的各项重物质量对船中或船底基线所取力矩的代数和。卸载时 P_i 取负值,X_{Pi} 位于船中后取负值。

四、船舶排水量和浮心坐标的计算

由于船舶的排水量 $D = \rho V$,而舷外水的密度 ρ 一定,所以排水量和浮心坐标的计算实际上就是船舶的排水体积和排水体积中心的计算。

船体是一个不规则的复杂几何体,因此排水体积的计算采用近似计算法。把船体水线下的体积分割成许多与坐标平面 XOY 或 YOZ 相平行的小薄片,计算出这些薄片的体积并求出它们的总和,即为排水体积。

排水体积中心坐标的计算。根据合力矩定理,计算出上述每一小薄片的体积对坐标平面的静矩,并求出这些静矩的总和,再除以排水体积,即得出排水体积的中心坐标。

1. 正浮状态水线下的排水体积和浮心坐标

当船体的几何形状一定时,船舶的排水体积和排水体积的几何中心坐标只随着吃水 d 而变化。因此,船舶排水量和浮心坐标都可以表示为 $D = f(d)$、$X_b = f(d)$、$Z_b = f(d)$ 的函数形式,由于船体的几何形状复杂,这些函数计算相当烦琐且费时间。为此,船舶设计部门或船厂把每一条船的排水量和浮心坐标随着吃水的变化都预先给计算出来,并以一定的比例绘成曲线,分别称 $D = f(d)$ 为排水量曲线,$X_b = f(d)$ 为浮心距船中坐标曲线,$Z_b = f(d)$ 为浮

心距基线高坐标曲线。这些曲线都绘在同一张图中(图 2.27)。

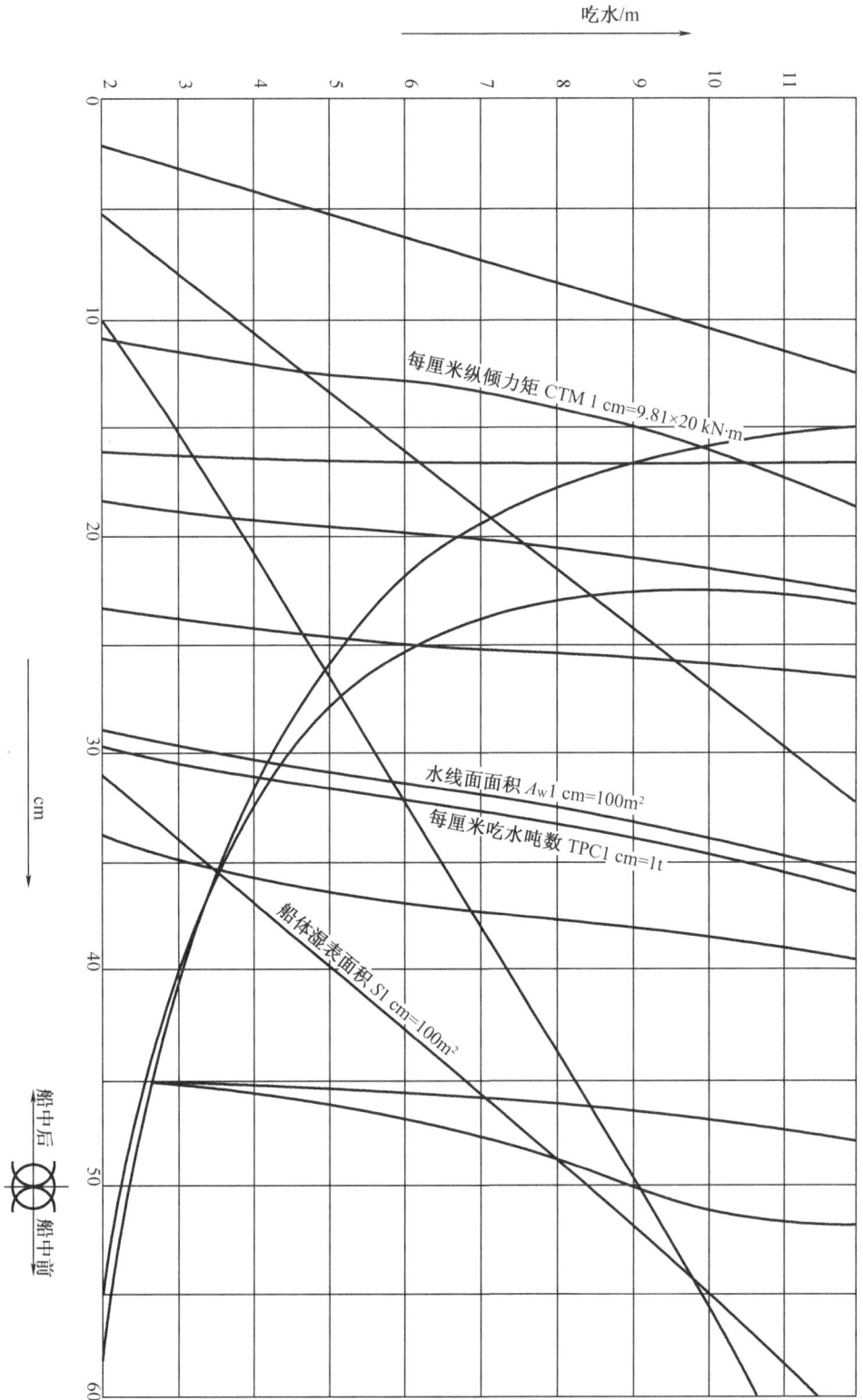

图 2.27　船舶静水力曲线

表示上述船舶静水力性能的曲线(还有一部分曲线在稳性中将讲到),称船舶静水力曲线。曲线的竖坐标表示吃水 $d(\text{m})$,曲线的横坐标是厘米(cm)表示,每条曲线都用不同的比例尺。

当已知船舶在正浮状态下的吃水时,从静水力曲线图中可查出该吃水下的排水量、浮心距基线高、浮心距船中距离等。

例 2-1 已知某船的吃水 $d=7.0$ m,求在海水中的排水量 D。

解 在图 2.27 中查排水量曲线,在吃水 $d=7.0$ m 处作横坐标的平行线与排水量曲线相交,由交点向横坐标作垂线,在垂足处读取横坐标值为 38.35 cm。将读数乘以排水量曲线的比例尺,即得

$$D = 38.35 \text{ cm} \times 550 \text{ t/cm} = 21\ 092.05 \text{ t}$$

由于浮心的纵向坐标可能位于船中前或船中后,因此把 X_B 曲线坐标的原点取在船中处,并且向右代表 B 在船中前,X_B 取正值;向左代表 B 在船中后,X_B 取为负值。

例如:某船吃水 $d=7.0$ m,则浮心距船中 $X_B=4.0$ cm $\times 1$ m/cm $=4$ m。

2. 载重量表尺

使用静水力曲线图,查某一吃水下的排水量、浮心坐标等值时,由于图的比例太小,结果不太精确且费时间。为了方便船员的使用,将几个主要的经常使用的静水力曲线和载重量、干舷等随着吃水的变化列成表格形式,该表称为载重量表尺,如图 2.28 所示,供船员使用。

目前,许多船舶使用计算机计算静水力性能,将计算的船舶静水力性能直接打印成表格,不再需要绘制静水力曲线图。

最后,需要特别强调的是,静水力曲线图和载重量表尺只适用于船舶在正浮状态下,根据吃水查有关的值,船有微纵倾时可近似使用。

五、漂心与每厘米吃水吨数

1. 漂心

船舶水线面积的几何中心称为漂心,通常以符号"F"表示,漂心坐标用 X_f 表示,由于正浮水线面的形状左右舷对称,所以 $Y_f=0$。求漂心坐标就是求漂心 F 的纵向坐标 X_f。

对于不同吃水下的水线面,其漂心坐标是不同的。因此漂心坐标可表示成吃水的关系曲线 $X_f=f(d)$,并绘制于静水力曲线图中(图 2.27)。由于水线面在船中前后不对称,漂心可能位于船中前后,故在静水力曲线图中 X_f 坐标原点取在船中,中前为正值,中后为负值。

漂心的主要作用:当船舶在小角度倾斜时,由于水线面积变化不大,所以漂心必在倾斜前后的两个水线面的交线上,即等容微倾时,水线面的倾斜轴过原水线面的漂心。利用这个条件,可以计算船舶在小角度纵倾时的艏艉吃水。另外,船舶在少量装卸货物时,只有当货物装卸在水线面漂心的垂线上,船舶才会平行沉浮(图 2.29)。

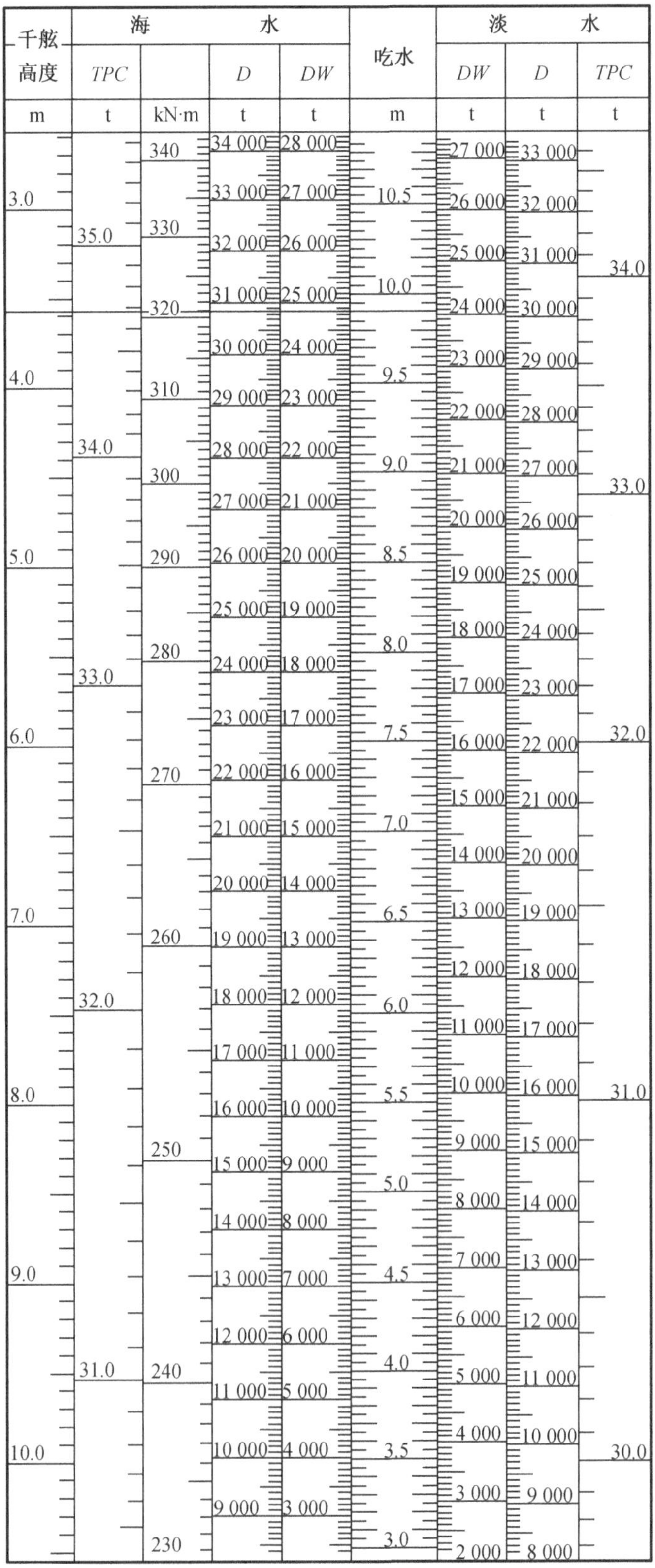

千舷高度	海	水			吃水	淡	水	
	TPC		D	DW		DW	D	TPC
m	t	kN·m	t	t	m	t	t	t
3.0	35.0	340	34 000	28 000	10.5	27 000	33 000	
		330	33 000	27 000		26 000	32 000	
			32 000	26 000	10.0	25 000	31 000	34.0
		320	31 000	25 000		24 000	30 000	
4.0			30 000	24 000	9.5	23 000	29 000	
		310	29 000	23 000		22 000	28 000	
	34.0	300	28 000	22 000	9.0	21 000	27 000	33.0
			27 000	21 000		20 000	26 000	
5.0		290	26 000	20 000	8.5	19 000	25 000	
			25 000	19 000	8.0	18 000	24 000	
	33.0	280	24 000	18 000		17 000	23 000	
			23 000	17 000	7.5	16 000	22 000	32.0
6.0		270	22 000	16 000		15 000	21 000	
			21 000	15 000	7.0	14 000	20 000	
			20 000	14 000		13 000	19 000	
7.0		260	19 000	13 000	6.5	12 000	18 000	
	32.0		18 000	12 000	6.0	11 000	17 000	
			17 000	11 000		10 000	16 000	
8.0			16 000	10 000	5.5	9 000	15 000	31.0
		250	15 000	9 000	5.0	8 000	14 000	
			14 000	8 000		7 000	13 000	
9.0			13 000	7 000	4.5	6 000	12 000	
			12 000	6 000		5 000	11 000	
	31.0	240	11 000	5 000	4.0	4 000	10 000	
10.0			10 000	4 000	3.5	3 000	9 000	30.0
			9 000	3 000	3.0	2 000	8 000	
		230						

图 2.28 载重量表尺

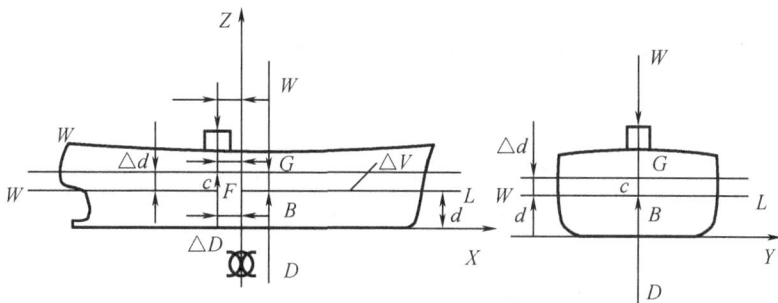

图 2.29 平行沉浮条件

2. 每厘米吃水吨数

每厘米吃水吨数指船在任意吃水时,水线平行地改变(下沉或上浮)1 cm 所引起排水量变化的吨数,通常以符号"TPC"表示。据 TPC 定义,当 $\Delta d = 0.01$ m 时,所引起排水量的改变量为

$$TPC = 0.01 \cdot A_W \cdot \rho(t) \tag{2-16}$$

由上述可见,TPC 的大小与水线面面积 A_W 有关,而 A_W 是随着吃水而改变,即 $A_W = f(d)$。因此 TPC 也随着吃水而改变,即 $TPC = f(d)$。TPC 随着吃水而变化的曲线也绘于静水力曲线图或载重量表尺中,使用方法与其他曲线相同。

每厘米吃水吨数 TPC 可以较方便地求出在少量装卸时船舶的吃水改变量 Δd,或根据吃水的改变量求船舶装卸的质量。

船舶要平行沉浮,则必须满足的条件主要有以下两点。

(1)必须装卸少量重物。由于吃水改变量小,原水线面与新水线面可近似地认为相等,则新增加(减小)的浮力 ΔD 的作用中心 $C(X_C, Y_C, Z_C)$ 可近似认为位于原水线面的漂心 F 之上,即 $X_C = X_F$,$Y_C = 0$,$Z_C = d \pm \Delta d/2$。

(2)装卸重物 P 的重心 g 必须位于原水线面的漂心 F 即垂线上,即 $X_P = X_F$,$Y_P = 0$。

因为装卸之前船舶的重心和浮心在同一垂线上,少量装卸之后,新增加(或减小)的浮力 ΔD 的浮心 X_C 位于漂心 X_F 的垂线上,即 $X_C = X_F$,因此装卸的少量重物 P 的重心 X_P 必须与新增加(或减少)的浮力 ΔD 的浮心 X_C 位于同一垂线上,船舶才不会纵倾,即 $X_P = X_F$ 时船才会平行沉浮(图 2.29)。

根据船舶的平行沉浮条件,当船舶的吃水为 d 时,水线 WL 的面积为 $A_W(\text{m}^2)$,装卸少量重物 $P(t)$,使其平行沉浮,吃水的改变量为 $\Delta d(\text{m})$,则排水量的改变量 ΔD 为

$$\Delta D = A_W \cdot \Delta d \cdot \rho(t)$$

式中 ρ 为舷外水的密度,t/m^3。

反之,若装卸少量重物 $P(t)$,则装卸重物之后吃水的平行改变量为

$$\Delta d = P/TPC(\text{cm}) \tag{2-17}$$

式中 Δd 为在装载重物时取正号,在卸载重物时取负号。

装卸之后船舶新的吃水 d_1 为

$$d_1 = d \pm 0.01\Delta d(\text{m}) \tag{2-18}$$

六、舷外水密度改变对吃水的影响(图2.30)

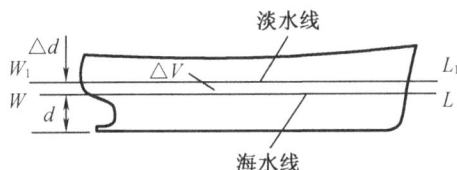

图 2.30　水的密度不同对吃水的影响

由式 $D = \rho V$ 可知,当船舶的质量 W 或排水量 D 不变时,由于舷外水密度的不同,则船的排水体积不同,船舶的吃水 d 也就不同。但因舷外水密度不同而产生的吃水改变量 Δd 是很小的,且可近似地认为是平行沉浮(实际上,当船舶浮心随着吃水改变而沿船长方向前后移动时,会有微倾发生),故可利用每厘米吃水吨数 TPC 计算舷外水密度改变对吃水的影响。

1. 船由海水驶入淡水

设:船舶的排水量为 $D(\mathrm{t})$,在海水中的吃水为 $d(\mathrm{m})$,海水密度为 $\rho_{海}(\mathrm{t/m^3})$,淡水密度为 $\rho_{淡}(\mathrm{t/m^3})$,船在海水中的排水体积为 $V_{海}(\mathrm{m^3})$,在淡水中的排水体积为 $V_{淡}(\mathrm{m^3})$,在海水中吃水为 $d(\mathrm{m})$ 时的每厘米吃水吨数为 $TPC_{海}$。

当船由海水驶入淡水时,排水量保持不变,则

$$D = \rho_{海} \cdot V_{海} = \rho_{淡} \cdot V_{淡}$$

或

$$V_{海} = D/\rho_{海}; \quad V_{淡} = D_{淡}/\rho_{淡}$$

因为 $\rho_{海} > \rho_{淡}$,所以 $V_{海} < V_{淡}$,船舶由海水驶入淡水其排水体积差为

$$\Delta V = V_{淡} - V_{海}$$

或

$$\Delta V = \frac{D}{\rho_{海}}\left(\frac{\rho_{海}}{\rho_{淡}} - 1\right) \tag{2-19}$$

假设船舶是平行沉浮,相互吃水的改变量为 $\Delta d(\mathrm{cm})$,其排水体积的改变量可写为

$$\Delta V = TPC_{海} \cdot \Delta d/\rho_{海} \tag{2-20}$$

式(2-20)与或(2-19)相等,则

$$\Delta d = \frac{D}{TPC_{海}}\left(\frac{\rho_{海}}{\rho_{淡}} - 1\right)(\mathrm{cm}) \tag{2-21}$$

或

$$\Delta d = \frac{D}{100TPC_{海}}\left(\frac{\rho_{海}}{\rho_{淡}} - 1\right)(\mathrm{m}) \tag{2-22}$$

2. 船由淡水驶入海水

设:船舶位于淡水中的吃水为 $d_{淡}$,在该吃水下的每厘米吃水吨数为 $TPC_{淡}$。当船舶由淡水驶入海水中时,与由海水驶入淡水情况相反,其排水体积的减小量为

$$\Delta V = \frac{D}{\rho_{淡}}\left(\frac{\rho_{淡}}{\rho_{海}} - 1\right) \tag{2-23}$$

另一方面,假设船舶平行上浮,吃水减小量为 $\Delta d(\mathrm{cm})$,则排水体积的减小量可写为

$$\Delta V = TPC_{淡} \cdot \Delta d/\rho_{淡} \tag{2-24}$$

式(2-23)与式(2-24)相等,所以

$$\Delta d = \frac{D}{100TPC_{淡}}(\frac{\rho_{淡}}{\rho_{海}} - 1)(m) \tag{2-25}$$

式中 Δd 为负值,表示吃水减小。

例 2-2 某船的吃水为 $d = 6.4$ m,若船舶由海水密度 $\rho_{海} = 1.025$ t/m³ 的海水驶入淡水中,淡水密度 $\rho_{淡} = 1.010$ t/m³。求船舶吃水的改变量 Δd 及吃水 d 等于多少?

解 船舶由海水驶入淡水,其吃水的增加量 Δd 为

$$\Delta d = \frac{D}{100TPC_{海}}(\frac{\rho_{海}}{\rho_{淡}} - 1)(cm)$$

$$\Delta d = 0.107 \text{ m}$$

船舶吃水为
$$d_{淡} = 6.4 + 0.107 = 6.507(m)$$

3. 吃水改变量的近似估算

用式(2-22)、式(2-25)计算船舶由海水(淡水)驶入淡水(海水)时,其吃水改变量是比较精确的,但计算工作比较烦琐,为了简化计算工作,船员常采用近似估算公式:

船在海水中的排水量 $D = L_{海} B_{海} d_{海} C_{b海} \rho_{海}$

船在淡水中的排水量 $D = L_{淡} B_{淡} d_{淡} C_{b淡} \rho_{淡}$

因为吃水改变较小,所以海水与淡水中的水线长 $L_{海} \approx L_{淡}$,水线宽 $B_{海} \approx B_{淡}$,方形系数 $C_{b海} \approx C_{b淡}$。因此

$$d_{海} \cdot \rho_{海} \approx d_{淡} \cdot \rho_{淡} \tag{2-26}$$

$$d_{淡} \approx d_{海} \cdot \rho_{海}/\rho_{淡}$$

在上述的例题中,若采用近似公式计算,则船舶由海水驶入淡水中的吃水为

$$d_{淡} = d_{海} \cdot \rho_{海}/\rho_{淡} = 6.4 \times 1.025/1.01 = 6.495(m)$$

与精确公式比较,两种计算方法相差了 1.2 cm。

第五节 稳 性

船舶稳性是指船舶受外力作用离开平衡位置而倾斜,当外力消除之后船能够自行地回复到原平衡位置的性能。这是一切船舶必须具备的性能。

船舶是否具有稳性;船在海上能够承受多大的风浪作用而不至于倾覆;有哪些因素影响船舶稳性的大小;提高船舶稳性应采取的措施等这一类的问题都是属于船舶稳性的内容,这是船舶营运中,人们最关心的船舶安全问题之一。

船舶稳性可分为:

按倾斜方向的不同,分为横稳性和纵稳性。

● 横稳性:船舶横向倾斜时的稳性。

● 纵稳性:船舶纵向倾斜时的稳性。

按倾斜角度大小的不同,分为初稳性和大倾角稳性。

● 初稳性:船舶从正浮状态向左或右倾斜的角度不大于10°时的稳性。

● 大倾角稳性:船舶从正浮状态向左或右倾斜的角度大于10°时的稳性。

按倾斜时有无角加速度和惯性量或按外力矩的性质不同,分为静稳性和动稳性。

● 静稳性:船舶在静态的外力矩作用下,倾斜过程中无角加速度和惯性量。

● 动稳性:船舶在动态的外力矩作用下,倾斜过程中带有角加速度和惯性量。

按船舱破损与否,分为完整稳性和破舱稳性。

- 完整稳性:船舱完整无破损浸水时的船舶稳性。
- 破舱稳性:船舱破损浸水后的船舶稳性。

船舶一般不会因为纵稳性不足而倾覆,因此船舶稳性主要是研究横稳性问题。下面所介绍的与船舶稳性有关的概念,当无特别指出时,均指的是船舶横稳性,简称为船舶稳性。破舱稳性是属于船舶抗沉性中的内容,我们不去讨论。我们主要介绍完整稳性(简称为船舶稳性),即船舶在未破舱浸水的条件下,如何判断船舶是否具有稳性和衡量稳性是否够的基本衡准等问题。它涉及船在水面的初始平衡状态、初稳性、大倾角稳性和动稳性等基本概念。

当船舶受一横向的风、浪或拖牵力等作用时,船舶会发生横倾,这种使船舶产生横向倾斜的外力,统称为横倾力矩,并以符号"M_h"表示。船舶在横倾力矩作用下倾斜的过程中,通常假设横倾力矩的大小是不随着倾角和时间而变化的,认为是一个常量。

一、初稳性

下面我们研究船舶在一横倾力矩 M_h 作用下,从正浮位置倾斜一个小角度 θ($< 10°$)时的船舶稳性,即初稳性问题。

图 2.31 所示的船舶,吃水为 d,浮心 B 的竖坐标为 Z_B,重心 G 的竖坐标为 Z_g。重力 W 和浮力 D 的大小相等,方向相反,并作用在垂直于水线 WL 的同一条直线上。船舶静止地正浮于水线 WL 处。

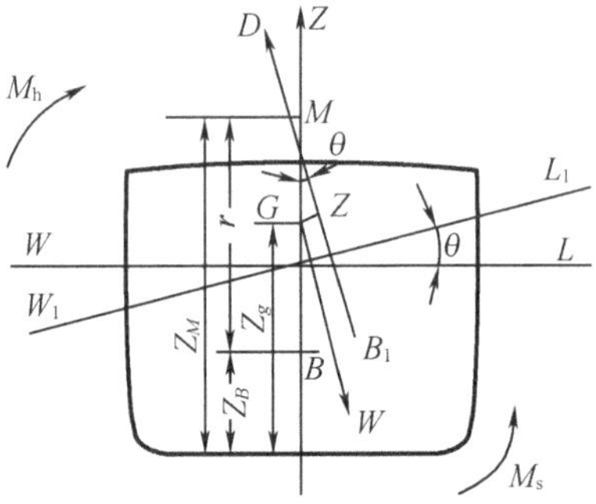

图 2.31 船舶初稳性高度

当船舶受一横倾力矩 M_h 作用,从正浮位置向一侧微倾一个 θ 角时,水线由 WL 移至 W_1L_1,在等体积微倾的情况下,倾斜前后两水线面的交线(倾斜轴)是过倾斜前水线面的漂心 F 点。

船舶在倾斜过程中,假定船舶的重心 G 的位置是不能移动的,由于水线下的船体形状发生了变化,浮心 B 向倾斜的一侧移至 B_1。此时,重力 W 和浮力 D 的大小不变,方向垂直于新的水线 W_1L_1,但两个力不再作用在同一条直线上,形成一个力偶矩 $M_s = D \cdot GZ$,力偶矩 M 的方向与横倾力矩 M_h 的方向相反,是扶正船舶或使船舶回复到初始的平衡位置,该力偶矩称为船舶稳性力矩。式中的 GZ 值是从船舶的重心 G 向新的浮力作用线所作的垂线,称为船舶静稳性力臂。

在船舶的倾斜过程中,浮心 B 移动的轨迹 BB_1,称为浮心曲线。浮心曲线的曲率中心,称为船舶的稳心,并以符号"M"表示。船舶在倾斜过程中,由于浮力作用线总是在浮心曲线的法线方向上,因此稳心 M 也可以看作是微倾前后两浮力作用线的交点。

分析上述船舶小角度的倾斜过程,可以得出船舶初稳性的几个重要概念。

1. 稳心 M

当船舶从正浮位置微倾一个 $\theta(<10°)$ 角时,由于倾斜前后两水线面积变化不大,浮心曲线 BB_1 可以近似地看作是一段圆弧线,而它的曲率中心即稳心 M,是圆弧线 BB_1 的圆心,故船舶从正浮位置倾斜一个小角度时,其稳心 M 可以认为是一个固定点,并位于船舶中线面上。该稳心称为船舶初稳心,通常简称为船舶稳心 M。稳心 M 点距基线的高度以坐标"Z_M"表示。

2. 稳心半径 r(或者 BM)

稳心 M 在浮心 B 之上的高度 BM,称为稳心半径,以符号"r"表示。

从理论分析计算可以证明:当船体的几何形状一定时,在某一吃水 d 下的稳心半径 r 的大小为

$$r = I_x/V \qquad (2-27)$$

式中 I_x——船舶正浮时水线面积对倾斜轴的面积惯性矩,m^4;

  V——船舶在吃水 d 时的排水体积,m^3。

例如图 2.32 所示箱形船,船长为 L、船宽为 B、吃水为 d、方形系数为 $C_b=1$、水线面系数 $C_W=1$。矩形水线面对通过漂心的倾斜轴 OX 的惯性矩为

$$I_x = (1/12)LB^3 = 0.0833LB^3$$

稳心半径为

$$r = I_x/V = (1/12) LB^3/C_bLBd = B^2/12d \qquad (2-28)$$

对于一般的船体,水线面对横倾斜轴的惯性矩为

$$I_x = a_xLB^3$$

稳心半径为

$$r = a_xLB^3/C_bLBd = a_x/C_b \cdot B^2/d = a_xB^2/d \qquad (2-29)$$

因为 I_x 和 V 都与吃水有关,所以稳心半径 r 也与吃水 d 有关,可以表示成 $r=f(d)$ 的关系。

由图 2.31 可见,稳心竖坐标 $Z_M = Z_B + r$,所以稳心距基线的高度 Z_M 也与吃水 d 有关,可以表示成 $Z_M=f(d)$。这样,不同吃水 d 时的稳心半径 r 和稳心竖坐标 Z_M 都可以预先计算出来,并绘出 $r=f(d)$ 和 $Z_M=f(d)$ 曲线。这些曲线用一定的比例尺表示在静水力曲线图中,用时根据船舶吃水可从静水力曲线图中查得。

由式(2-29)可见,$r \propto B^2/d$,而船宽 B 随着吃水 d 变化很小,所以 r 或 Z_M 随着 d 的增大而逐渐地变小,如静水力曲线图中的 r、Z_M 曲线所示。

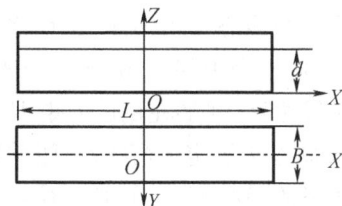

图 2.32 箱形船

3. 初稳性高度 GM

稳心 M 在船舶重心 G 之上的高度,称为船舶初稳性高度,并以符号"GM"表示。由图 2.31 可见

$$GM = Z_M - Z_g \qquad (2-30)$$

当稳心 M 在重心 G 之上,规定 GM>0,初稳性高度为正值;

当稳心 M 在重心 G 之下,GM<0,初稳性高度为负值;

当稳心 M 与重心 G 重合,GM=0,初稳性高度为零。

4. 初稳性方程

由于船舶在初稳性时,稳心 M 是一个固定点,船舶在倾斜后的浮力作用线与正浮时的浮力作用线的交角等于船舶倾斜角 θ(图 2.31),可以利用直角三角形 MGZ 的正弦函数计算静稳性力臂和稳性力矩,使计算简化。

例 2-3 已知船舶吃水为 d,从静水力曲线图中查得排水量为 D,浮心竖坐标为 Z_b,稳心的竖坐标为 Z_M,计算出船舶重心的竖坐标为 Z_g,当船舶从正浮位置倾斜一个小角度 θ 时,船舶的初稳性高度 GM、静稳性力臂 GZ 和稳性力矩 M_s 分别为

$$GM = Z_M - Z_g = Z_B + r - Z_g$$

$$GZ = GM\sin\theta$$

$$M_s = D \cdot GM\sin\theta \qquad (2-31)$$

式中 M_s 为稳性力矩,式(2-31)称为初稳性方程,它只适用于船舶在初稳性的条件下。

5. 判断船舶是否具有稳性

由上述的讨论可以看出,利用初稳性高度可以简单地判断出船舶是否具有稳性。

图 2.33(a)所示的船舶,其初始的平衡状态为正浮于水线 WL 处,重力 W 和浮力 D 大小相等,方向相反,并作用在垂直于 WL 的同一条直线上。

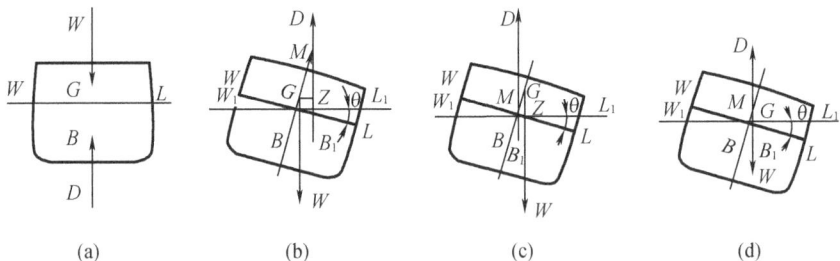

图 2.33　船首形状

(a)正浮;(b)稳定平衡;(c)不稳定平衡;(d)中性平衡

(1)若上述船舶初始平衡状态的稳心 M 位于重心 G 之上时,当船舶受一横倾力矩 M_h 干扰产生一微倾角 θ,此时船舶形成一个力偶矩 $M_s = D \cdot GM\sin\theta$。稳性力矩 M_s 与横倾力矩 M_h 方向相反,当外力矩 M_h 消除之后,船舶在稳性力矩 M_s 作用下会自行地回复到初始平衡位置。我们称船舶的原始平衡状态为稳定平衡状态,船舶具有稳性(图 2.33(b))。

(2)若上述船舶初始平衡状态的稳心 M 位于重心 G 之下时,当船舶受一横倾力矩 M_h 干扰产生一微倾角 θ,此时船舶形成一个力偶矩 $M_s = D \cdot (-GM)\sin\theta$,即船舶的稳性力矩 M_s 与横倾力矩 M_h 的方向相同,当外力矩 M_h 消除之后,船舶在稳性力矩 M_s 的作用下会继续倾斜下去,不会回复到原初始平衡位置。我们称船舶的原初始平衡状态为不稳定平衡状

态,船舶不具有稳性(图2.33(c))。

(3)若上述船舶初始平衡状态的稳心 M 与船舶重心 G 重合,当船舶受一横倾力矩 M_h 作用产生一微倾角 θ,此时因为 $GM=0$,所以稳性力矩 $M_s=0$。故当外力矩消除之后,船舶就平衡在新的水线 W_1L_1 处,我们称船舶的原初始平衡状态为随遇平衡状态,此时船舶也是不具有稳性(图2.33(d))。

由上述的讨论可见,利用初稳性高度 GM 值可判断船舶是否具有稳性:

若船舶重心 G 在稳心 M 之下时, $GM>0$,船舶处于不稳定平衡状态,船舶具有稳性。

若船舶重心 G 在稳心 M 之上时, $GM<0$,船舶处于稳定平衡状态,船舶不具有稳性。

若船舶重心 G 与稳心 M 重合时, $GM=0$,船舶处于随遇平衡(或称中性平衡)状态,船舶也不具有稳性。

因此,船舶是否具有稳性与船舶所处的初始平衡状态的重心 G 和稳心 M 的相对位置有关。

对于船体几何形状一定的船,船舶稳心距基线的高度与船舶的吃水有关。吃水一定,稳心距基线高度就是一定的。

船舶重心距基线的高度与船舶装载状态有关,即与船舶装载货物的重心位置有关。在同一吃水下,由于货物的装载位置高低不同,船舶重心高度就不同。在同一个航次中,由于航行中燃料、淡水等的消耗,在出港、航行中途和到港,船舶的重心高度都不会完全相同,因此初稳性高度 GM 也不会完全相同,而船舶的稳性也不会相同。

二、大倾角稳性与静稳性曲线

1. 大倾角稳性及特点

当船舶在横倾力矩作用下继续倾斜时,倾斜角度 $\theta>15°$,此时的船舶稳性为大倾角稳性。

由于船舶水线下的剖面形状不是一个圆形,当船体倾角 $\theta>15°$ 时,水线面的形状变化得比较大,浮心 B 移动的轨迹曲线就不可以看作是一段圆弧线,而浮心曲线的曲率中心,即稳心 M 点,就不再是一个在船舶中线上的固定点,而是随着横倾角 θ 的增大逐渐地移动,见图2.34。

在船舶的倾斜过程中,假定船舶的重心 G 不移动,我们把每倾斜一个小角度(如图中相隔10°)的浮心 B 位置、浮力作用线、稳心 M 位置、稳性力臂 GZ 值都作计算并画在图2.34中,由图中可见:

初稳性时的稳性力矩可表示为 $M_s=D\cdot GM\sin\theta$。

大倾角稳性的稳性力矩只能写成 $M_s=D\cdot GZ$,因为静稳性力臂 $GZ\neq GM\sin\theta$。

因此,大倾角稳性的计算不能像初稳性力矩计算那么简单。

2. 静稳性曲线图

对于在某一吃水 d 和重心高度 Z_g 时,大倾角情况下的稳性力矩计算,就是如图2.34所示,预先计算出不同倾角下的静稳性力臂 GZ 值,并画出静稳性力臂随着横倾角的变化曲线 $GZ=f(\theta)$,该曲线称为静稳性曲线(图2.35),利用静稳性曲线才能计算大倾角情况下的稳性力矩。

静稳性曲线有如下特征:

(1)静稳性曲线是在一定的吃水 d 和重心高度 Z_g 的情况画出来的,所以船舶每有一个

吃水 d 和重心高度 Z_g 值,即每有一个装载状态,就对应地有一条静稳性曲线,也就有一个 GM 值。GZ 曲线在坐标原点处的切线 OP,在横轴 $\theta = 57.3°$ 处的竖坐标 $EF = GM$。

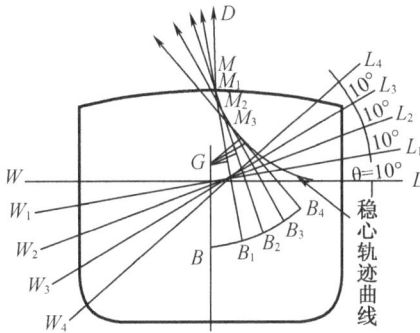

图 2.34　稳心轨迹曲线

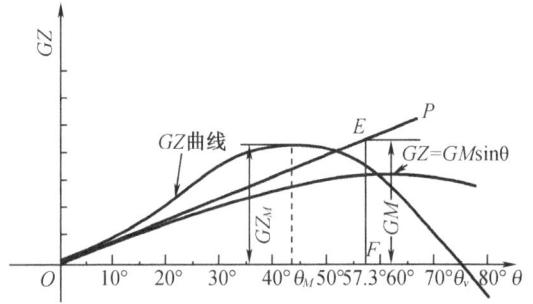

图 2.35　静稳性曲线

(2)当横倾角 $\theta < 10°$ 时,$GZ = GM\sin\theta$。

(3)因为 $M_s = D \cdot GZ$,当吃水一定时,排水量 D 是一个常量,所以 $GZ = f(\theta)$ 曲线也可以代表该吃水和重心高度情况下的稳性力矩曲线 $M_s = f(\theta)$。它们之间仅相差一个常量 D。

(4)静稳性力臂 GZ 是随着横倾角的增大而增大,当达到某值 θ_M 时,GZ 值达到最大值 GZ_M;

若船舶再继续倾斜,则 GZ 值又逐渐地减小,直到 $\theta = \theta_v$ 时 $GZ = 0$。

(5)表征静稳性曲线形状和大小一般采用下列参数:

GZ_M——最大静稳性力臂;

θ_M——最大静稳性力臂对应的横倾角;

θ_v——稳性消失角;

$0 \sim \theta_v$——稳性范围。

在判断船舶稳性是否够时,或者说判断船舶能抵抗多大的风浪作用不至于倾覆,必须利用静稳性曲线图。因此,静稳性曲线的形状、大小,包括相对应的 GM、GZ_M、θ_M、θ_v 和稳性范围等参数,对船舶稳性有着重要意义。

三、船舶稳性的基本衡准

在船舶稳性规范中,把衡量船舶稳性是否够的标准,称为船舶稳性的基本衡准。

人们经常要问,某船在海上能够承受多大的风浪。它的意思应该是询问船舶稳性是否足够。这个问题不是用能够承受几级风浪简单的一两句话能讲清楚的。因为,对于船体几何形状和大小一定、结构的水密性符合要求的船舶,船舶稳性是否足够,不仅与海上风浪的大小有关,而且与船舶吃水、重心高度有关,即与船舶的装载状态有关,或者说与静稳性曲线的形状和大小有关。

下面我们简单地介绍船舶稳性的基本衡准,它涉及静稳性、动稳性、静平衡、动平衡、最小倾覆力矩、风压倾侧力矩等概念。

1. 静态横倾力矩与动态横倾力矩

作用在船上的横倾力矩,若按其性质划分,可分为静态横倾力矩和动态横倾力矩。

（1）静态横倾力矩

船舶在横倾力矩的作用下，假定在倾斜的过程中不会产生角加速度（这是一种假想的过程）时，则该种横倾力矩称为静态横倾力矩，即船舶在倾斜过程中，当横倾力矩等于船舶稳性力矩时，船舶就停止倾斜，处于平衡状态。所以，静态横倾力矩就是船舶处于静平衡时作用在船上的横倾力矩。船舶在静态横倾力矩作用下的稳性属于静稳性问题。

（2）动态横倾力矩

当作用在船上的横倾力矩，使船舶的倾斜过程产生角加速度，该种横倾力矩称为动态横倾力矩。在动态横倾力矩作用下，船舶在倾斜过程中，当横倾力矩等于稳性力矩时，船不会立即停止倾斜，而是在惯性的作用下继续倾斜一个角度。船上的重物突然横移、横向突风作用、拖索急牵等所产生的力矩均可看作动态横倾力矩。船舶在动态横倾力矩作用下的稳性属于动稳性问题。

在船舶稳性的研究中，假定船舶在倾斜的过程中静态横倾力矩与动态横倾力矩均视为常量，是不随倾角和时间而变化的。

2. 静平衡与动平衡

由于作用在船上的横倾力矩的性质不同，则船舶在倾斜过程中的平衡及横倾角也不同。

（1）静平衡

如图 2.36 所示，船舶的稳性力矩为 M_s 曲线，作用在船上的静态横倾力矩为 M_h。船舶在倾斜过程中，稳性力矩 M_s 随着倾斜角 θ 的增加而逐渐增大，由于是静态横倾力矩作用，所以当 $M_s = M_h$ 时，船不会继续倾斜而平衡在 $M_s = M_h$ 所对应的角度上。这种平衡是力矩的平衡，故称为静平衡。其对应的横倾平衡角 θ_s，称为静横倾角。

设船舶的最大静稳性力矩为 M_{sm}（图 2.36），则船舶在静态横倾力矩作用下，稳性应满足的条件为

$$M_h \leqslant M_{sm}$$

因此，船舶最大静稳性力矩 M_{sm} 的大小是衡量船舶静稳性的重要标志，它是表示船舶抵抗静态横倾力矩作用的能力。

但是，在实际中船舶所受的横倾力矩均为动态横倾力矩，故必须用动态横倾力矩衡量船舶稳性。

（2）动平衡

当船舶受一个动态横倾力矩 M_h 作用时（图 2.37），船舶会带有一定的角加速度倾斜。

因此，当船舶倾斜至 $M_s = M_h$ 时，由于惯性作用船舶不会立即停止而将继续倾斜，直至动态横倾力矩对船舶所做的功 W_h 被稳性力矩所做的功 W_s 全部抵消掉，船舶才不再继续倾斜。所以动平衡的条件为 $W_s = W_h$，故船舶的动平衡是功的平衡。船舶在动态横倾力矩作用下的平衡称为动平衡。

当 $W_s = W_h$ 时，所对应的横倾角度 θ_d 称为动横倾角。在同样大小的横倾力矩作用下，动横倾角 θ_d 比静横倾角 θ_s 大许多。

当船舶倾斜至 θ_d 时，不会再继续倾斜，但此时的稳性力矩 M_s 大于横倾力矩 M_h，两力矩之差为 $M_h - M_s = -M_x$（图 2.37），船舶在 $-M_x$ 的作用下将向回摇，摇至某一角度 $M_h > M_s$ 时又向外摇。经过反复左右摇摆，由于水的阻尼作用摆幅逐渐减小，最后停止在 $M_h = M_s$ 所对应的角 θ_s 处。

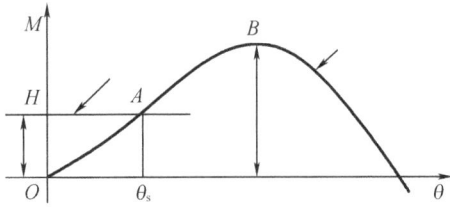

图 2.36 静平衡

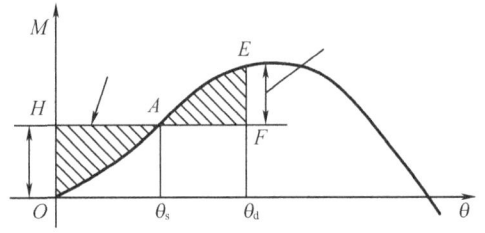

图 2.37 动平衡

动横倾角 θ_d 的大小,是根据横倾力矩所做的功 W_h 与稳性力矩所做的功 W_s 相等求得的。由力学可知,船舶从正浮位置 $\theta=0$ 横倾到 θ 时,稳性力矩做功为

$$W_s = \int_0^\theta M_s \mathrm{d}\theta \qquad (2-32)$$

在图(2.37)中,该部分功是以 $OE\theta_d$ 面积表示的。

船舶由正浮位置倾至角 θ 时,横倾力矩做功等于

$$W_h = \int_0^\theta M_h \mathrm{d}\theta \qquad (2-33)$$

在图(2.37)中,该部分功是以 $OHF\theta_d$ 面积表示的。

由于式(2-33)的解只能采用近似积分法,故利用式 $W_s = W_h$ 求动横倾角 θ_d,一般是用图解法求得。在图(2.37)上作横坐标的垂线 $E\theta_d$,使

面积 $OE\theta_d$ = 面积 $OHF\theta_d$

去掉图中的共同部分面积 $OAF\theta_d$,则有

面积 OHA = 面积 AEF

即图中阴影部分的面积相等,上式即为图解法求动横倾角 θ_d 的关系式。$E\theta_d$ 垂线的垂足的横坐标值即为动横倾角。

3. 最小倾覆力矩 M_q

由图(2.38)可以看出,当横倾力矩增大达到图(2.38)的情况时,此时面积 OHA = 面积 AEP。若横倾力矩再增大,横倾力矩所做的功将大于稳性力矩所做的功,船舶会因动平衡而将倾覆。在此极限情况下的横倾力矩 $M_h = OH$,其是使船舶倾覆的最小动态横倾力矩,称为最小倾覆力矩,通常以符号"M_q"表示。

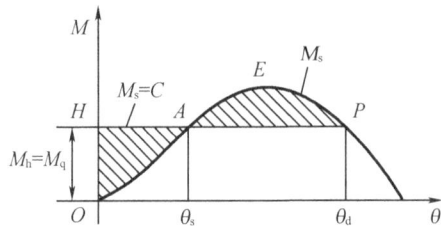

图 2.38 最小倾覆力矩

最小倾覆力矩 M_q 的大小是表示船舶抵抗动态横倾力矩的能力。因此,船舶在动态横倾力矩作用下,衡量稳性应满足的条件为

$$M_h \leqslant M_q \qquad (2-34)$$

4. 稳性基本衡准

在海船稳性规范中所规定的船舶稳性应满足的基本要求,即衡量船舶稳性的基本衡准,就是以式(2-34)为依据。由于动态横倾力矩 M_h 主要是由海上突风引起的,故在稳性规范中就称其为风压倾侧力矩,并以符号"M_f"表示。而最小倾覆力矩 M_q,在稳性规范中还考虑了浪的影响。

在我国的"海船稳性规范"中规定的稳性基本为衡准。船舶在各种装载情况下的稳性应符合下列不等式

$$K = M_q/M_f \geqslant 1 \qquad (2-35)$$

式中 K 为稳性衡准数。

(1)风压倾侧力矩

风压倾侧力矩 M_f 按下式计算:

$$M_f = P \cdot A_z \cdot Z \qquad (2-36)$$

式中 P——单位计算风压,Pa;

A_z——船舶受风面积,m²;

Z——计算风力作用力臂,m。

由式(2-36)可见,影响风压倾侧力矩大小的因素有以下几个。

①航区海上风压(作用在单位受风面积上风的压力 P)的大小,与船舶距陆地远近有关,一般离岸越远风力越大。因此,据风力的大小,将航区划分为:I 类航区(无限航区,风力最大);II 类航区(近海,风力稍小些);III 类航区(沿海,风力小)。在不同航区航行的船舶,可能受到的最大的风压倾侧力矩是不同的,即要求稳性的大小也不同。

②船舶受风面积是指船在水线以上的侧向受风面积,当船的大小、形状一定时,受风面积的大小就与船舶的吃水有关。吃水越小(如空载)船的受风面积就越大,所受的风压倾侧力矩也就越大。

③受风面积中心距水面的高度,海上风压的大小与距海平面的高度有关,距海平面越高,则风压也越大。

由此可见,对于不同航区的船,可能受到的最大风压倾侧力矩是不同的。对于同一条船,当吃水不同时,所受的风压倾侧力矩也不同,因而要求船舶的稳性也不同。

(2)最小倾覆力矩

在稳性规范中,还考虑了浪对最小倾覆力矩的影响。浪的影响是与下列的许多因素有关:如船舶种类;舭龙骨总面积 A_b 对船长 L 和船宽 B 乘积的比值 $A_b/(L \times B)$;船舶重心距基线高度 Z_g 对吃水 d 的比值 Z_g/d,船舶自由横摇周期 T_θ 和航区等。当上述诸因素一定时,主要与船舶的装载状态,即与船舶的吃水 d 和重心距基线高度 Z_g 有关。这里需要特别指出的是,由于航行中船舶燃料、淡水的消耗,船舶吃水和重心位置是在不断变化的。因此,在同一个航次中,船舶在出港、航行中途和到港的最小倾覆力矩是不同的,因而船舶稳性在航行过程中也是不同的。也就是说船舶在出港时能满足稳性要求,而到港时不一定也能满足稳性要求。

总结上面所述,当船体的几何形状一定时,衡量一条船的稳性是否够的标准为稳性衡准数 $K \geqslant 1$,而影响稳性衡准数 K 大小的 M_q 和 M_f 是与船舶的装载状态(吃水 d 和重心高度 Z_g)及船舶的航区有关。

四、影响船舶稳性的因素和提高稳性的措施

从船舶稳性的基本概念中我们知道,船舶是否具有稳性和稳性的大小与船舶静稳性曲线的形状和大小有着重要的关系。而影响静稳性曲线形状和大小有两方面因素:一方面是船体本身的形状和大小;另一方面是船舶的吃水和重心位置,即船舶装载状态和船内重物的移动。

1. 船体几何形状对稳性的影响

（1）船宽 B

图 2.39(a)所示的甲、乙两条船,船舶的排水体积 V、吃水 d、干舷高度 F、重心距基线高度 Z_g 均相同,而船宽 B 不相同,设 $B_甲 > B_乙$。由式(2-29)可知,稳心半径 r 与船宽的平方成正比,所以船宽越大,稳心距基线高度 Z_m 越大,在同样重心距基线高度的情况下,则初稳性高度就越大。

画出甲、乙两船的静稳性曲线图,如图 2.39(b)所示。从图中可看出,$GM_甲 > GM_乙$,$GZ_{m甲} > GZ_{m乙}$,但最大静稳性力臂对应的横倾角 $\theta_{m甲} < \theta_{m乙}$,稳性消失角 $\theta_{v甲} < \theta_{v乙}$。所以,船宽 B 越大时,初稳性高度越大,但大倾角稳性并不一定好。

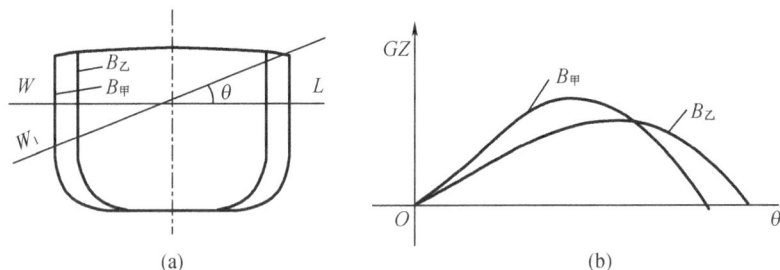

图 2.39 船宽对稳性的影响

（2）干舷高度 F

图 2.40(a)所示的甲、乙两条船,排水体积 V、船宽 B、吃水 d、重心距基线高度 Z_g 均相同,而船舶的干舷高度 F 不相同,设 $F_甲 > F_乙$。将两船的静稳性曲线画出,如图 2.40(b)所示。由图中可看出,当横倾角 θ 较小时,两船的静稳性力臂 GZ 值相等。而甲船横倾角 θ 超过了乙船的甲板边缘时,$GZ_甲 > GZ_乙$,$GZ_{m甲} > GZ_{m乙}$,$\theta_{m甲} > \theta_{m乙}$,$\theta_{v甲} > \theta_{v乙}$。所以两条船仅干舷不同时,初稳性高度相同 $GM_甲 = GM_乙$,但大倾角稳性时,干舷高度大的船大倾角稳性好。

船宽和干舷的大小由船舶设计时决定。当船舶造好后,船体几何形状和大小是一定的,即船宽 B 和干舷 F 就是一个定值(在满载的条件下)。

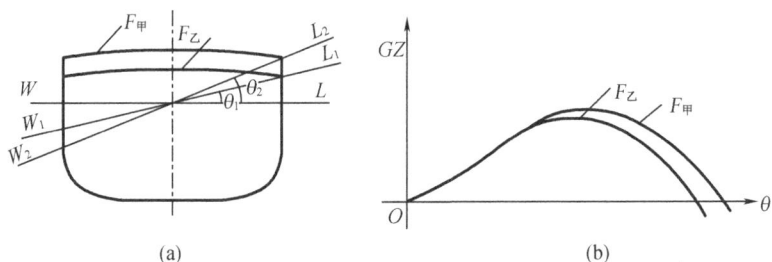

图 2.40 干舷对稳性的影响

2. 船舶装载状态对稳性的影响

船体几何形状一定，船舶静稳性曲线的形状和大小主要是由船舶的吃水和重心距基线高度决定的，即与船舶的装载状态有关。而在同样的装载质量时，即吃水相同，也就是稳心距基线高度相同时，船舶的稳性主要是由船舶重心距基线高度所决定。所以，船舶装载状态的重心高度是影响营运船舶稳性的主要因素。

3. 船内重物移动对稳性的影响

（1）平行力移动原理（重心移动原理）

由理论力学可知，当一物体的质量为 W，重心为 G，将其中的一部分质量 p 由其重心 g 移至 g_1 时（图2.41），整个物体的重心 G 平行于 gg_1 同方向移至 G_1，移动距离的大小等于

$$GG_1 = p \cdot gg_1 / w \tag{2-37}$$

该原理同样适用于面积和体积的移动。

下面我们利用平行力移动原理来说明船内重物移动对稳性的影响。

（2）船内重物垂移对稳性的影响

如图（2.41）所示，船舶排水量为 D，重心位于 G，今将一重物 p 由重心 g 垂直移动一段距离 l_z 至 g_1，根据平行力移动原理，则船舶重心 G 将平行于 gg_1 同方向移至 G_1，则

$$GG_1 = p \cdot l_z / D$$

由于船舶的排水量 D 保持不变，故稳心 M 的位置不变，则重物移动后的初稳性高度和稳性力矩为

$$G_1 M = GM - p \cdot l_z / D$$
$$M_s = D \cdot G_1 M \sin \theta \tag{2-38}$$

或

$$M_s = D(GM - p \cdot l_z / D)\sin \theta$$

由此可见，重物垂移时可调整初稳性高度值，其调整值的大小 GG_1 与垂向移动重物 p 和移动的距离 l_z 之积成正比，与排水量 D 成反比。当重物向下移动时，GG_1 为正值，初稳性高度增加，稳性提高；当重物向上垂移时，GG_1 为负值，初稳性高度减小，稳性降低。

（3）船内重物水平横移产生的横倾角及对稳性的影响

当船内的重物水平横移时，会使船舶产生横倾，倾斜角度在初稳性范围内，可采用下述方法计算横倾角 θ。

如图2.42所示，船舶的初始状态为正浮状态，平衡水线为 WL。重力 W 的重心位于 G，浮力 D 的浮心位于 B，两力大小相等方向相反，位于垂直于 WL 同一直线上。现将一重物 p 由 g 水平横移一段距离 l_y 至 g_1，则船舶的重心 G 也同方向水平横移至 G_1，根据平行力移动原理

$$GG_1 = p \cdot l_z / D$$

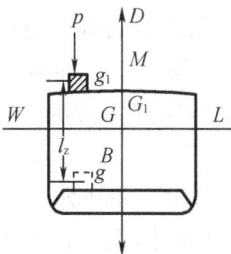

图 2.41 重物垂直移动　　　　图 2.42 重物横移

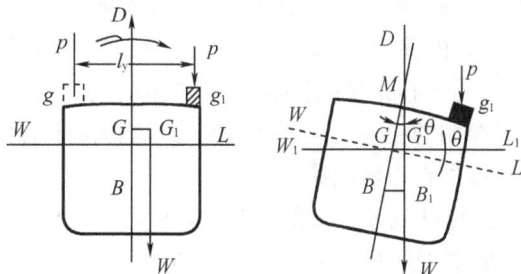

此时,重力和浮力不在同一垂线上(图2.42(a)),两力形成一力偶矩,使船向重物移动方向倾斜,则船体水线下的形状发生了变化,使浮心随之向倾斜一侧移动。当浮心移至B_1时,重力和浮力位于同一条直线上,并垂直于新的水线W_1L_1,船舶达到新的平衡——横倾平衡,横倾角为θ。当移动的重物不大时,横倾角较小,故船舶的稳心M点为一定点。在直角三角形GMG_1中,则

$$\tan \theta = GG_1 / GM$$

或
$$\tan \theta = p \cdot l_y / D \cdot GM \qquad (2-39)$$

式中的GM为初稳性高度。

由图2.43(a)可以看出,当船内重物水平横移时,船舶重心G横移至G_1,若船舶在此位置上再受横倾力矩作用,船舶横倾至θ_1角,此时船舶的稳性力矩为$M_{s1} = D \cdot G_1Z_1$。而船内重物未横移时受一横倾力矩作用使船横倾至θ_1角时,则船舶的稳性力矩为$M_s = D \cdot GZ$。显然$M_s > M_{s1}$,所以船内重物横移使船舶的稳性力矩减小。

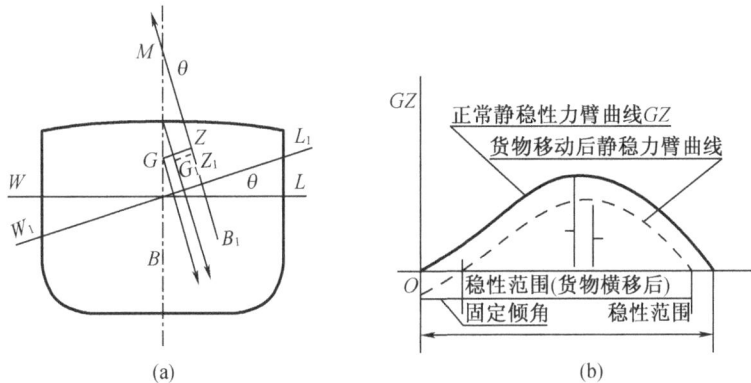

图2.43 重物横移对稳性的影响

图2.43(b)是某船内重物横移前和横移后的静稳性曲线图,由于船内重物的横移船舶稳性发生了如下变化:

(1)船向重物移动方向产生一个固定横倾角;

(2)减小了稳性范围;

(3)静稳性力臂GZ的最大值发生变小;

(4)动稳性变差。

4. 自由液面对船舶稳性的影响

船上装载油、水等液体的舱柜,若液体未装满舱柜,当船舶横倾时,舱柜内液面会随着船舶的倾斜而移动,且保持与舷外水面平行。该种随船一起倾斜的液面称为自由液面。舱柜内液体的重心亦将向倾斜的一侧移动,相当于船内有一重物移动。这种液体的自由移动,会对船舶的稳性产生不利的影响,这种由于液体的自由移动对稳性的影响,称为自由液面影响,或称自由液面修正。

如图2.44所示,船舶正浮于水线WL,排水量为D,排水体积为V,舷外水的密度为ρ,浮心位于B,船舶质量为W,重心位于G;舱内未装满的液体质量为p,体积为v,舱内液体密度为ρ_1,重心位于g,液面为wl;船舶的初稳心为M,初稳性高度为GM。当船舶微倾一个角θ后,水线由WL倾至W_1L_1,浮心由B移至B_1。舱内液面随船一同微倾一个θ角,液面wl倾

至 w_1l_1，液体重心由 g 移至 g_1，而船舶重心由 G 平行移至 G_1。

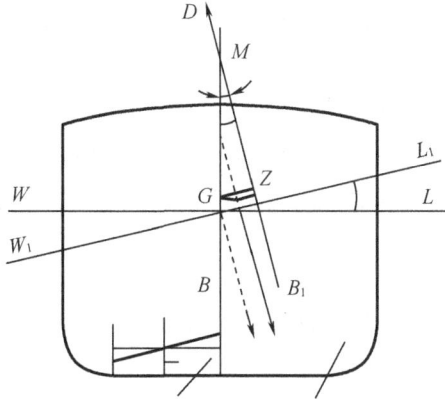

图 2.44 自由液面的影响

自由液面对稳性的影响，经过推导可得以下结论：

（1）自由液面对稳性的影响，相当于使船舶的重心升高了一个 GG_1 值，或者说使初稳性高度减小了 ΔGM 值。因此，自由液面对船舶稳性的影响，总是使船的稳性变差。

（2）自由液面影响的大小与舱内液体的密度 ρ_1、自由液面的面积惯性矩 i 成正比，即与自由液面的形状和大小有关。横倾时与液舱宽度的三次方成正比，而与舱内液体的体积或质量无关，与排水量 D 成反比。

$$\Delta GM = \rho \cdot i/D \qquad (2-40)$$

减小自由液面影响的有效方法是减小液体舱柜的宽度。如图 2.45 所示，舱宽为 b、舱长为 l 的矩形舱，自由液面的惯性矩为

$$i = l \cdot b^3/12 \qquad (2-41)$$

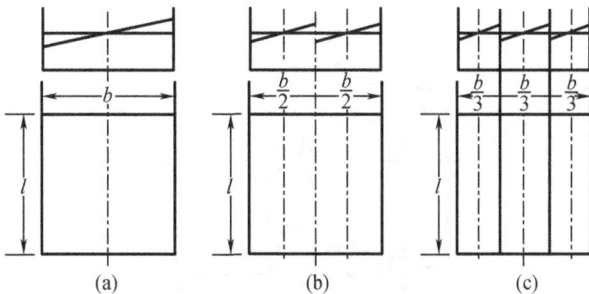

图 2.45 液体舱柜纵向分隔

（a）1 个舱；（b）2 个舱；（c）3 个舱

当图 2.46(a) 的舱柜在舱中间设置一道纵向舱壁分成两个相等的舱时，其自由液面的惯性矩为

$$i = 2 \times (1/12) \cdot l(b/2)^3 = (1/2^2) \times (1/12)lb^3$$

若将两道纵舱壁分隔成 3 个相等的舱时

$$i = 3 \times (1/12) \cdot l(b/2)^3 = (1/3^2) \times (1/12)lb^3$$

若分隔成 n 个相等的舱时

$$i = (1/n^2) \times (1/12) lb^3$$

因此,若舱宽 b 被纵舱壁分隔成 n 等分时,则初稳性高度的修正值仅为未被分隔前的 $1/n^2$。

(4)当船舶有数个舱有自由液面时,则总的自由液面修正值为

$$\triangle GM = (1/D)(\rho_1 \cdot i_1 + \rho_2 \cdot i_2 + \cdots + \rho_n \cdot i_n) = \sum \rho_i \cdot i_i/D \qquad (2-42)$$

(5)船舶在营运过程中,液体舱柜内的装载量当达到整个舱容的95%以上时,可以不进行自由液面的修正。

5. 悬挂重物对稳性的影响

如图 2.46 所示,船舶的排水量为 D,重心位于 G,稳心位于 M,船上吊杆端点 m 悬吊一重物 p,重心位于 g,绳索长度为 l_z,稳性力矩为

$$M_s = D \cdot GM \sin \theta$$

当船舶从正浮水线 WL 微倾至 W_1L_1 时,横倾一个小角度 θ,则重物的重心 g 绕 m 点移至 g_1 点,而船舶的重心平行 gg_1 由 G 移至 G_1。

通过推导可得:微倾后船舶的稳性力矩为 $M_{s1} = D(GM - l_z \cdot p/D) \sin \theta$

微倾后船舶的初稳性高度为:

$$GM1 = GM - l_z p/D \qquad (2-43)$$

由式(2-43)可见,悬挂重物 p 相当于使船舶的初稳性高度降低了 $l_z \cdot p/D$ 值。也就是说,悬挂重物对船舶稳性的影响,相当于把重物 p 从位置 g 垂直上移至悬挂点 m,对稳性影响的效果是一样的。

当有数个悬挂重物时,对稳性的影响可写为

$$GM_1 = GM - \sum p \cdot l_z/D \qquad (2-44)$$

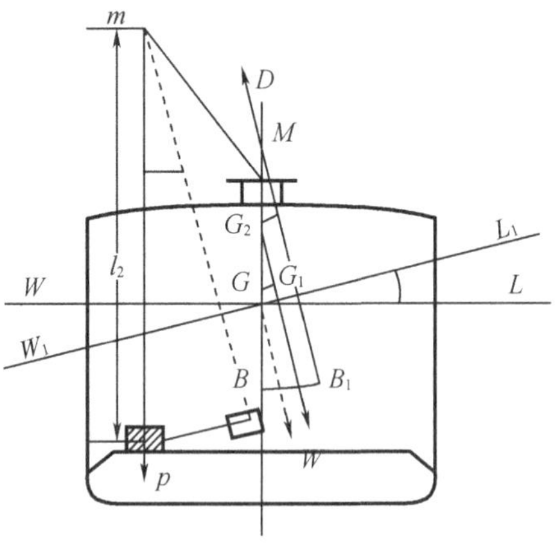

图 2.46 悬挂重物

6. 提高船舶稳性的措施

从上面所述的影响船舶稳性的因素中可以看出,提高船舶稳性的措施有:

(1)降低船舶的重心高度 Z_g,这无论是对提高初稳性或大倾角稳性均是最有效的办法;

(2)增加船宽,可以提高船舶初稳性;

(3)加大型深,可以提高船舶大倾角稳性;

(4)在液舱内设置纵向舱壁,可减小自由液面的影响;

(5)要防止船内货物的移动;

(6)减小受风面,可使作用在船上的横倾力矩减小。

五、我国和 IMO 对船舶稳性衡准的最低要求

以法定形式规定船舶稳性衡准的指标及合理的最低要求,对有效地防止发生倾覆沉船事故起着重要作用。

1.《法定规则》对船舶稳性的基本要求

我国船检局 1992 年颁布,经 1995 年通报修改的《海船法定检验技术规则》(以下简称《法定规则》)第七篇完整稳性的规定是:经自由液面修正后,船舶稳性在所核算装载状况下必须同时满足下列五项基本衡准要求:

(1)初稳性高度 GM 应不小于 0.15 m;

(2)横倾角等于 30°处的复原力臂 $GZ_\theta = 30°$ 应不小于 0.20 m;

(3)最大复原力臂对应的横倾角 θ_{smax} 应不小于 30°。如复原力臂曲线因计及上层建筑和甲板室而有两个峰值时,则第一个峰值对应的横倾角 θ_{smax} 应不小于 25°;

(4)稳性消失角 θ_v 应不小于 55°;

(5)稳性衡准数 K 应不小于 1.00。

2.IMO 对船舶稳性的要求

《IMO 稳性规则》对各类船型的完整稳性提出了 7 项基本衡准要求,即在核算装载状况下经自由液面修正后,要求同时满足:

(1)初稳性高度 GM 应不小于 0.15 m;

(2)复原力臂曲线在横倾角等于 0°~30°之间所围面积时应不小于 0.055 m·rad;

(3)复原力臂曲线在横倾角 0°~40°或进水角中较小者之间所围面积应不小于 0.090 m·rad;

(4)复原力臂曲线在横倾角 30°~40°或进水角中较小者之间所围面积应不小于 0.030 m·rad;

(5)横倾角 30°处的复原力臂应不小于 0.20 m;

(6)最大复原力臂对应角(极限静倾角)最好大于 30°,至少不小于 25°;

(7)满足天气衡准要求(仅适合于船长等于或大于 24 m 的船舶)。

第六节 抗 沉 性

船舶在营运过程中,偶尔会因为某种海损事故使船体破损,船舱浸水,严重的会导致沉船事故。

为了保证船舶的航行安全,一方面在船舶的设计和建造中采取有关措施,使船舶具有一定的储备浮力;进行水密分舱;船体结构及开口的关闭要有可靠的水密性,使船体本身具有一定的抗沉能力,并在船上配备一定的排水设备和堵漏器材。另一方面,在船舶航行中,要求全体船员谨慎驾驶,按着规章制度进行操作,必须保持各种防水堵漏设备的良好状态,掌握防水堵漏的基本知识和实际技能。

我们首先讲述船体本身的抗沉性,在以后各节中介绍有关船体结构及开口关闭装置的水密性、防水堵漏方面的基本知识。

一、船体几种破损浸水情况

船体破损浸水可分三种情况：

（1）舱室顶部是水密的且位于水线以下，船体破损后整个舱室内充满水，由于舱顶未破损，所以浸水量不随浸水后的舷外水线位置而变化，浸水量为一个定值，没有自由液面的影响，浸水的计算可作为装载固体质量来处理。此类浸水对船舶的浮态和稳性影响较小，如双层底〔图2.47（a）〕等的浸水属于这一类。

（2）舱室的顶部在水线以上，舱内水与舷外水不相通，水未充满整个舱室，浸水量根据具体情况而定，存在自由液面的影响，浸水的计算可作为装载液体质量计算。此类浸水对船舶的稳性影响较大。如船体破损已被堵住，而舱内的浸水未被抽干，或因甲板开口漏水引起的舱内浸水等〔图2.47（b）〕属于这一类。

（3）舱室的顶部在水线以上，舱内水与舷外水相通，其浸水量是随着船舶的下沉及倾斜而变化，舱内水面与舷外水面一致，且存在自由液面影响。这种浸水计算比较麻烦，需要进行逐次近似计算。通常水线以下的舷侧破损浸水属于这一类〔图2.47（c）〕，它是船体破损最常见的情况，对船的危害最大，在抗沉性中所研究的主要是这种破舱浸水情况。

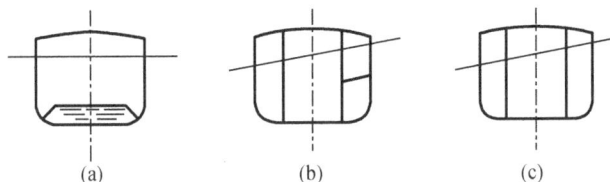

图2.47　几种进水情况

（a）浸水量为定值时的浸水；（b）浸水量为变值，但与弦外水不通；（c）浸水量为变值，但与弦外水相通

二、船舶抗沉性的基本概念

船舶抗沉性是指船舱破损浸水后船舶仍能保持一定的浮性和稳性的性能。

1. 船舱浸水后船舶不沉的浮性和稳性标准

《国际海上人命安全公约》（1974）和我国《海船分舱和破舱稳性规范》（1987）中规定：船舱破损浸水后，船舶最终平衡状态的浮性和稳性，满足如下条件就认为船舶是不沉的或船舶达到抗沉性要求。

（1）浮态　在任何情况下，船舶浸水的终了阶段不得淹没限界线，即船体破损浸水后的最终平衡水线，沿船舷距舱壁甲板的上边缘至少要有76 mm的干舷高度。

（2）稳性　在对称浸水情况下，当采用固定排水量法计算时，最终平衡状态的剩余稳性高度$GM>50$ mm；在不对称浸水情况下其总横倾角不得超过7°，但在特殊情况下，可允许横倾角大于7°，不过在任何情况下其最终横倾角不应超过15°。

限界线是指沿着船舷由舱壁甲板上表面以下76 mm处所绘的线。

舱壁甲板是横向水密舱壁所达到的最高一层甲板。

若船舶有任意一个舱破损浸水后，仍能达到抗沉性所要求的浮性和稳性，该船称为一舱制船舶。若有任意相邻二舱或三舱浸水后船舶不沉，称为二舱制船或三舱制船舶。

对于不同业务性质、航行条件和大小的船舶，抗沉性的要求是不同的。客船一般要求达到二舱制,个别的可达到三舱制。货船因装货的要求,船舱不能过短。而往往达不到一舱制,但对远洋货船一般要求一舱制。军舰因作战需要,抗沉性的要求比民用船高。

2. 船舶分舱

对于船舶抗沉性的要求,主要是通过船舶分舱来达到的,即沿着船长方向设置一定数量的水密横舱壁,将船体分隔成许多水密舱室,舱室的长度越短,则船舱破损浸水后浸水量越小,越容易达到公约或规范对破舱浸水后的浮态和稳性的要求。

3. 分舱载重线

船舱破损浸水后,船舶不沉所允许的最大浸水量与破舱前船舶的初始水线位置有关的。初始载重水线位置较低,船舶储备浮力大,破舱浸水量可以大些,或者说船舱水密舱壁间距可以长些。决定船舶分舱长度的初始载重水线,称为分舱载重线。通常都是用满载水线作为分舱载重线。

4. 渗透率 μ

船舱破损浸水后船舶不沉所允许的最大浸水量,还与船舱内各种设备所占据的体积和装载货物种类的不同有关。如果装载的货物密度大、体积小,在同样载重情况下占的舱容小,破舱后浸水量就大。要保证船舱浸水后船舶不沉,船舶分舱的间距就必须短些。

某一舱室或处所在安全限界线以下的理论体积能被水浸占的百分比,称为该舱室或处所的渗透率 μ。

船舶各种处所的渗透率是不同的,空舱 $\mu \approx 98\%$,起居处所 $\mu \approx 95\%$,机舱 $\mu \approx 85\%$,装载一般货物、煤或物料储藏专用处所 $\mu \approx 60\%$,装载钢铁等重货的货舱 $\mu \approx 80\%$。

5. 可浸长度 L_f 和可浸长度曲线

沿着船长方向以某一点 C_1 为中心的舱,在规定的分舱载重线和渗透率的情况下破舱浸水后,船舶下沉和纵倾后的最终平衡水线若刚好与安全限界线相切,则该舱的长度称为以 C_1 点为中心的可浸长度 L_f(图2.48)。意思是说,在规定的分舱载重线和渗透率的情况下,以 C_1 点为中心所作舱的长度,若大于该点的可浸长度,该舱浸水后船将沉没,船舶达不到抗沉性的要求。若实际舱长小于该点的可浸长度,该舱浸水后船舶不会沉没,最终平衡水线至安全限界线还有一段距离,即还有一定的储备浮力。所以,以某一点为中心的可浸长度,是满足船舶抗沉性要求的两水密舱壁间的最大长度。

如图2.48所示,在船长方向上某一点 C_1 的可浸长度为 L_{f1},而 C_2 点的可浸长度为 L_{f2},C_3 点的可浸长度为 L_{f3},等等。在船舶的侧视图上,以船底纵向基线为横坐标,船长各点的可浸长度 L_f 为纵坐标,绘出图2.48所示的曲线,即表示可浸长度沿着船长各点的分布,该曲线称为可浸长度曲线。

从可浸长度曲线可看出,在船长方向的不同位置处,可浸长度是不同的。这是因为位于船中部的船舱浸水后,船几乎仅是平行下沉,故浸水量可以大些,而可浸长度会稍长一些。船中前后的舱室浸水后,船舶除了下沉之外同时还有纵倾,故允许的浸水量会小些,而可浸长度相应短些。位于艏艉部的舱室,因船体形状瘦削,故在允许的浸水量下,可浸长度可以长一些。

图2.49所示的曲线,分别是计入舱室渗透率和未计入渗透率的可浸长度曲线。由图中可见,计入舱室渗透率后的可浸长度大,渗透率越小可浸长度就越大。

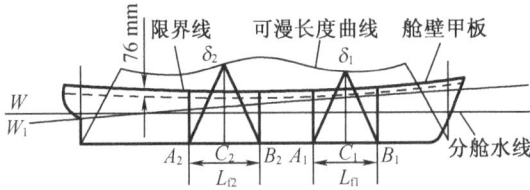

图 2.48　可浸长度曲线

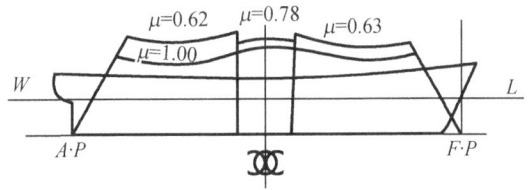

图 2.49　考虑渗透率的可浸长度曲线

1. 许可舱长 L_p 与分舱因数 F

上面所述的可浸长度,是在规定的分舱载重线和渗透率情况下的两水密横舱壁的最大长度。船舶实际上所允许的水密横舱壁间距,还要考虑到船舶的业务性质(或用途)和船舶长度而定。客船因载客而对船舶的航行安全要求较高,而货船因载货的需要,货舱的长度一般要大于可浸长度,因而满足不了抗沉性的要求。考虑到船舶业务性质和船长不同对船舶抗沉性的不同要求,用一个参数表示,称为分舱因数 F。分舱因数 F 是一个等于 1 或小于 1 的数,F 随着船舶长度的增加逐渐地减小;当船长一定时,分舱因数 F 随着船舶业务性质而变,客舱容积占的比例越大,载客量越多,分舱因数越小。

考虑到船长和船舶业务性质对抗沉性要求时所允许的实际舱长,称为许可舱长 L_p,许可舱长为

$$L_p = F \cdot L_f \qquad (2-45)$$

(1)当 $0.5 < F \leqslant 1.0$ 时,船舶任一舱破损浸水后的最终平衡水线不会淹没安全限界线,即为一舱制。同为一舱制船舶,其 F 值的大小是不同的。F 值较小的船(舱长度小)破舱后下沉和纵倾也较小,其剩余干舷高度较大,船舶比较安全。

(2)当 $0.33 < F \leqslant 0.5$ 时,任意相邻两舱破损浸水后的最终平衡水线不超过安全限界线,即为二舱制船舶。

(3)当 $0.25 < F \leqslant 0.33$ 时,相邻三舱破损浸水后的最终平衡水线不超过安全限界线,即为三舱制船舶。

根据规范要求计算的 F 值和 L_f 曲线,由式(2-45)可求得沿船长任一位置的许可舱长,并绘出许可舱长曲线(图 2.50)。

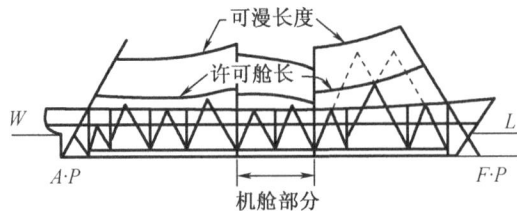

图 2.50　许可舱长曲线

对于满足抗沉性要求的(如一舱制或二舱制等)船舶,并非在任何装载情况下都满足一舱浸水(或二舱等)不沉的要求。因为设计计算采用的渗透率 μ 是在规定的渗透率下进行的,当实际装载的渗透率 μ 的值大于规定值时,则破舱后将很难满足对船舶的浮态和稳性的要求。

另外,若船舶破舱浸水前的载重水线低于规定的分舱载重线时,则船舶破舱浸水后所允许的浸水量比规定的更大些而船不会沉没。

2. 分舱载重线标志和记载

《国际海上人命安全公约》(1974)和我国《海船分舱和破舱稳性规范》(1987)中规定:客船必须满足抗沉性的要求。

对于有抗沉性要求的船舶:

(1)要求在船舶两舷侧勘划经过核准的分舱载重线标志,并将所勘划的分舱载重线载入船舶安全证书中,以符号 C_1 表示主要是载客,以 C_2、C_3 等符号分别表示交替载运客货情况。

(2)有抗沉性要求的船舶,在船上备有分舱和破舱稳性报告书,供船长掌握船舶的分舱要求,一旦船舱浸水后可估算船舶所处的状态,从而采取相应的措施,来维持破舱后船舶的浮态和稳性。

第七节　船舶阻力

当船舶在水面上航行时,船体处于空气和水两种流体介质中运动,必然遭受空气和水对船体的反作用力。这种与船体运动方向相反的流体作用力称为船舶阻力。

为研究方便起见,船体总阻力按流体种类可分成空气阻力和水阻力。空气阻力是指空气对船体水上部分的反作用力。水阻力是水对船体水下部分的反作用力。水阻力又可分成船舶在静水中航行时的静水阻力和波浪中的汹涛阻力(亦称为波浪中阻力增值)两部分。

静水阻力通常分成裸船体阻力和附体阻力两部分。所谓附体阻力是指突出于裸船体之外的附属体如舵、舭龙骨、轴支架等所增加的阻力值。

根据这种处理方法,船舶在水中航行时所受到的阻力通常可分为两大部分,一是静水中的裸船体阻力,这是船舶阻力中的主要部分,是要着重研究的内容,裸船体阻力往往简称为"船体阻力";另一部是附加阻力,是空气阻力、汹涛阻力和附体阻力的总称。

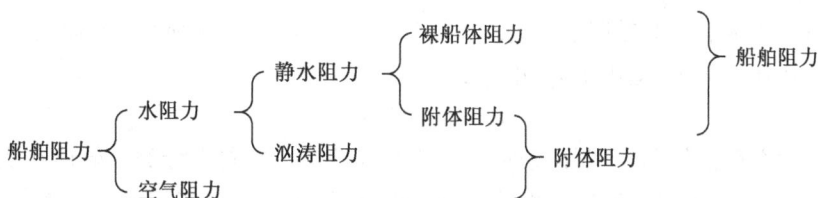

$$
船舶阻力
\begin{cases}
水阻力
\begin{cases}
静水阻力
\begin{cases}
裸船体阻力 \\
附体阻力
\end{cases} \\
汹涛阻力
\end{cases}
\begin{cases}
船舶阻力 \\
附体阻力
\end{cases} \\
空气阻力
\end{cases}
$$

因此,实际船体阻力可按照裸船体阻力和附加阻力两部分分别进行研究。下面将先讨论"裸船体阻力"的成因及其组成,而附加阻力部分在后面有关章节予以讨论。

一、船体阻力成因及分类

1. 船体绕流物理现象与阻力成因

船体在静水中运动时受到的阻力与船体周围的流动现象密切有关。根据观察,船体周围的绕流运动情况相当复杂,但主要有以下三种流动现象:

其一,船体在运动过程中兴起波浪,简称兴波。兴波包括产生稳定的船行波和不稳定的破波。由于船行波的产生,改变了船体表面的压力分布情况,如图 2.51 所示。船首的波峰使首部压力增加,而船尾的波谷使尾部压力降低,于是产生首尾流体动压力差,即阻力。从能量观点看,无论是船行波还是破波都具有一定的能量,这些能量必然由船体供给。这种由于船体运动不断兴波而耗散能量所产生的阻力称为兴波阻力,一般用 R_w 表示。

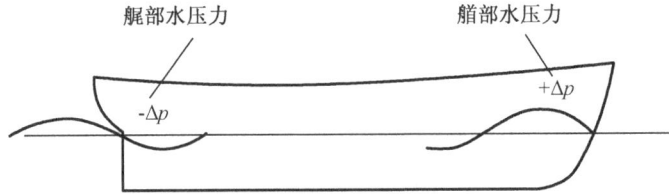

图 2.51　兴波改变船体压力分布

须指出,破波现象对于瘦削的船型并不明显,可以不必考虑。只有对于那些肥大型船舶,破波现象可能十分严重,相应的破波阻力不可忽视。实际上,破波现象十分常见:肥大型船的首部掀起波浪后很快破碎,则在船首及沿两舷侧附近产生白色的泡沫带,顺流而下汇合于尾流之中,这种破碎的波浪也要耗散船舶的能量而形成阻力,称为破波或碎波阻力 R_{wb}。对于肥大型船,它是兴波阻力的主要构成部分。

其二,当船体运动时,由于水的黏性,在船体周围形成"边界层",从而使船体运动过程中受到黏性切应力作用,亦即在船体表面产生了摩擦力,它在运动方向的合力便是船体摩擦阻力,用 R_f 表示。

其三,在船体曲度骤变处,特别是较丰满船的尾部常会产生旋涡。旋涡产生的根本原因也是由于水具有黏性。旋涡处的水压力下降,从而改变了沿船体表面的压力分布情况。这种由黏性引起船体前后压力不平衡而产生的阻力称为黏压阻力,用 R_{pv} 表示。从能量观点来看,克服黏压阻力所做的功耗散为旋涡的能量。黏压阻力习惯上也叫旋涡阻力。

应该指出,由于实际流体的黏性作用,即使船体绕流在不产生分离的情况下,因为边界层在尾部的排挤厚度大,从而使船体前后部分存在压力差,因此同样存在黏压阻力。

2. 船体阻力的分类

船体阻力如按上述船舶周围流动现象和产生的原因来分类,则船体总阻力 R_t 由兴波阻力 R_w、摩擦阻力 R_f 和黏压阻力 R_{pv} 组成,即

$$R_t = R_w + R_f + R_{pv} \qquad (2-46)$$

船体阻力亦可按作用在船体表面上的流体作用力的方向来分类。船体在实际流体中运动时,一方面受到垂直于船体表面的压力作用,这种压力是由兴波和旋涡等所引起的;另一方面,又受到水质点沿着船体表面切向力的作用,即水的摩擦阻力作用。

由于船体形状对称于纵中剖面,因此,船体湿表面上的切向力和压力都对称分布于纵中剖面,其合力 P_1 必位于纵中剖面上。在船的重心 G 处加上一对大小等于合力 P_1,方向相反的力 P 和 P_2,如图 2.52 所示。于是船体可以被看作在重心 G 处受到一个 P 作用力和由 P_1、P_2 组成力偶的作用,该力偶将造成船体纵倾。作用力 P 的垂向分力 Q,支持船体重力,称为支持力。对于速度较低的一般船舶,Q 中极大部分是由水的静压力组成,即是静浮力,对于高速快艇,特别是滑行艇,其中流体动压力占主要部分。P 的水平分力 R_t 即为与船体运动方向相反的总阻力。

由以上分析知,船体运动中所受的总阻力 R_t 就是所有流体作用力沿运动方向的合力,亦即船体表面上所有微面积 ds 上切向力 τ 和压力 p 在运动方向的合力,其公式为

$$R_t = \int_S \tau \cos(\tau, x) \mathrm{d}S + \int_S p \cos(p, x) \mathrm{d}S \qquad (2-47)$$

式中 S 为整个船体湿表面积。

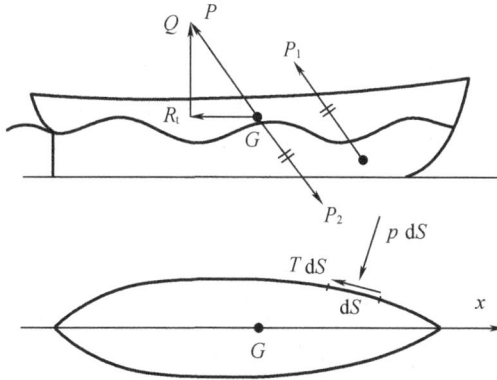

图 2.52　船体受力示意图

式(2-47)中,前一项积分表示由作用在船体表面上切向力所造成的阻力,称为摩擦阻力,其公式为

$$R_f = \int_S \tau \cos(\tau, x) \, dS \qquad (2-48)$$

第二项积分表示由作用在船体表面上的压力所造成的阻力,称为压阻力 R_p,其公式为:

$$R_p = \int_S p \cos(p, x) \, dS \qquad (2-49)$$

因此(2-47)式可表示为

$$R_t = R_f + R_p \qquad (2-50)$$

应该注意的是,压阻力包含有黏压阻力和兴波阻力两类不同性质的力。兴波阻力即使在理想流体中仍然存在,而摩擦阻力和黏压阻力两者都是由于水的黏性而产生的,在理想流体中均不存在。习惯上把此两者合并称为黏性阻力 R_v。为此总阻力又可按流体性质分类为

$$R_t = R_w + R_v \qquad (2-51)$$

式中 $R_v = R_f + R_{pv}$。

显然,船体总阻力与各种阻力成分间的关系可以表示如下:

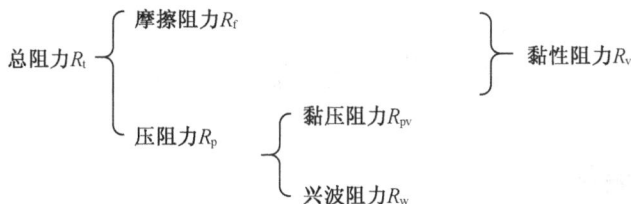

$$总阻力 R_t \begin{cases} 摩擦阻力 R_f & \\ \\ 压阻力 R_p \begin{cases} 黏压阻力 R_{pv} \\ \\ 兴波阻力 R_w \end{cases} \end{cases}$$

$$黏性阻力 R_v$$

还需指出:各种阻力成分在总阻力中所占比重对不同航速的船是不相同的,对于低速船来说,摩擦阻力 R_f 占总阻力的 $70\% \sim 80\%$,黏压阻力 R_{pv} 等于或大于总阻力的 10%,而兴波阻力成分很小;对于高速船,R_f 约占总阻力的 $40\% \sim 50\%$,而兴波阻力 R_w 却可达 50% 左右,黏压阻力 R_{pv} 仅占总阻力的 5% 左右。由于黏压阻力一般所占比重不大,且实际上亦难以同兴波阻力分开,故通常把黏压阻力与兴波阻力合并在一起称为剩余阻力 R_r,这样船体总阻力又可分为摩擦阻力和剩余阻力两部分。

船体总阻力之所以有各种分类方法,主要是便于对不同问题的研究和处理。

二、阻力(有效功率)与航速及船型的关系

影响船体阻力的因素很多,但主要有三个方面:首先是航速。航速对阻力的影响较大,随着航速增加,阻力的增长十分显著。其次是船型,不同的船型参数往往会导致阻力性能的变化。再次是外界条件,船舶在不同的航区中航行,由于外界条件,诸如水深、流体介质和温度等不同,对阻力也会有影响。显然,对于给定的船型,且在一定的外界条件下,船体阻力仅仅是航速 v_s 的函数,其公式为

$$R_t = f_1(v_s) \qquad (2-52)$$

这种阻力随航速而变化的曲线称为阻力曲线。一般来说,阻力 R_t 与航速 v_s 成 3~6 次方的关系,不同的船型应该对应有不同的阻力曲线,如图 2.53(a)所示。

若船速为 v_s 时,船体总阻力为 R_t,则直接用于克服船体阻力所需的功率,称为有效功率,以 P_e 表示为

$$P_e = R_t \cdot v_s \qquad (2-53)$$

考虑到船舶主机在功率传递过程中,将有一部分损失于轴系的传递,另有一部分损失于螺旋桨的扭矩转换推力的过程中,因此有效功率只是主机功率的一部分。

对于一定的船型,由公式可知,P_e 亦是速度 v_s 的函数,P_e 随 v_s 的变化曲线称为有效功率曲线。如图 2.53(b)所示。可得出:有效功率 P_e 曲线较之阻力 R_t 曲线是 v_s 的高一次函数曲线。

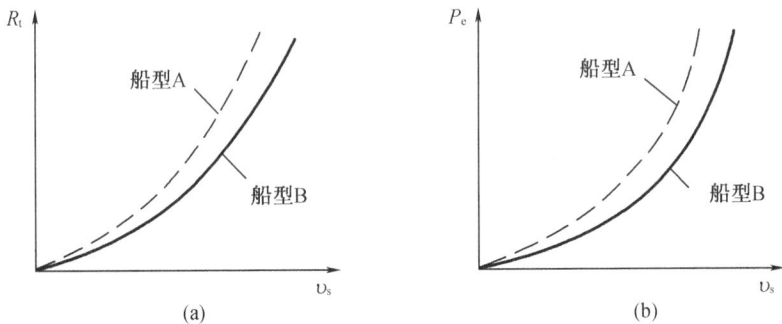

图 2.53　阻力曲线和有效功率曲线

第八节　船舶操纵

一、船舶减摇装置

1. 摇荡运动对船舶性能的影响

船舶因某种外力的作用,使其围绕原平衡位置所做的往复性(或周期性)的运动,称为船舶摇荡运动。船舶摇荡运动是一种有害的运动,剧烈的摇荡会引起严重的后果:

(1)可能使船舶失去稳性而倾覆;

(2)使船体结构和设备受到损坏;

(3)引起货物移动从而使船舶重心移动危及船舶安全;

(4)使机器和仪表的运转失常;

（5）会使螺旋桨的效率降低，船舶阻力增加，船速下降；

（6）工作和生活条件恶化，甲板上浪等。

2. 减摇装置

为了减小船舶的摇荡，除了在装载和操纵方面采取措施以外，在船舶设计与建造中，都装设必要的减摇装置。目前采用的减摇装置有下列几种。

（1）舭龙骨

舭龙骨是装设在舭部外侧，沿着水流方向的一块长条板（图2.54）。舭龙骨的作用是减小船舶横摇。由于减摇效果较好，制造简单，几乎所有的船舶均装设舭龙骨。

舭龙骨板的长度为1/4～1/3船长，宽度为200～600 mm（大型船更大些），近似垂直于舭部列板，其外缘不超出船的半宽线与船底基线所围的范围，以免触到码头和海底而碰损。在结构形式上，舭龙骨有连续式和间断式的两种结构。连续式结构简单，适用于航速不高的船，间断式结构适用于高速船，其优点是对船舶的航行阻力较小，而对横摇阻力较大。为了防止舭龙骨损坏时使船体外板受损，舭龙骨一般不直接焊接在舭部外板上，而是用一块覆板将两者连接起来。

舭龙骨虽然装设在船中部很长的一段范围内，但在结构上它不参与船舶的总纵弯曲，仅承受船舶横摇时的水动压力。

图2.55是一条船装设舭龙骨和无舭龙骨时的横摇角 θ 曲线，由图中可明显看出舭龙骨的减摇效果，而且船在航行时舭龙骨的减摇效果更好一些。

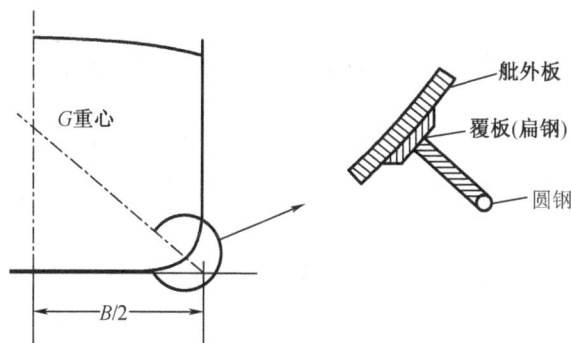

图 2.54　舭龙骨

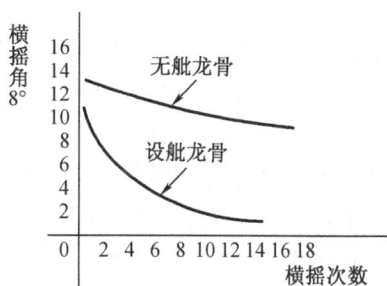

图 2.55　舭龙骨的减摇效果

（2）减摇鳍

减摇鳍，一般是一个长为3.0 m、宽为1.5 m左右的长方体，剖面为机翼形，安装在船中央附近两舷的舭部。在船内设置操纵机构，根据需要可将减摇鳍收进船内或伸出舷外，并且可调整机翼剖面相对于水流的攻角，使两舷的减摇鳍所产生的升力形成一个阻碍船舶横摇的力偶矩（图2.56）。并使力偶矩方向的改变与船舶横摇同步，这样可有效地减小船舶横摇。

因减摇鳍需要有自动操纵系统，造价高，目前只有在大型豪华客船或军舰上才设置。

（3）减摇水舱

如图2.57所示，在船内横向设置"U"字形水舱，当船在横摇时，使水舱内的水位移动与船的横摇之间有一个相位差。这样水的重力所形成的力矩可减小船舶的横摇。

上述"U"形减摇水舱内的水与舷外水不连通时，则称闭式减摇水舱。若减摇水舱内的水与舷外水相通时,称开式减摇水舱。当水舱内的水在左右舷流动是可以控制的,称主动式减摇水舱;而不能控制水的流动的,称被动式减摇水舱。

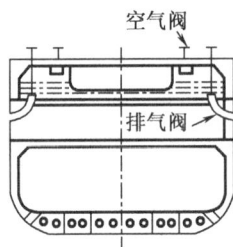

(a)

(b)

(c)

图 2.57　减摇水舱

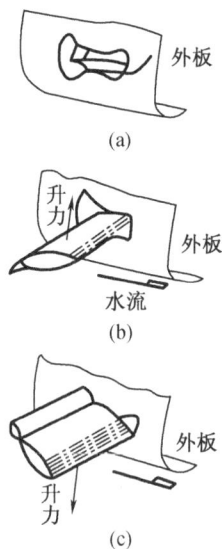

图 2.56　减摇鳍

二、操纵装置

船舶的操纵性是指船舶能保持或改变航向、航速和位置的性能。船舶在航行过程中,是通过操纵舵来实现或改变航行方向的。

舵是一种控制船舶航向的装置。不论船舶的航向规定性有多好,一旦船舶偏离了原来的航向,均需操舵使船舶回到原来航向。当船舶需要回转时,更是需要操舵来实现。因此,一条船操纵性能的好坏和所装的舵的大小、类型、数目和位置等有很大关系。

舵的位置要对称于船体中纵剖面或在中纵剖面内,才能保持良好的航向稳定性;舵叶面积比越大,则船舶的操纵性越好。

为了控制船舶的航向,舵需要不断地转动或固定在某一位置上。因此,要有一套设备来操纵和支承它,这套设备称舵设备。它包括舵装置、舵机、止舵装置、转舵装置、舵及其支承零部件。

1. 舵的种类、结构和适用范围

舵主要是指舵叶而言。另外用来支承和连接舵叶的零部件有舵杆、舵柄、舵扇、舵钮、舵销、舵承、舵柱、舵底托和挂舵臂等。

舵的种类很多,因分类方法不同,同一种舵可有不同的称呼。

(1)舵的种类

①按舵杆中心线位置分类有不平衡舵(图2.58(a))、平衡舵(图2.58(b))、半平衡舵(图2.58(c))。

②按舵叶的剖面形状分类有平板舵或称单板舵(图2.58(a))、流线型舵(图2.58(b)、(c)、(d))。

③按舵的支承分类有多支承舵(图2.58(a))、双支承舵(图2.58(b))、半悬挂舵(图2.58(c))、悬挂舵(图2.58(d))。

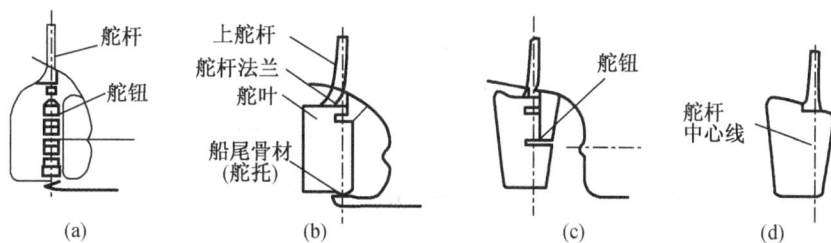

图 2.58　舵的种类

（a）不平衡舵；（b）平衡舵；（c）半平衡舵；（d）悬挂舵

（2）结构和适用范围

通常舵的名称都是按舵杆中心线位置分类称呼的。下面介绍几种常用舵的特点、舵的结构与适用范围。

①平衡舵　平衡舵是把一部分舵叶面积沿着舵高均匀地布置在舵杆中心线前面的一种舵（图2.57（b））。由于舵叶面积的一部分在转动轴线（舵杆中心线）的前面，而另一部分在舵杆中心线的后面，减小了转舵力矩，可配置较小功率的舵机。

平衡舵的舵叶剖面形状一般是流线型的。流线型舵的特点是，舵叶产生的水动压力大，阻力小，强度高，但结构较复杂。目前船上广泛采用的都是这种流线型剖面的平衡舵。

平衡舵的结构如图2.59所示。舵叶是由水平隔板和垂直隔板组成的骨架，在骨架的外面用钢板包起来，形成一个空心水密结构。为了防止生锈，在舵口、内部涂有沥青。舵叶的上、下端板上开有小孔，并配有栓塞，供灌入沥青和做水密试验用。

平衡舵的支承是不需采用舵柱支承的，一般在舵叶的上、下端各设一个支承点，用舵销与艉柱相连接。这种支承形式称为双支承平衡舵。当只在舵叶的上端设置一个支承点时，这种支承形式称为悬挂舵或吊舵。

在舵叶的上端板上装有连接法兰，与上舵杆下端的连接法兰用六个螺栓连接起来，转舵时舵机将扭矩传给上舵杆，舵杆带动舵叶转动。

②半平衡舵　这种舵与平衡舵不同之处是在舵杆中心线前面的上半部分无舵叶面积，只在舵杆中心线前面的下半部分有舵叶面积。其下半部分舵叶面积的大小和位置的高低，是由船尾的形状和结构形式决定的。半平衡舵的剖面形状也都是采用流线型的。近年来由于船尾线型设计的要求，许多大型船舶都采用半平衡舵。

③不平衡舵　不平衡舵是舵杆中心线（舵的转动轴线）位于舵叶前缘的一种舵。由于整个舵叶面积都位于舵杆中心线的后面，故需要较大的转舵力矩，相应的舵机也较大。

不平衡舵的舵叶一般都是平板舵，舵叶的剖面形状为矩形，是由单板或复板制成的。在舵板上装设有几条水平的加强筋，称为舵臂（图2.60）。

不平衡舵都是支承在舵柱上。在舵柱上和舵叶的前缘设置舵钮，用舵销插入到两个舵钮中，把舵连接在舵柱上，并且以舵销为轴转动。

不平衡舵结构简单、制造容易、但舵的阻力大，水动压力小，又加上需要的舵机功率大。故只适用于小船上使用。

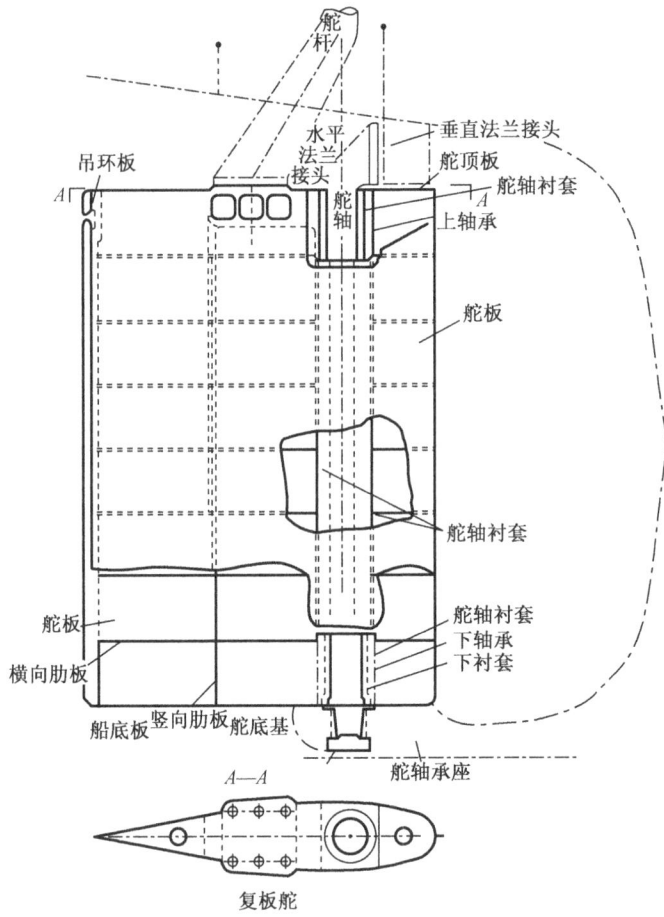

图 2.59　平衡舵结构

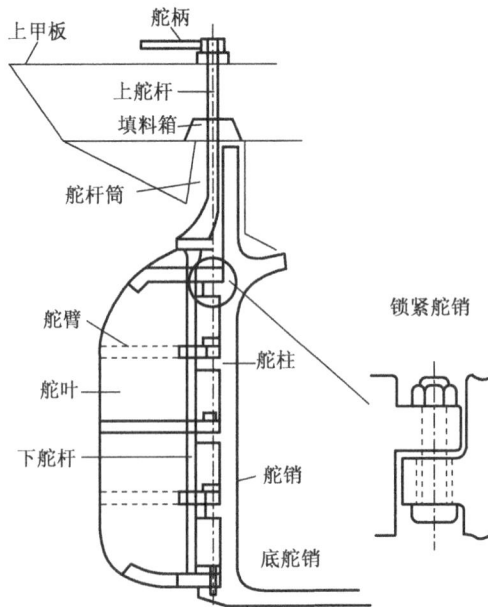

图 2.60　不平衡舵结构

2. 舵的数目和布置

一般船舶是单螺旋桨配单舵,并且舵在螺旋桨的正后方。在内河船、客船或军舰上,通常是双桨双舵。双螺旋桨配单舵的船很少。双螺旋桨配备三只舵的船舶主要是航行于激流航道上的船舶。

3. 舵叶面积系数

舵叶面积的大小直接影响船舶操纵性的好坏,每条船的舵叶面积大小,是据该船对操纵性能的要求而决定的,即根据船舶的类型、用途、船舶尺度的大小决定的。

通常,船舶舵叶面积系数 μ 的大小是用舵叶面积 A_R 与船长 L 和吃水 d 乘积之比值表示,即

$$\mu = A_R / (L \times d)$$

式中 μ 为舵叶面积系数,或称舵叶面积比。单桨远洋船:$\mu = 1/70 \sim 1/50$;沿海船:$\mu = 1/50 \sim 1/40$;内河船:$\mu = 1/20 \sim 1/10$;拖轮:$\mu = 1/25 \sim 1/18$。

船长与吃水的乘积 Ld 是表示转船时水阻力矩的影响。

4. 舵力和转船力矩

(1)舵力

图2.61所示为一流线型平衡舵,舵叶剖面形状为一对称机翼形。当舵叶相对于船舶中纵剖面转过一个角度时,即水流对舵叶剖面中心线形成一个攻角 σ;根据机翼理论,在舵叶上产生升力 L 和阻力 D,而升力和阻力在垂直于舵叶剖面中心线方向上的分力的合力 P_σ 称舵力(即作用在舵叶上的垂直压力)。精确地计算舵力的大小和作用中心位置是相当麻烦的,一般采用经验公式。这类公式很多,常用的为乔赛尔公式。影响舵力大小的主要因素是舵叶面积的大小、航速和转舵角,且与航速的平方成正比。

(2)转船力矩

假设船舶重心位于船中,且船舶回转时绕着重心回转,舵力作用中心距艉垂线的距离与船长相比是很小的,在计算转船力矩时可以近似地认为舵力作用中心位于艉垂线处,则转船力矩可以计算出。当船长 L,舵叶面积 A_R 船速 V_s 一定时,转船力矩 M_σ(图2.62)随舵角 σ 而变。对于海船 $\sigma \approx 35°$ 左右,M_σ 可达到最大值。若再增大舵角 σ 时,则转船力矩反而下降。故一般海船最大舵角限制在35°左右。

因此,船舶在做主、辅操舵装置的效用试验时,对主操舵装置的要求:船舶必须在最大吃水和最高船速下,使舵自一舷的35°转至另一舷的35°,所需时间应不超过28 s。对辅操舵装置的要求:船舶必须在最大吃水和最高航速的一半或7 kn(取其大者)条件下,自一舷的15°转至另一舷的15°时间不超过60 s。

5. 舵平衡系数(舵平衡比)

舵扭矩的大小,除了与舵力的大小有关外,还与舵角 σ 及舵杆中心线距舵前缘的距离 c 有关。当在某一舵角时,舵的扭矩等于零。因此,舵杆中心线距前缘的距离选择适当,可减小舵的扭矩。通常 c 值的大小是用舵杆中心线前面的舵叶面积和整个舵叶面积之比值表示,即

$$K = A_p / A_R$$

式中 K 为舵平衡系数或舵平衡比。

对不同的舵,要求舵的平衡系数的大小是不同的。

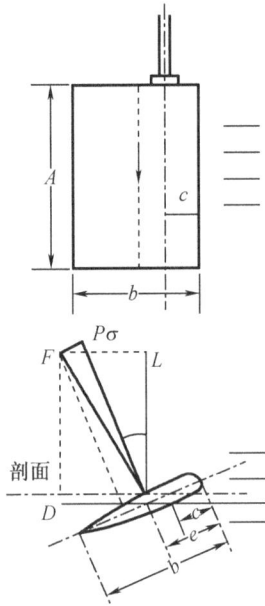

图 2.61　舵力

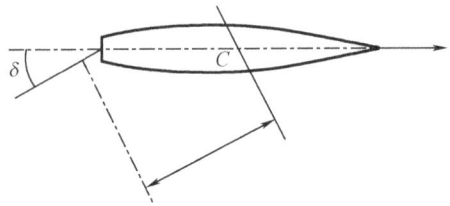

图 2.62　转船力矩

（1）人力操纵平衡舵：舵的平衡系数较小，$K = 0 \sim 0.2$。这样可避免在小舵角时，舵力作用中心移到舵杆中心线的前方，舵会自动使舵角增大而使舵不稳定，需要人力不断地操舵，并产生打舵现象。

（2）电动液压舵机操纵的平衡舵：舵平衡系数 $K = 0.25 \sim 0.30$。适用于需要经常在小舵角下操舵的海船。

6. 特种流线型舵

由于舵一般位于螺旋桨的后方，当适当地改进舵的形状和位置时，可改善螺旋桨的推进效率或提高舵效，因此出现许多特殊形状的舵。

（1）导流罩舵

对于安装在螺旋桨正后方的舵，可在舵叶的两侧靠近螺旋桨轴线处，加装一个流线型回转体（图 2.63）。这种回转体正好处于螺旋桨后方所形成的涡流地带，这样可使桨后的水流骚动变得光顺连续，起到整流作用，使涡流情况得到改善，从而减少了螺旋桨的涡流损失，提高了推进效率。

（2）反应舵

反应舵位于螺旋桨正后方的舵，相当于一个机翼。流入舵叶上的水流，由于螺旋桨的旋转作用，不仅具有向后的线速度，而且具有旋转的角速度。因此，流向舵的水流会产生一个攻角，当适当地改变攻角的大小，即调整舵的前缘形状，在舵上便会产生一个附加的推力，提高了推进效率，这种舵称为反应舵。反应舵的剖面形状如图 2.64 所示。对于右旋螺旋桨，从螺旋桨的轴线处开始，将舵前缘的上半部向左舷扭曲，而前缘的下半部向右舷扭曲，在轴线处扭曲最大，向上、下逐渐地减小为零。

（3）主动舵

如图 2.65 所示，这种舵是在舵叶的后部装一个电动的小螺旋桨。小螺旋桨转动可产生一个小的推力，当船停航或慢速航行进行回转时，转动舵并使小螺旋桨旋转，小螺旋桨产生的推力可使其原地回转或推船慢速前进。

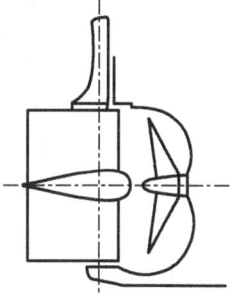 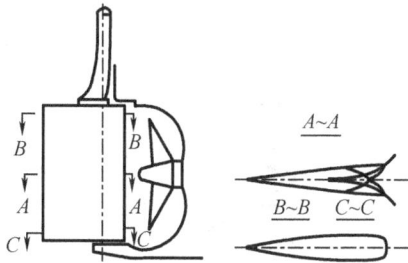 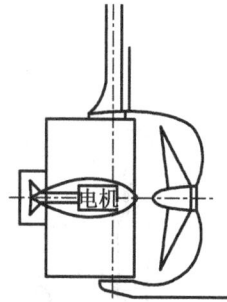

图2.63 导流罩舵 　　　　　图2.64 反应舵 　　　　　图2.65 主动舵

三、锚与锚链

当船舶在海上停泊时,为了防止船舶漂移,靠抛入水中的锚在海底产生的抓力来抵抗作用在船上的风力、水流和波浪的冲击力。有时需要利用抛锚帮助紧急停船或协助操纵船舶停靠码头等。锚是一种笨重的装置,它的收放、储存和固定,需要一整套设备,称为锚泊设备。

锚泊设备是由两部分组成的——锚机和锚设备。锚设备包括锚、锚链、制链器、锚链筒、锚链管、弃链器等。以下主要介绍锚的种类和特点等有关问题。

1. 锚的种类和特点

锚的种类很多,常见的锚有下列几种:

(1)霍尔锚

霍尔锚又称为无杆锚,这是一种商船常用的锚,一般都是铸造或锻造制成的。该锚由四个部分组成:锚爪、锚干、小轴和横销(图2.66)。在锚干的上端安装有锚卸扣,锚干的下端放在锚爪的冠部窝穴内,可使锚爪向锚干的两侧偏转38°~45°。

霍尔锚的特点是锚爪的冠部宽大,可以防止锚在拖动时翻转,并能迫使锚爪向下啮入海底泥土中,锚的抓力为锚的重力的3~4倍(称抓重比);容易收存在锚穴内,使用方便。霍尔锚被广泛采用作为各种大、中型船舶的首锚。

(2)斯贝克锚

斯贝克锚的外形结构与霍尔锚类似,但是它的重心更接近锚冠,收锚时锚爪与船壳板一经接触即翻转,不致擦伤船壳,且易收进锚穴内。斯贝克锚在船上采用的也较多。

(3)海军锚

海军锚是一种有杆锚(图2.66)。该种锚的特点是在锚干的上端装有一根横杆,横杆可以是固定在锚干上或者是可以拆卸的。当锚在海底拖动时,横杆能平卧在海底,使锚爪始终啮入海底不会翻转。锚干和锚爪是一个整体不能转动。海军锚的抓力为锚的重力的一般为3~6。但是,海军锚不能存放在锚穴内,海军锚只用于小型船舶,也有中型船舶用它作为尾锚。

(4)大抓力锚

这种锚的特点是在锚爪上带有稳定锚的横杆,当锚在水中拖动时锚不易翻转,锚爪的冠部较小,收起后可以贴在锚链筒出口处的船壳板上。锚的抓重比较大,为6~11。大抓力锚类型很多,如马特洛索夫锚、丹福尔斯锚、舍得林卡锚、快艇锚等。其主要用在海上工程船和小船上。

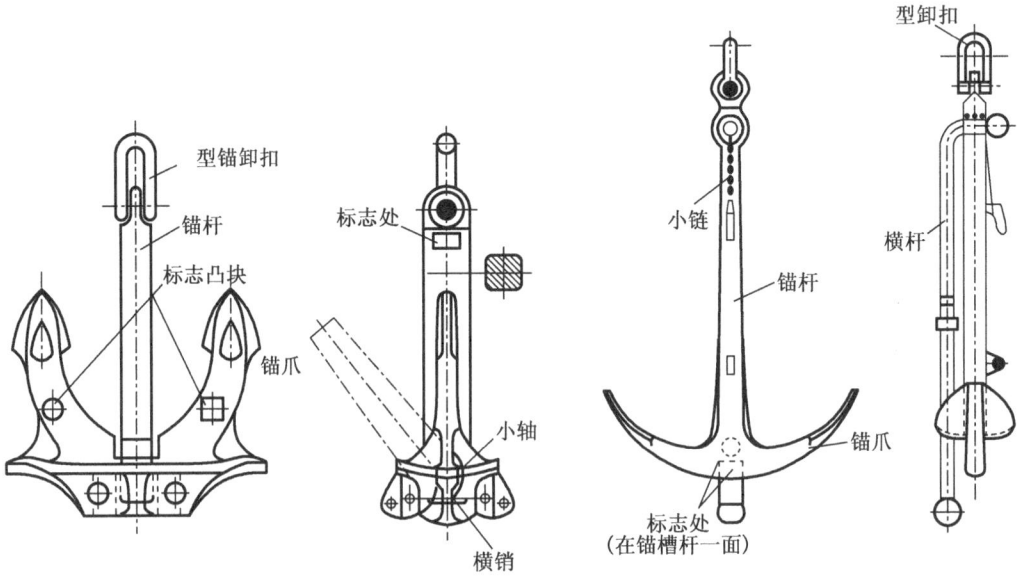

图 2.66　霍尔锚和海军锚

(a)霍尔锚;(b)海军锚

图 2.67 是马特洛索夫锚,简称铸造马氏大抓力锚。它是将锚爪上的横杆与锚冠做成一个整体,形成一个横杆状突出物。锚的冠部较小,能紧贴在船壳板上,可以减小首部激起的浪花。铸造马氏锚的抓重比不如其他的大抓力锚大,一般为 3～6 倍。

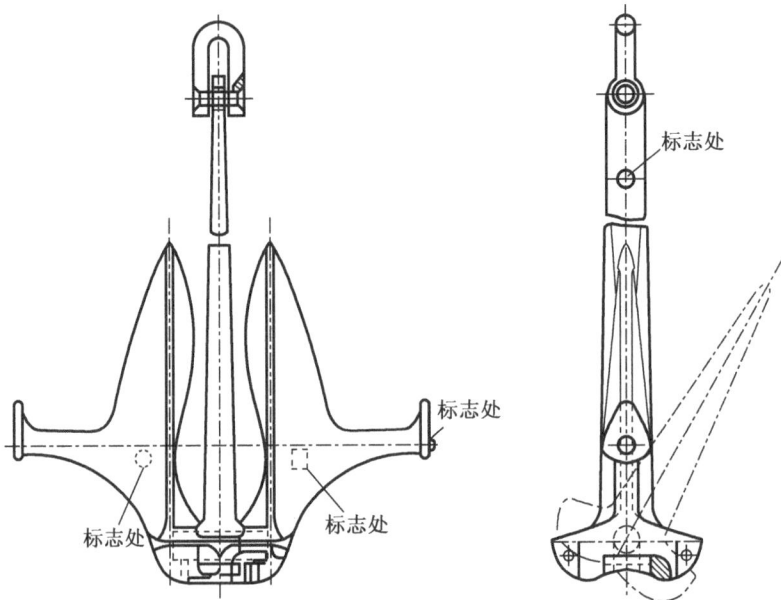

图 2.67　马特洛夫锚

2.锚的质量和数目

每条船应配备锚的数量及每只锚的质量,是根据船舶排水量的大小,船宽、夏季载重水线以上的受风面积等因素决定的,在船舶建造规范中有具体的规定。

大多数民用船只是在船首设置两只艏锚,也称主锚,并且在船上携带一只备用锚,以备丢锚时予以更换。对于经常在水域受限制的港内停泊的船舶,为了防止潮汐水流引起的船舶摆动,在船尾装设一只锚,称艉锚。艉锚的要求与艏锚基本相同,有锚链筒和锚链舱等设备。也有的在船中部装设一只锚,称为中锚。中锚的作用与艉锚基本相同,不过该锚比艏锚要小,一般都存放在甲板上。

3. 锚链

锚链是连接锚和船体的链条。链条都是用钢,采用铸造、电焊或锻造的方法,将链环相互连接制成的。目前船上大量采用的是铸钢锚链和电焊锚链,这是因为铸钢锚链强度高、刚性大、撑挡不易松动且耐用。不过它的生产效率低、成本高、耐冲击负荷差。电焊锚链生产效率高,成本低,质量也可靠。而锻造锚链制造费工、成本高,但而冲击、韧性好,主要用在工程船上。

锚链的链环成椭圆形,分为有挡链环和无挡链环两种。有挡链环是在链环的中间有一个横挡,由于横挡的支撑作用,链环能承受较大的负荷。同样尺寸的有挡锚链比无挡锚链的伸长变形小,抗拉强度约大20%,锚链堆放在一起时不易绞扭。因此,无挡锚链只适用于小船上。

锚链的直径是用链环剖面直径表示,通常称为链径。锚链的长度是以"节"为单位,一根锚链由若干链节连接而成,海船上每节锚链的标准长度为27.5 m。每根锚链长度是根据船舶排水量、船宽、夏季最小干舷和船中部上层建筑与甲板室高度、夏季载重水线以上的船体和上层建筑及甲板的侧面决定的。

每节锚链中的所有链环的尺寸是完全相同的,称为普通链环。在两节锚链之间用一种连接链环相互连接起来。连接链环为可拆链环,由两部分或三部分组成,相互嵌合,用销子固定牢。

根据每节锚链在整根锚链中的位置不同,分为锚端链节、中间链节和末端链节。

锚端链节是锚链的第一节,它与锚直接相接。从锚卸扣开始,其组装形式依次为锚链末端卸扣(末端卸扣与锚卸扣的横销均应朝向锚,以减少起锚时磨损或卡住在锚链筒的唇缘外。)、末端链环(是一种无横挡的链环,链径为普通链环直径的1.2倍)、加大链环(形状与普通链环相同,但尺寸稍大一些)、转环(是可以自由转动、防止锚链扭绞)、普通链环。

末端链节是锚链的最后一节,系在锚链舱内弃链装置上。末端链节除无末端卸扣外,其他链环的组装与锚端链节相同。使用一定时间后,由于锚端链节磨损较大,可与锚端链节互换位置使用。

中间链节是锚端链节与末端链节之间所有链节的总称。

为了能准确地掌握抛锚和收锚时锚链在水中的节数,在每节锚链上做有明显的标记。在第一个连接链环(第一节和第二节锚链之间的可拆连接链环)前后第一个有挡链环的横挡上,各绕10~20圈金属丝,并在两链环之间的所有链环上全部涂以白漆,以表示第一节。在第二个可拆连接链环前后第二个有挡链环的横格上,也各绕10~20圈金属丝,并在两链环之间的所有有挡链环上都涂以白漆,以表示第二节,其余各节依次类推。而从锚卸扣至锚机链轮的一段锚链上也涂以白漆,作为起锚时了解锚链即将出水以及锚干将进入锚链筒的标记,以便放慢起锚速度,避免撞坏船壳和锚链筒。

由于锚链的强度高、质量大,因而吸收动载荷的能力强,锚泊较安全,故为一般船舶所采用。对于小艇可采用钢索或非金属索代替锚链。

第三章　船体强度与结构

第一节　船体强度

船体强度是指船体结构抵抗各种外力作用的能力。检验船体结构抵抗外力作用能力的方法,是计算出船体结构中产生的应力和变形,与结构材料的许用应力和允许的变形进行比较加以衡准。

根据作用于船体上力的性质和为了计算上的方便,将船体强度分为总纵弯曲强度(亦称为纵向强度)、横向强度、局部强度和扭转强度。

一、总纵弯曲强度

1. 船体发生总纵弯曲的原因

船体的几何形状是一个中部肥大,向首、尾两端逐渐地瘦削的细长体。由骨架和钢板组成外壳,中间是空心的。因此,可以把船体看成为是一个空心的变断面梁,简称为船体梁。船舶在营运过程中,作用在船体上的外力很多,有重力、浮力,船舶做各种运动时产生的惯性力,波浪冲击力,螺旋桨和机器等引起的振动力、碰撞力,搁浅和进坞时礁石与墩木的反作用力等。

在这些外力的作用下,船体结构可能会发生各种变形和破坏,有的属于整体性的,有的在局部位置上。而对船体构成最大危害的是由于重力和浮力引起的、沿着整个船长方向上发生的总纵弯曲变形和破坏。而其他的力,如惯性力、冲击力、振动力等,对船体总纵弯曲的影响可以忽略不计。

船舶质量是由船体自身质量、机器设备质量、装载的货物、旅客、燃料、备品等质量组成的,这些质量的合力称为船舶重力 W,方向竖直向下,作用于船舶重心 G 上。而舷外水对船体的压力在垂直方向上的分力的合力,称为船舶浮力 D,方向竖直向上,作用于船舶浮心 B 上。当船舶静浮于水上时,重力 W 和浮力 D,大小相等方向相反作用于同一条直线上,船舶静浮于水面上(图 3.1(a))。但是,对于沿着船长方向上某一小区段来讲,作用于上面的重力和浮力并不一定相等。若将船体沿着船长方向分隔成若干个可活动的小分段(图 3.2(b)),则在各个分段上,对于重力大于浮力的分段,重力和浮力的差值是一个向下的力作用于分段上,该分段会向下沉。而在重力小于浮力的分段上,其重力和浮力的差值是一个向上的力作用于分段上,该分段会向上浮。实际上,船体是一个弹性的整体结构,相当于一个弹性梁,不允许各个分段有上下相对的移动,而只能沿着船长方向发生纵向的弯曲变形。

因此,引起船体发生总纵弯曲的原因,主要是由于沿着船长方向每一点的重力和浮力分布不均匀造成的。

若在船体的中部浮力小而首尾端的浮力大,重力在中部大而首尾两端小,此时船体将发生中部下垂而首尾两端上翘的总纵弯曲变形,这种船体的弯曲变形称为中垂(图 3.1(d))。相反,若船体的中部浮力大而首尾端浮力小,重力在中部小而首尾两端大,船体将发生中部上拱,首尾两端向下垂的总纵弯曲变形,这种弯曲变形称为中拱(图3.1(c))。船体发生中拱还是中垂,决定于船舶重力和浮力沿着船长方向的分布。

2.作用于船体上的总纵弯曲力矩与剪力

船舶浮于静水中,相当于一根两端自由的空心变断面梁,受着不均匀分布的重力和浮力作用。

将坐标 X 轴取在船上并沿着纵向基线,向首为正方向。坐标原点取在艉垂线处。力的方向向下为正值。

设沿着船长方向 x 处,单位船长上的重力为 W_x (t/m),重力沿着船长方向的分布如图3.2(a)所示,曲线 a 称为重力分布曲线。

在 x 剖面处,水线下的横剖面面积为 A_x (m²),舷外水的密度为 ρ (t/m³),则在 x 剖面处单位船长上的浮力为 ρA_x (t/m)。浮力沿着船长方向的分布如图3.2(b)所示,曲线 b 称为浮力分布曲线。

在 x 剖面处,单位船长上重力和浮力的差值 $q_x = (W_x - \rho A_x)$,称为作用在 x 剖面处的负荷(或称载荷)。负荷沿着船长方向的分布如图3.2(c)所示,曲线 c 称为负荷曲线。

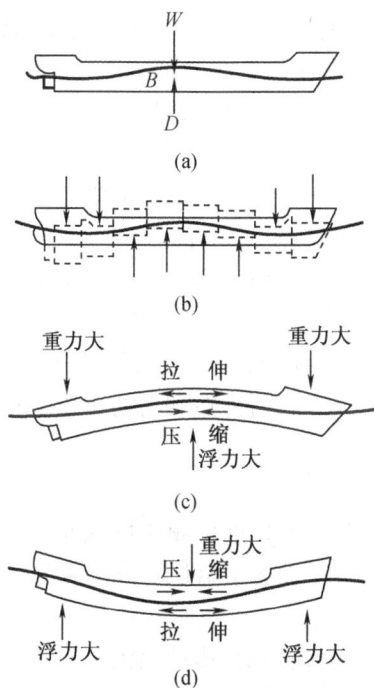

图3.1 船体总纵弯曲变形
(a)船舶静浮于水面上;(b)活动小分段;
(c)中拱;(d)中垂

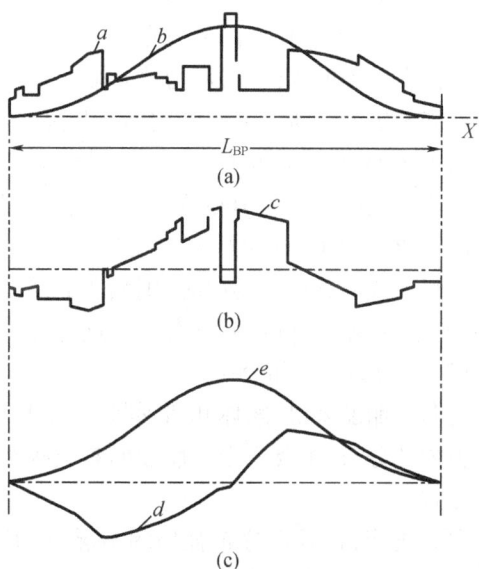

图3.2 船体总纵弯曲力矩与剪力曲线
(a)重力沿着船长方向分布;(b)浮力沿着船长方向分布;
(c)负荷沿着船长方向分布

依据梁的弯曲理论,船体梁在负荷 q_x 的作用下,会产生弯曲力矩和剪力作用于船上,其值为

$$N_x = \int_0^x q_x \, \mathrm{d}_x = \int_0^x (W_x - \rho A_x) \mathrm{d}x \qquad (3-1)$$

$$M_x = \int_0^x \int q_x \mathrm{d}x \, \mathrm{d}_x = \int_0^x \int_0^x (W_x - \rho A_x) \mathrm{d}x \mathrm{d}x \qquad (3-2)$$

式中　　N_x——作用于船体 x 剖面处的剪力；

　　　　M_x——作用于船体 x 剖面处的总纵弯曲力矩。

总纵弯曲力矩和剪力沿着船长方向的分布如图3.2(c)所示。曲线 d 称为剪力曲线,曲线 e 称为总纵弯曲力矩曲线。

船体结构抵抗总纵弯曲力矩和剪力作用的能力,称为船体总纵弯曲强度,简称为纵向强度。

3. 影响船体总纵弯曲力矩和剪力的因素

计算作用在船上的总纵弯曲力矩和剪力的大小及分布规律的目的是要找出船在营运过程中,作用在船体上可能会发生最大总纵弯曲的力矩和剪力值,以及在船上的位置。若船体结构能够抵抗最大的总纵弯曲力矩和剪力的作用,则认为船体结构是满足于总纵弯曲强度要求的。因此,我们必须了解影响作用在船体上的总纵弯曲力矩和剪力的大小及分布的因素。从式(3.1)和式(3.2)中可见,总纵弯曲力矩和剪力的大小及沿船长的分布规律与 L、Wx、Ax 有关,即与船舶的大小、船舶质量和浮力的大小及沿着船长方向的分布有关。

(1)浮力的大小和分布

浮力的大小和沿着船长方向的分布与船体水线下的几何形状和大小有关。具体地讲,当船体的几何形状和大小一定时,浮力的大小和沿海船长方面的分布与船舶吃水,船在海上所遇到的波浪形状、大小以及船与波的相对位置有关。而且,船在航行过程中,当船遇到波浪时,浮力沿着船长方向的分布是不断地变化的。

船浮在平静的水面上,浮力沿着船长方向的分布是按着水线下船体横剖面沿着船长方向变化来确定的。所以分布较均匀,引起最大的弯曲力矩和剪力的可能性就小。

研究表明,使船体可能产生最大的弯曲力矩和剪力的浮力分布,是当船在海上遇到波浪时。假定波的形状为坦谷波(波峰较陡而波谷较平坦),波长 λ 等于船长 L,波高 H 等于波长的 $1/20(L \geqslant 120$ m 时)或波高等于 $\lambda/30 + 2$ m$(L < 120$ m 时),船与波的相对位置是波峰位于船中或波谷位于船中时,则船舶的浮力分布对船体总纵弯曲力矩和剪力来讲是最不利的分布。在船体强度中,称上述的这种波为标准波。

(2)重力的大小和分布

对营运船舶来讲,船体几何形状、大小和总布置是一定的,所以船舶重力的大小与沿着船长方向的分布,主要决定于船舶的装载状态,即决定于货物、旅客、燃油、淡水等载重的大小和布置。

研究表明,在载重分布合理的情况下,船舶满载出港、满载到港、压载出港和压载到港的装载状态,船舶重力的分布对船体总纵弯曲力矩和剪力是最不利的分布。

若船舶在上述的装载状态下遇到了标准波,则作用在船体上的弯曲力矩和剪力有可能达到最大值。

例如,一条油轮,满载出港,当遇到了标准波,波谷位于船中时,可能会发生最大的中垂弯曲变形,作用在船体上的弯曲力矩和剪力可能达最大值。这是因为,油船机舱位于船尾,满载时机舱较中部货油舱轻,油船的首部又设有干货舱,是一个空舱,所以油船满载时首尾两端的质量小,中部质量大,当波谷位于船中,中部浮力小,首尾两端浮力大,所以这种重力和浮力的分布会使船体发生很大的中垂弯曲变形。

又如,中机型货船满载出港,遇到的标准波,波峰位于船中,船体可能会发生最大的中拱弯曲变形,作用在船体上的弯曲力矩和剪力可能达最大值。因为机舱位于船中,满载时船中部质量小,首尾部的货舱质量大,当波峰位于船中,船中浮力大而首尾部的浮力小,所以船体可能会发生很大的中拱弯曲变形。

4. 总纵弯曲力矩和剪力沿着船长方向的分布

(1)由于船舶浮于水面上,首尾两端无支持是自由的,所以在船的首尾两端的弯矩和剪力总是等于零。

(2)总纵弯曲力矩值,从首尾两端向船中逐渐增大,最大的弯曲力矩一般位于船中 0.4L 范围内。

(3)最大的剪力位于距首尾两端 1/4 船长附近。

(4)依据梁的弯曲理论可知,最大弯曲力矩处其剪力值等于零(图 3.2)。

(5)对于营运的船舶来讲,船体的几何形状和大小是一定的。船舶可能遇到的最不均匀的重力分布装载状态和可能遇到的最不均匀的浮力分布的波浪也应是一定的。因此,每一条船舶就有一个可以确定的最大弯曲力矩值和剪力值。

5. 船体总纵强度衡准

(1)船中剖面模数

在船体结构中,位于最大总纵弯曲力矩作用的一段船长上,找出船体纵向构件较少的剖面处,如船长中部的货舱口处。求出参与总纵弯曲力矩的构件对船体横剖面中和轴的惯性矩 I,并分别除以中和轴至强力甲板边线(强力甲板是指承担着总纵弯曲强度的甲板)的垂直距离 Z_d 和至船底平板龙骨上缘的垂直距离 Z_b,所得之值,分别称为甲板剖面模数 W_d 和船底剖面模数 W_b,即

$$W_d = I/Z_d \tag{3-3}$$
$$W_b = I/Z_b \tag{3-4}$$

把甲板剖面模数 W_d 和船底剖面模数 W_b 统称为船中剖面模数。

(2)总纵弯曲应力

由梁的弯曲理论可知,将船所承受的最大总纵弯曲力矩 M,分别除以甲板剖面模数和船底剖面模数,则可得甲板的总纵弯曲应力 σ_d 和船底的总纵弯曲应力 σ_b 分别为

$$\sigma_d = M/W_d \tag{3-5}$$
$$\sigma_b = M/W_b \tag{3-6}$$

总纵弯曲应力的大小沿着船长方向成线性分布。甲板和船底的弯曲应力方向相反,当船体发生中拱弯曲时,甲板受拉应力作用,船底受压应力作用;若船体发生中垂弯曲变形时,甲板受压应力作用,船底受拉应力作用;而位于中和轴处的总纵弯曲应力等于零(图 3.3)。

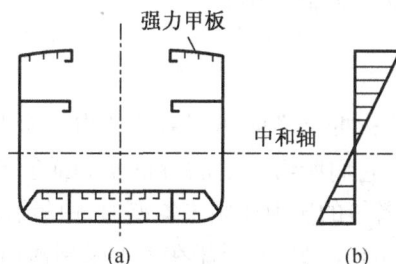

图 3.3 船中横剖面和总纵弯曲应力的分布
(a)中横剖面;(b)弯曲应力

（3）总纵强度衡准

由于船底部构件较多,中和轴一般偏低,故甲板剖面模数较船底剖面模数小。所以,一般甲板上所受的总纵弯曲应力较船底的总纵弯曲应力大。为了强度校核,取两个剖面模数中较小者作为船中剖面模数,并以符号"W"表示。设作用在船体上的最大总纵弯曲力矩为M,则在船体结构中产生的最大弯曲应力为

$$\sigma = M/W \tag{3-7}$$

若船体结构材料的许用应力为$[\sigma]$,当$\sigma \leq [\sigma]$时,即$M/W \leq [\sigma]$,就认为船体结构材料是满足总纵弯曲强度要求的。

当船体的几何形状、大小和布置、载重量、结构材料等是确定的,最大的总纵弯曲力矩M和结构材料的许用应力值$[\sigma]$也是一个确定的值,令$M/[\sigma] = W_0$,则W_0也是一个确定的值。

由此可见,船体结构要满足总纵弯曲强度的要求$\sigma \leq [\sigma]$,则船体中实际的船中剖面模数W必须满足于$W \geq W_0$。

所以,剖面模数W_0是满足总纵弯曲强度要求的最小的船中剖面模数。故W_0也可以作为衡量船体总纵弯曲强度的衡准。

在《钢质海船入级与建造规范》中,根据船体的几何形状和大小(主要是船长、船宽、方形系数等)及波浪与静水弯矩、造船材料的许用应力等,规定了一个船体最小船中剖面模数W_0。每一条新造的船舶,实际的船中剖面模数W必须大于规范中所规定的W_0值,则船体的总纵弯曲强度才能满足要求。

船舶营运多年以后,船体结构材料因锈蚀而变薄,实际的船中剖面模数会变小。

（4）船体挠度极限

由于船体中拱或中垂而引起的挠度,一般不得大于

$$L/1\ 000\ \text{mm} \tag{3-8}$$

式中L为垂线间长,mm。

船体发生过大的中拱和中垂弯曲变形时,会对船舶产生许多不利的影响。

①过大的中垂状态,使船舯吃水大于艏艉吃水,根据载重线标志判断载重量,则减小船舶装载量;

②上层建筑和甲板室连接处作用力增加;

③使轴系和管系等发生弯曲变形;

④大开口舱口变形会影响与舱盖的配合。

二、横向强度

船舶横向强度是指船体结构抵抗横向作用力的能力。承担船体横向强度的主要构件和结构有横梁、肋骨、肋板及由它们所组成的肋骨框架和横舱壁等。当船体受到的舷外水压力作用与舱内货物、机器设备等的压力作用不均衡时,甲板、船底和舷侧结构会在船体横向断面内发生凹变形(图3.4(b))。另外,当船在水上受到横向波浪的作用时,会使船的一舷水压力大于另一舷的水压力,或者船舶在横摇时由于惯性力的作用等,往往也会使肋骨框架发生如图(3.4(a))所示的歪斜。不过,一般海船的船体横向强度是足够的,不需要像总纵弯曲强度那样进行详细计算。

三、局部强度和局部强度衡准

局部强度指船体结构抵抗局部外力作用的能力。如图 3.5 所示,在船首底部较平坦的部位,当船舶压载航行在波浪上发生纵摇时,由于船首吃水浅会使首部底受到猛烈的冲击作用,使船底板产生凹陷变形。又如舷侧板受到码头的碰撞和挤压作用;船尾部受到螺旋桨的激振力作用;桅以及机器设备等对船体结构的局部作用力等。当然,在船体结构上几乎每一个构件都可能有局部作用力作用的问题,不过有的作用力较小可以忽略不计。对于较大的局部作用力,一般也是不去进行计算的,主要是根据经验采取局部加强的办法。

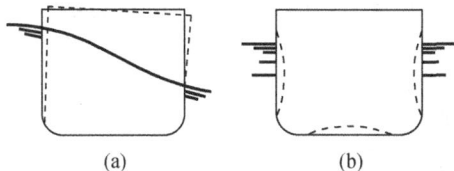

图 3.4　横向变形

(a)纵摇;(b)舷侧板受到码头的碰撞和挤压作用

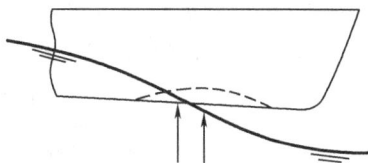

图 3.5　船首底部的冲击载荷作用

四、扭转强度

扭转强度是指整个船体抵抗扭转变形和破坏的能力。当船舶如图 3.6 所示那样斜置在波浪上时,或船的首尾部的装载对于船中心线左右不对称时,以及其他原因产生的首尾、左右不对称的作用力,都会产生作用在船体上的扭转力矩,使船体发生扭曲变形。但是,一般船舶由于舱口较小,均有足够的抗扭强度,都不进行扭转强度计算。对于集装箱船等,因甲板上货舱口较大,需要考虑船体结构的扭转强度问题。

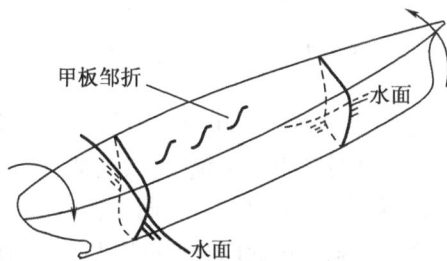

图 3.6　扭转变形

第二节　船　体　结　构

一、船体结构形式

钢质的船体结构都是由钢板和骨架组成的,船体的甲板板和外板(包括舷侧外板、舭部外板、船底外板)是由钢板制成的,形成一个水密的外壳。在甲板板和船体外板的里面,布置着许多骨架支撑着钢板。这些骨架是由型钢沿着船舶纵向、横向和竖向纵横交错地排列着,并且相互连接在一起构成的,也称为船体板架或框架。这样船体形成一个外部由骨架和钢板包围着,中间是空心的结构。

如果船体结构仅用钢板组成,需要用增加钢板的厚度来达到强度的要求,这会使船体质量增大。而在钢板上装设骨架支撑,就会大大增加结构的强度和刚性,使钢板厚度减小到最低限度,节省钢材,减轻了结构质量。所以,这种由骨架和钢板组成的船体结构的优点是,在同样的受力条件下,船体结构质量较小。

船体结构若按结构中骨架的排列方式划分,分为横骨架式船体结构、纵骨架式船体结构、混合骨架式船体结构。

1. 横骨架式船体结构

当船体甲板板和外板里面的支撑骨材横向布置较密,而纵向布置较稀时,这种形式的船体结构称为横骨架式船体结构(图 3.7)。

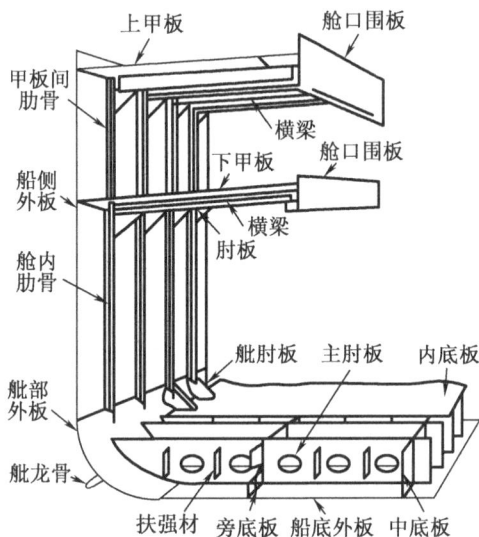

图 3.7　横骨架式船体结构

横骨架式船体结构,实质上是由一系列的间距很小的横向环绕着船的肋骨框架组成的。这些肋骨框架包括船底肋板、舷侧肋骨和甲板下横梁,以及把它们之间相互连接起来的肘板。肋骨框架的作用是加强和支撑船体外板和甲板,并共同承担着船体的横向强度。横骨架式船体结构船的纵强度,主要是由船体外板和甲板以及少量的大型纵向构件来承担。

横骨架式船体结构形式,从木船结构形式演变而来的,是在造船中应用最早的一种结构形式。其优点是船体的横向强度和局部强度好,结构简单,建造容易。另外,由于舱内肋骨和甲板下横梁 尺寸较小,结构整齐,使其舱容利用率较高,方便货物积载和装卸。其缺点是船体的纵向强度主要靠少数的纵向构件和甲板板、船体外板来保证。为了承担较大的纵向强度,必须把甲板板和外板做得较厚,这增加了船体质量,故横骨架式船体结构适用于对纵向强度要求不高的中小型船舶。

2. 纵骨架式船体结构

纵骨架式船体结构,是在甲板和外板里面的支撑骨材纵向布置得较密、横向布置得较稀的一种骨架形式。在横向布置少量的强肋骨、强横梁和肋板组成大型肋骨框架(图 3.8)。船体外板和甲板板与纵向连续构件一起承担着纵强度。船体的横向强度主要是由大型肋骨框架及其附连的甲板和外板来承担。不过船的首尾部仍采用横骨架式结构作为局部加强。

由于纵骨架式船体结构的骨材大部分是沿着船的纵向布置的,故其优点是船体的纵向强度大,甲板板和船体外板可以做得薄些,船体质量小。但是,由于货舱内布置着大型肋骨框架,有碍货物装卸。不过它不妨碍像油船那样的液体货物装卸。所以纵骨架式船体结构,主要用在纵向强度要求较高的大型油船上。

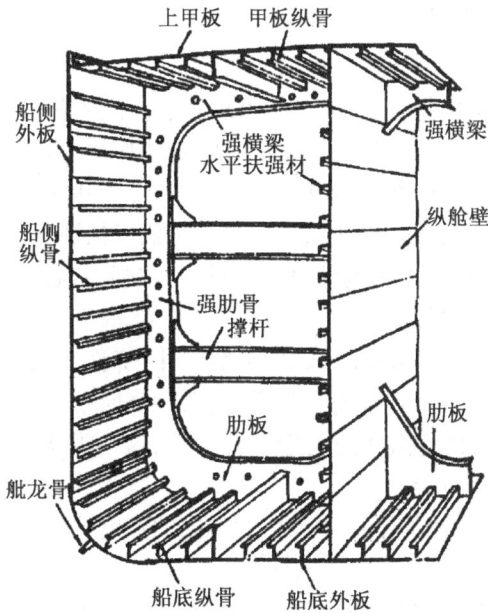

图 3.8　纵骨架式船体结构

3. 混合骨架式船体结构

混合骨架式船体结构,在主船体的中段的强力甲板和船底采用纵骨架式结构,而在舷侧和下甲板上采用横骨架式结构(图3.9),首尾端采用横骨架式结构。

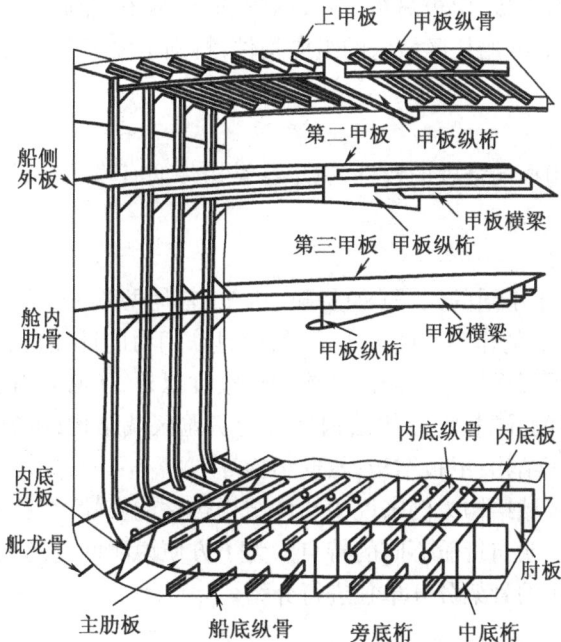

图 3.9　混合骨架式船体结构

混合骨架式船体结构结合了横骨架式船体结构与纵骨架式船体结构的优点,船体纵向强度大,并有足够的横向强度,建造也较容易,货舱内突出的大型构件少,不妨碍货物积载和装卸,目前在大、中型干散货船船上广泛采用。

二、船体构件和结构的分类

1. 船体构件的分类

结构构件:在船体结构中每一个加工单元就称为一个构件(如一块钢板、一根角钢都是一个构件),每一个构件按照其在船体中所处的位置和作用不同有着不同的名称。如由角钢制成的构件,在甲板下面纵向布置的称为甲板纵骨;在甲板下横向布置的称为甲板横梁;在舷侧竖向布置的称为肋骨;布置在舱壁板上的称为舱壁扶强材。

在结构构件中,作为甲板、外板、舱壁板等板材的扶强材,这一类构件称为次要构件,如肋骨、横梁、纵骨、舱壁扶强材等。

桁材:在船体结构中由组合型钢制成的大型构件,统称为桁材。纵向布置的有甲板纵桁、舷侧纵桁、船底纵桁等;横向布置的有强横梁;舷侧竖向布置的有强肋骨等。

在结构构件中支撑着其他构件的大型组合构件,这一类构件称为主要构件,如甲板纵桁、舷侧纵桁、强横梁、强肋骨等。

根据结构构件和桁材在船体结构中承担的不同的强度作用分为以下几类。

(1)纵向构件

纵向构件是指这类构件参与总纵弯曲,即承担着总纵弯曲强度的构件。在结构上这些构件必须符合下列条件:

①布置在船长中部 $0.4L$ 船长区域内;

②在纵向是连续的;

③构件的横向接缝是牢固的。

属于纵向构件的有甲板、甲板纵桁、甲板纵骨、船底纵桁、船底纵骨、内底板、纵向舱壁、船体外板等。在船中 $0.4L$ 船长区域内的纵向构件,特别是位于甲板舷边和舱口角隅等部位不允许存在任何裂纹。

(2)横向构件

横向构件是能承担横向强度的构件,属于这类构件的有横舱壁、横梁、强横梁、肋板、横梁肘板、舭肘板等。

2. 船体结构的划分

在同一条船上,位于不同的区段(如货舱、机舱、首尾两端)和不同的部位(如甲板、舷侧、船底等),不仅所受到的作用力的大小不同,而且作用力的性质也有所不同。因此,不同区段和部位的结构除了要保持整个船体结构的连续性以外,还必须有各自不同的特点。通常,根据船体结构特点的异同,将船体结构划分为货舱区域结构;机舱区域结构;首尾端区域结构;船底结构;舷侧结构;甲板结构;舱壁结构等。

下面主要以货舱区域结构为例来说明船体结构构件的布置、名称和作用。对于机舱和首尾两端的结构主要说明与货舱不同的特点。为了方便说明问题起见,将全船各部位的外板和甲板板与其相连接的骨架分开单独进行介绍。

三、外板

1. 外板名称

位于主船体两舷侧的船壳钢板,称为舷侧外板;船底部的外壳板,称为船底板;从船底过渡到两舷侧的转弯处的船壳板,称为舭部外板。这三部分船壳板,统称为船体外板,简称外板,又称船壳板(图3.10)。

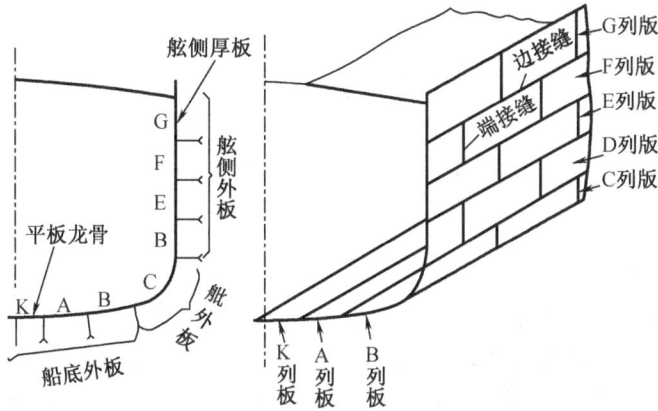

图 3.10　外板名称

外板是由许多块钢板拼接而成的。钢板的长边都是沿着船长方向布置,钢板长边相连接的纵向接缝,称为边接缝。钢板短边的横向接缝,称为端接缝。由许多块钢板逐块端接而成的连续长条板,称为列板。

在舷侧与强力甲板(一般为上甲板)相连接的一列舷侧外板(通常为舷侧最上一列板),称为舷顶列板,又称舷侧厚板。而位于船体中心线处的一列船底外板,称为平板龙骨。

2. 外板的作用

保证船体的水密性;承担船体总纵弯曲强度、横强度和局部强度;承担舷外水压力、波浪冲击力、坞墩的反作用力,外界的碰撞、挤压和搁浅等作用力。

3. 外板厚度的分布

外板厚度的分布原则是根据总纵强度的要求分配的,而对于个别受力较大的部位,则采用局部加强。

(1)外板厚度在船长方向的分布(图3.11)

因为一般船舶的最大总纵弯曲力矩都是作用在船中 $0.4L$ 船长区段之内,所以在该区段内外板厚度最大,而向船的首尾两端逐渐减薄。但是考虑到船舶进坞承受墩木的作用力,以及搁浅等原因,平板龙骨从首至尾厚度保持不变。

(2)外板厚度沿横剖面向分布

由于弯曲应力大小的分布在中和轴处为零,向甲板和船底成线性增大,因此,平板龙骨和舷顶列板较其他列板都厚一些。另外舷顶列板受拉、压交替作用,易疲劳;位于折角处,应力集中;甲板舷边易腐蚀;平板龙骨还要承受墩木反作用力等,都要求这两列板较厚。

(3)局部加强

在易产生应力集中的部位、受振动力或波浪冲击力较大的部位都需将外板加厚或加覆板。如船壳外板开口周围,锚链筒出口处,舷侧货舱门的周围;外板的连续性发生突然变化的部位,如桥楼两端的舷侧外板;与艉柱连接的外板,轴毂处的包板,艉轴架托掌固定处的外板;船首部位受波浪冲击力作用的船底外板和舷侧外板等处。

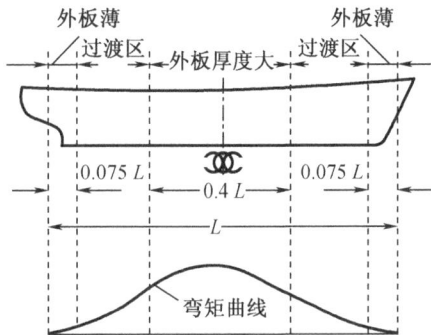

图 3.11　外板厚度沿船长方向分布

4.外板展开图

(1)外板展开图

外板展开图是表示全船外板的每块钢板的位置、大小、厚度和形状的图纸(图 3.12)。由于船体表面通常有着纵向和横向双重曲度,故不可能用平面图形表示出船体外板的真实形状和大小。而是采用近似方法绘制的,即只将船体表面的横向曲度伸直(将肋骨线型伸直),而船体的纵向曲度不展直,是用投影长度代表实际长度(因纵向曲度较小,误差不大)。因此,在外板展开图中,外板的横向尺寸是实际长度,而纵向尺寸是投影长度。由于船体的形状是左右舷对称的,故外板的布置也是左右对称的,因此外板展开图只需绘出一半,习惯上是绘右舷外板展开图。

(2)外板展开图的识读

外板展开图,不论是在造船还是在修船中,都是一张很重要的图纸,也是船上必备的图纸之一。如图 3.12,在外板展开图上表示下列内容。

①在图中把全船外板的每一列钢板和每一块钢板都用字母和数字编成号。习惯上的编排方法是:平板龙骨的一列钢板定义为 K 列板,左右相邻的两列板为 A 列板,再次的为 B 列板,依此类推,而每一列钢板中的每一块钢板,从尾向首排列号数,这样全船外板中的每一块钢板都有一个固定的号码,这对于修理船舶是非常方便的。

②在图中标注有每块钢板的厚度、规格尺寸、边接缝和端接缝的位置。但也有的外板展开图中,只标注钢板的厚度而不标注钢板的长宽尺寸,这种情况下可利用比例尺在图上量取钢板的横向尺寸,而钢板的长度可根据钢板所占的肋位数和肋骨间距近似地估算出来。

③在图中标注有外板上的开口和加强覆板的位置、形状和尺寸。

④在图纸上标注有与外板的内表面相连的纵向和横向构件的位置,以及舭龙骨的位置,如肋板、舷侧纵桁、肋骨、横舱壁、基座纵桁等与外板的交线。

四、甲板板

在船体总纵弯曲时承担着最大抵抗力的甲板称为强力甲板。一般船舶的上甲板均为强力甲板。下面主要以强力甲板为例,说明甲板板的布置和厚度分布及舷边连接等问题。

1.甲板板的厚度分布和板的排列

(1)甲板板的厚度

若有多层甲板,因强力甲板(或上甲板)距中和轴最远,是承担总纵弯曲应力作用的主要甲板,故强力甲板板在各层甲板中是最厚的甲板。

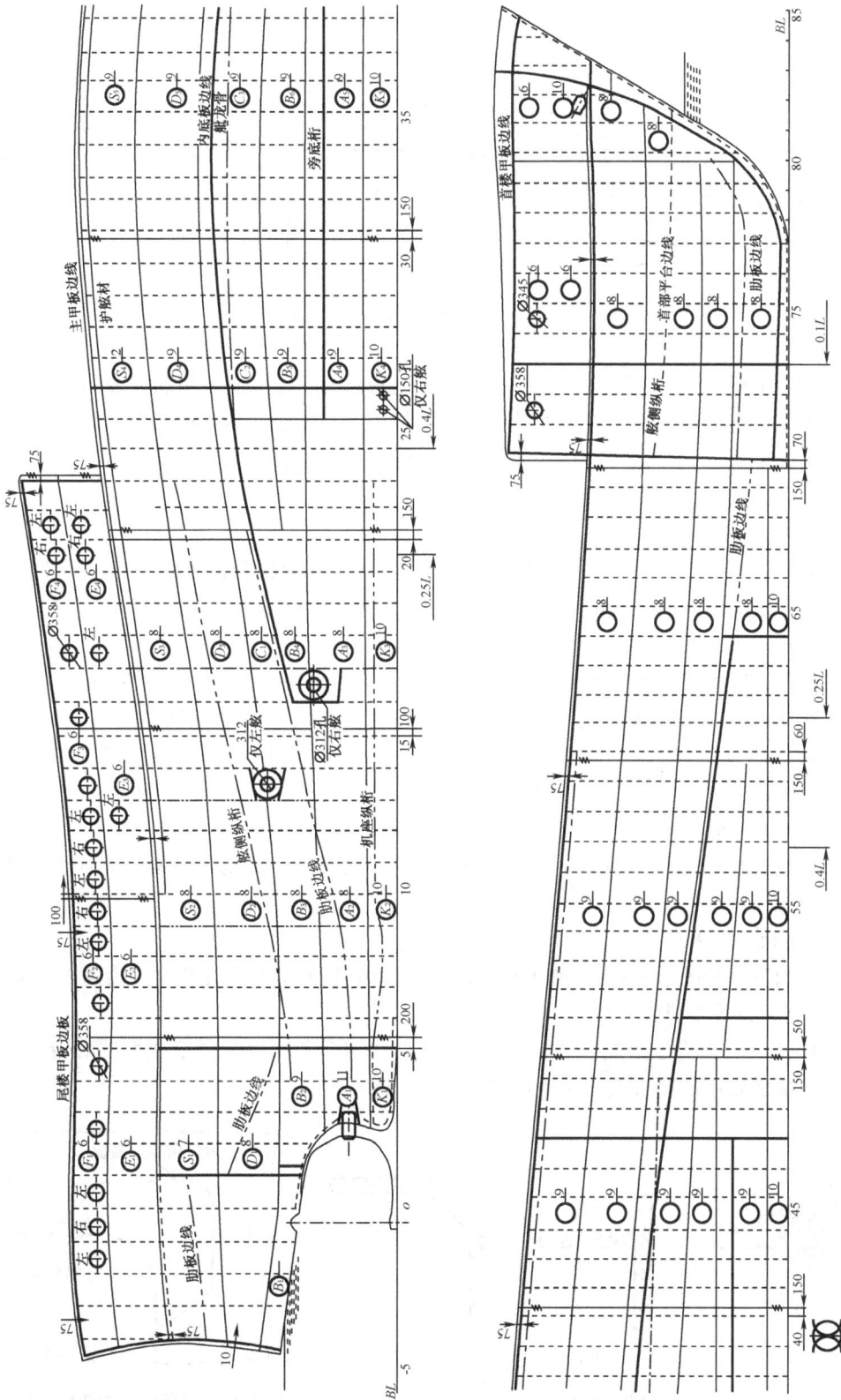

图 3.12　外板展开图

由于最大的总纵弯曲力矩作用在船体中部 $0.4L$ 船长区域内,因此在该段区域内的强力甲板板最厚,并向两端逐渐减薄(图3.13)。

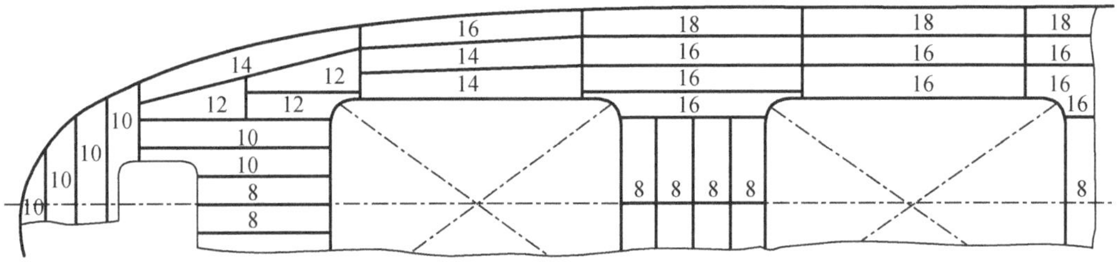

图 3.13 甲板板的厚度分布和板的排列

在强力甲板中,沿着舷边的一列钢板称为甲板边板,它是强力甲板中最厚的一列板。这是由于甲板边板位于舷边折角处易引起应力集中,舷边又经常积水锈蚀严重的缘故。在舱口之间的甲板板,因被舱口切断不连续,不能参与总纵弯曲,故该处甲板较其他的甲板薄。

(2)甲板板的排列

从舱口边至舷边的甲板板,钢板是纵向布置的,长边沿着船长方向并且平行于甲板中线。在舱口之间以及艏艉端的甲板,因地方狭窄一般将钢板横向布置。

2.甲板舷边连接

由于强力甲板与舷侧外板相交成直角,易产生应力集中,又远离中和轴,是一个高应力区域。船体往往在该区域首先发生断裂,故舷边连接一直是船体强度需要特别注意的地方。目前,根据船舶的大小、使用的钢材、焊接工艺质量等因素,有多种连接方式(图3.14),如舷边角钢铆接、舷边直接焊接等和圆弧形舷边连接。

3.甲板开口处的加强

甲板板上开口,由于损失了部分甲板断面面积,同时开口的角隅处易产生应力集中,故必须予以补偿和加强。

(1)甲板上的人孔

采用圆形或椭圆形人孔,一般无须采取加强措施,但椭圆形人孔长轴须沿船长方向。

(2)货舱口等矩形大开口

矩形开口的长边是沿船长方向布置的,开口的四个角隅做成圆形或椭圆形,在开口角隅处的甲板板要用加厚板或覆板予以加强(图3.15)。

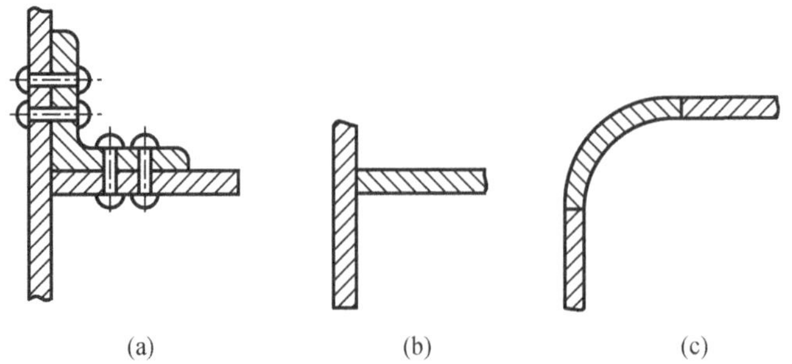

图 3.14 舷边连接

(a)舷边角钢铆接;(b)舷边直接焊接;(c)圆弧形舷边连接

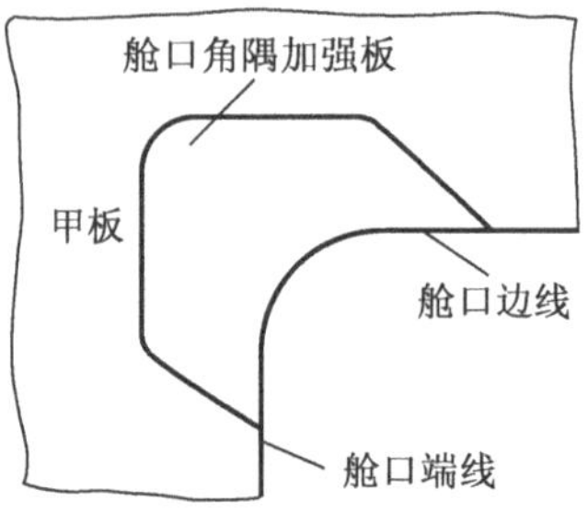

图 3.15 甲板舱口角隅处的加强

五、船底结构

船底结构分单底和双层底。单底是由船底板和船底骨架组成的单层船底结构;双层底是由船底板、内底板以及两者之间的船底骨架和空间所组成的双层船底结构。

若按船底骨架构件的排列形式分,有横骨架式和纵骨架式。因此,船底结构可分为四种形式:横骨架式单底结构;纵骨架式单底结构;横骨架式双层底结构;纵骨架式双层底结构。

1. 横骨架式单底结构

横骨架式单底结构主要用于小型船舶上,其结构简单,施工方便,但抗沉性差,主要构件见图3.16。

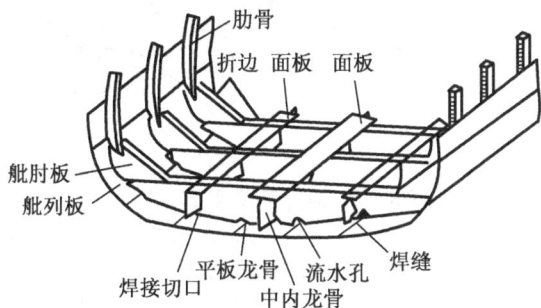

图 3.16 横骨架式单底结构

(1)中内龙骨 是用钢板焊接成的"T"形钢材,位于中线面上并焊接在平板龙骨上,与肋板等高,除首尾端外不准有开孔,是一个纵向连续构件。承担总纵弯曲强度、船底局部强度及墩木的反作用力等。

(2)旁内龙骨 位于单底的中内龙骨两侧对称布置的纵向构件。根据船宽的不同,每侧可设1~2道,与肋板同高并在肋板处间断焊接在肋板上。其作用与中内龙骨相同。

(3)肋板 是设在船底每一肋位处的横向构件。主要作用是承担横向强度。

(4)舭肘板 是连接肋骨下端与肋板的构件,用来加强接点的连接强度。

(5)流水孔 为了疏通舱底积水,在肋板、旁内龙骨的下边缘上开有半径为30~75 mm的半圆形小孔。

2. 纵骨架式单底结构

主要用在小型军舰及油船上,结构布置特点是在船底纵向布置许多间距较小的船底纵骨,而肋板是每隔3~4个肋位布置一道。

3. 横骨架式双层底结构(图3.17)

(1)双层底的作用

①提高船舶的抗沉性,当船底外板破损时,内底板仍可以阻止海水侵入舱内,保证船舶和货物的安全。

②增加船底强度(总纵弯曲强度、横向强度、局部强度)。

③把双层底内部空间分隔成舱柜,可储存燃料、淡水;作为压载水舱使用,不仅有效地利用了空间,而且可调整纵倾、横倾和吃水,改善船舶的航行性能。

④在液货船上,双层底有效地提高了船体的抗泄露能力;在矿砂船上,较高的双层底空

间起到了提高货物重心的作用,减轻了航行中船舶的剧烈摇摆。

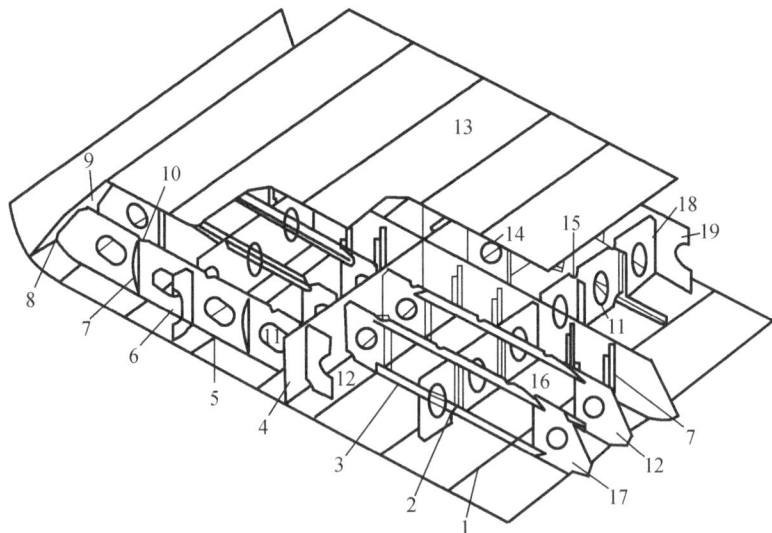

图 3.17　横骨架式双层底结构

1—边接缝;2—扶强材;3—船底肋骨;4—中底桁;5—流水孔;6—主肋板;7—加强筋;
8—焊缝切口;9—内底边板;10—透气孔;11—人孔;12—肘板;13—内底板;14—减轻孔;
15—切口;16—内底板;17—框架肋板;18—旁底桁;19—主肋板

（2）双层底设置范围

因为双层底有许多优点,所以一般船舶尽可能都要求设置双层底。在《国际海上人命安全公约》和船舶建造规范中主要规定有以下几点。

①双层底沿船长方布置的长度,一般货船无具体规定,但尽可能地从防撞舱壁至艉尖舱舱壁都要布置双层底;油船可以不设双层底,但对大型油船因防污染要求需设双层底。

②双层底沿船宽方向布置的宽度　在规范中要求双层底的宽度应尽可能大地覆盖船底。双层底的边板和舭部外板的交线,在任何位置上都必须在通过 P 点的水平线之上。P 点为通过船长中点处的基线和舷侧垂线交点作一条与船底基线成 25°的横斜线,该横斜线与肋骨线的交点(图 3.18)。

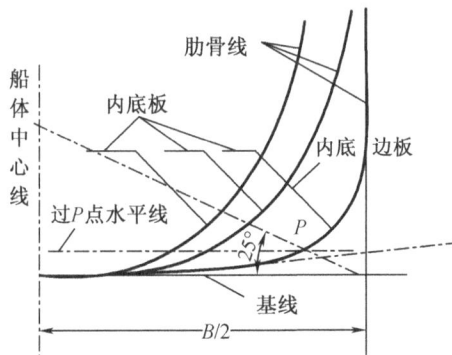

图 3.18　双层底宽度

（3）横骨架式双层底结构的主要构件

①底纵桁

底纵桁是在双层底内沿着船长方向布置的与双层底等高的纵向大型构件的统称。其作用是承担总纵弯曲强度、局部强度及墩木反作用力等。按布置的位置不同分下列几种类型，见图3.19。

a. 中底桁　位于中线面处的底纵桁，是纵向连续构件，为了减小自由液面的影响和增加强度，在船中0.75L范围内不准开任何孔。

b. 旁底桁　位于中底桁两侧对称布置的底纵桁。依船宽的不同，每侧布置1～2道，在肋板处间断并焊接在肋板上。旁底桁可以设人孔、减轻孔、流水孔、空气孔等。

c. 箱形中底桁　位于双层底中线面的两侧，间距为2 m左右，平行设置2道水密的底纵桁，与内底板、船底板及骨架共同组成一个水密的箱形结构，代替中底桁。

箱形中底桁有如下的作用和特点（图3.19）：

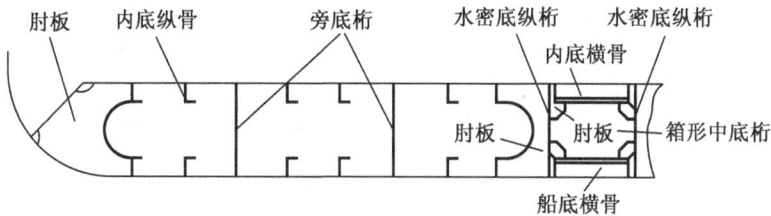

图3.19　箱形中底桁

（a）可将舱底管系集中地布置在箱形中底桁内，避免管子穿过货舱妨碍装货和受损，这样便于维修。

（b）箱形中底桁一般可只设在机舱前壁至防撞舱壁之间的一段双层底内，在机舱内及其后部一般不设箱形中底桁。为了进入箱形中底桁内，在机舱前壁处开设有水密装置的人孔，在箱形中底桁的前端设有通向露天甲板的应急出口。

（c）为了能使底纵桁搁置在坞内墩木上，箱形中底桁的两侧壁间距一般不大于2 m。

（d）箱形中底桁内部，设有纵向或横向的加强构件。

②肋板

肋板是布置在双层底内肋位上的横向构件。主要承担横向强度，按其结构形式有下列几种。

a. 主肋板　又称为实肋板，与双层底同高度，在中底桁处间断并焊接在中底桁上。主肋板上开有人孔、减轻孔、流水孔、空气孔和通焊孔等。货舱区域内每隔2～4个肋位上布置一道主肋板。

b. 密肋板和油密肋板　在规定的压力下能保持不渗漏水或油的肋板，用来分隔不同用途的双层底舱，其上不允许开任何孔。

c. 架肋板　又称组合肋板或空心肋板（图3.20），为了减轻船体质量，由内底横骨、船底肋骨及连接肘板等组成框架式结构肋板，布置在主肋板之间的肋位上。但对于焊接结构的船舶，减轻的质量不大，且工艺复杂，所以目前已很少采用。

d. 轻型肋板　其结构如图3.21所示，材料厚度与主肋板相同，但允许开有较大的减轻孔。比框架肋板施工方便，因此可代替框架肋板布置在不设主肋板的肋位上。

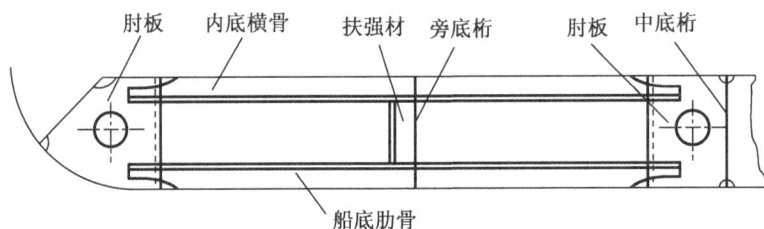

图 3.20　框架肋板

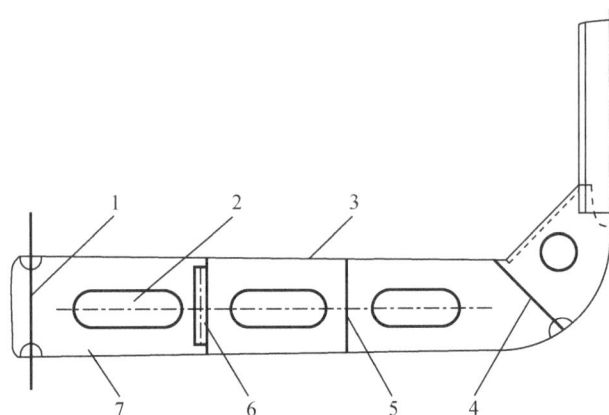

图 3.21　轻型肋板结构

1—中底桁;2—减轻孔;3—内底板;4—内底边板;5—旁底桁;6—加强筋;7—船底板

③内底板和内底边板

如图 3.22 所示,内底板是双层底顶的水密铺板。内底板承受总纵弯曲强度及横向强度,并能承受一定的水压力。在货舱口下面的内底板要加厚,为了清舱、检修和通风等需要,每个双层底舱的内底板的对角线位置处开设两个人孔,并装有水密的人孔盖。

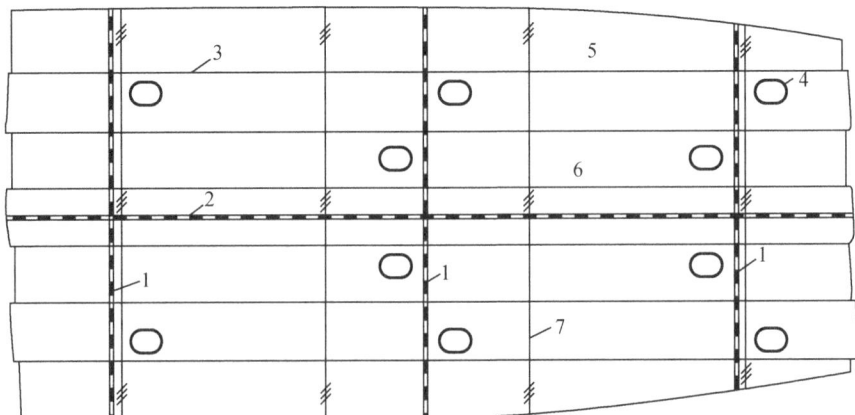

图 3.22　内底板的布置

1—水密肋板;2—中底桁;3—边接缝;4—人孔;5—内底边板;6—内底板;7—分段缝

内底边板是内底边缘与舭部外板相连接的一列板。由于所处位置容易积水,腐蚀较严重,因此厚度须比内底板稍大些。内底边板常见有下列几种形式:

a. 水平式内底边板　其优点是舱内平坦,施工简单方便,但是舱内积聚的污水不易流出,需设污水井如图 3.23 所示。

b. 斜式内底边板　内底边板与舭部列板形成一个沟槽,污水可积聚在沟槽中。

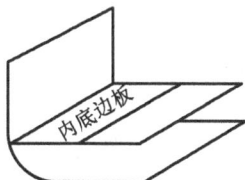

图 3.23　水平式内底板

④舭肘板

舭肘板是连接肋骨下端与肋板的肘板,以增强连接处的强度。

4. 纵骨架式双层底结构(图 3.24)

纵骨架式双层底结构纵向布置的构件较密,而横向布置的构件较稀。在双层底内的中底桁、旁底桁、箱形中底桁、主肋板、水密肋板、舭肘板等构件与横骨架式双层底内的相应构件基本相同。两种双层底结构的区别主要是有以下两点。

(1)纵骨架式双层底结构中,在内底板的下面和船底板的里面布置大量的纵骨,这些纵骨与船底纵桁、内外底板等一起承担总纵强度和局部强度,可使船底板减薄。

(2)纵骨架式双层底结构中,主肋板是每隔 3～4 个肋位布置一道,而在主肋板之间不设框架肋板。

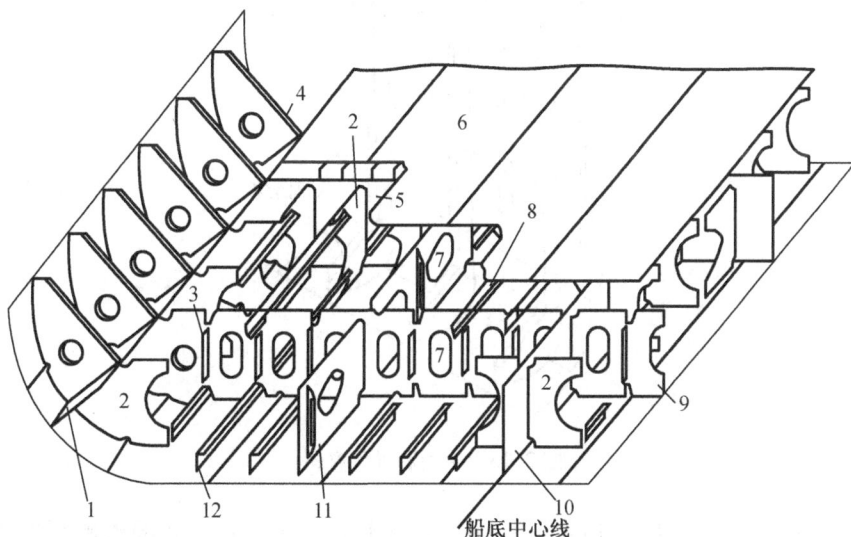

图 3.24　纵骨架式双层底结构

1—内底边板;2—肘板;3—加强筋;4—舭肘板;5—水密肋板;6—内底板;7—人孔;
8—内底纵骨;9—主肋板;10—中底桁;11—旁底桁;12—船底纵骨

六、舷侧结构

舷侧结构是指在舷侧处从舭肘板至上甲板这段区域的骨架结构。舷侧结构也分横骨架式和纵骨架式两种。横骨架式舷侧结构,在一般货舱内只设置主肋骨;在机舱中或舷侧需要特别加强的舱中设有主肋骨、强肋骨和舷侧纵桁;对于冰区航行的船舶,在首部货舱的主肋骨之间装设中间肋骨,用来局部加强。纵骨架式舷侧结构,由舷侧纵骨、强肋骨等组成的,这种结构主要用在油船上。

舷侧结构的主要构件有以下几种。

1. 肋骨

肋骨是指横向、竖向或斜向布置在舷侧、船底及尖舱中尺寸较小的骨材的统称,与外板、船底板一起承担横向强度。根据所在的位置和结构尺寸的大小,肋骨分为主肋骨、甲板间舱肋骨、尖舱肋骨、斜肋骨、船底肋骨、中间肋骨和强肋骨等。

(1)主肋骨 通常所称的肋骨均指主肋骨而言,是位于防撞舱壁与艉尖舱舱壁之间,在最下层甲板以下的船舱内的肋骨。主肋骨一般是由不等边角钢或球缘扁钢制成的,上端用肘板与甲板下横梁连接,下端连接在艉肘板上。

(2)甲板间肋骨 位于两层甲板之间舷侧的肋骨,由于跨距和受力较小,故尺寸较主肋骨小。

(3)中间肋骨 指在冰区航行的船舶,为了增强舷侧抵抗冰挤压的能力,在主肋骨间距中点处装设的小肋骨。中间肋骨上下两端均不设肘板,称为自由端(图 3.25)。

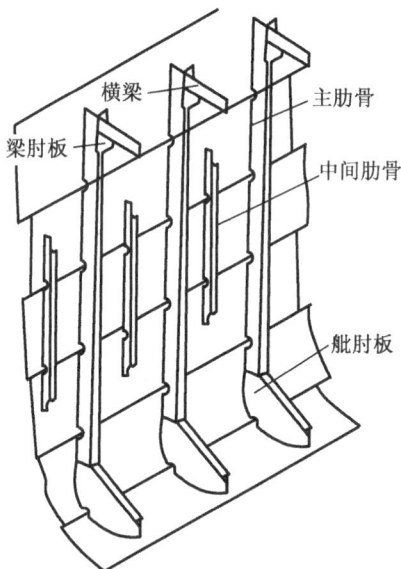

图 3.25 中间肋骨示意图

(4)强肋骨 是一种大尺寸的肋骨,也称宽板肋骨。在横骨架式的舷侧结构中装设强肋骨,是为了局部加强。在纵骨架式的舷侧结构中,强肋骨用来支撑舷侧纵骨,并与强横梁、肋板一起组成坚固的框架,保证船体横向强度。强肋骨都是采用 T 形组合型材或带折边的宽板制成的。

2. 舷侧纵骨

在舷侧沿着船长方向布置的骨材,装在纵骨架式的舷侧结构中,如油船的舷侧。

3. 舷侧纵桁

在舷侧沿着船长方向布置的大型组合型材,与强肋骨高度相同,一般多设在机舱和艏艉尖舱中(图3.26)。

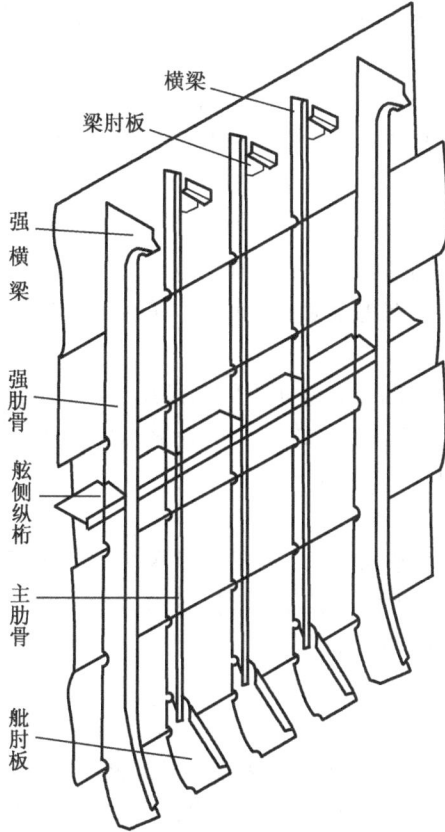

图3.26　舷侧纵桁

4.梁肘板

梁肘板是连接甲板下横梁与肋骨的三角形钢板。其用来增强节点的强度。

七、甲板结构

甲板结构,也分为横骨架式和纵骨架式两种。横骨架式甲板结构,是在甲板骨架中横向布置的构件较密,而纵向布置的较少。横骨架式船体结构中的各层甲板均采用横骨架式甲板结构,而在纵骨架式的船体结构和混合骨架式的船体结构中,除了强力甲板以外的各层下甲板,其他均采用横骨架式甲板结构。这是因为下甲板距中和轴较近,承担总纵弯曲强度较小的缘故。强力甲板的舱口之间的甲板,由于不参与总纵弯曲,故也采用横骨架式甲板结构。纵骨架式的甲板结构,是在甲板骨架中纵向布置的构件较密,而横向布置的较少。其主要布置在纵骨架式船体结构和混合骨架式船体结构中强力甲板上。

在甲板结构中主要的构件有以下几种。

1.横梁

横梁是指设在甲板板或平台之下各肋位上的横向骨材的统称。根据尺寸的大小和位置横梁分为普通横梁、强横梁、半梁、舱口端横梁和舱口悬臂梁等。

(1)普通横梁　简称为横梁,主要是装设在横骨架式甲板结构中甲板下的每一个肋位上,承担横向强度。一般是由不等边角钢或球缘扁钢制成的。

（2）强横梁　由组合型材制成的大型横向构件。在甲板下面每隔 3～4 个肋位布置一道。它的作用是承担横向强度,在纵骨架式甲板结构中用来支承甲板纵骨。

（3）半梁　布置在舷侧至舱口边之间的横梁。

（4）舱口悬臂梁　布置在舷侧至舱口边之间的强横梁。

（5）舱口端梁　布置在舱口两端肋位上的横梁,与舱口两端围板的下半部分做成一个整体,用来加强舱口结构。

2.甲板纵骨

甲板纵骨是在纵骨架式甲板结构中,沿船长方向布置的尺寸较小的骨材,由不等边角钢或球缘扁钢制成的。承担总纵弯曲强度和甲板上的载荷,保证甲板的稳定性。

3.甲板纵桁

甲板纵桁是在甲板下沿着船长方向布置的大型组合型材。通常在甲板下设有 2～3 道,其中有 2 道与舱口边板对齐,兼作舱口纵桁。甲板纵桁的作用:参与总纵弯曲,支承横梁减小横梁的尺寸,是甲板结构中的重要构件。

4.舱口围板

为了保证人员安全,防止海水侵入,提高舱口区域结构强度,在货舱口的四周装设围板,称为舱口围板。根据甲板所处的位置不同,舱口围板在甲板以上的高度要求也不同。在露天干舷甲板上,高度要在 600 mm 以上。

八、支柱

支柱是支撑甲板和平台的柱子,可减小横梁、甲板纵桁等构件的尺寸,并将所受的力传递到下层较强的构件上。由于支柱妨碍装卸货物,故船舶都尽可能少设置支柱。

支柱的布置:若一个货舱设置 4 根支柱,共布置在 4 个舱口角上;设置 2 根支柱,其布置在舱口两端的中线面上。各层甲板的支柱尽量装设在同一条垂线上,上下端要设有支座支承在较强的构件上(图 3.27)。

大部分支柱用圆钢管制成,也有的采用组合型材,如工字型材等。

九、舱壁结构

1.船壁的作用

舱壁除了将船内分隔成许多舱室之外,横舱壁承担着船体的横向强度,进行水密分舱和分隔防火区,一旦船舱进水或着火,不使其蔓延。纵向舱壁可减小自由液面对稳性的影响,并承担总纵弯曲强度。

2.舱壁的种类

根据舱壁的作用划分舱壁,有如下几种:

（1）水密舱壁　在规定的水压下能保持不渗透水的舱壁。

（2）油密舱壁　在规定的压力下能保持不渗透油的舱壁。

（3）防火舱壁　分隔防火主竖区并能限制火灾蔓延的舱壁。

（4）制荡舱壁　在舱壁上开有流水孔,用来减小舱内液体的摇荡所产生的冲击力。

（5）轻型舱壁　一种无密性、强度和防火要求的轻型结构舱壁,只起简单的隔离作用。

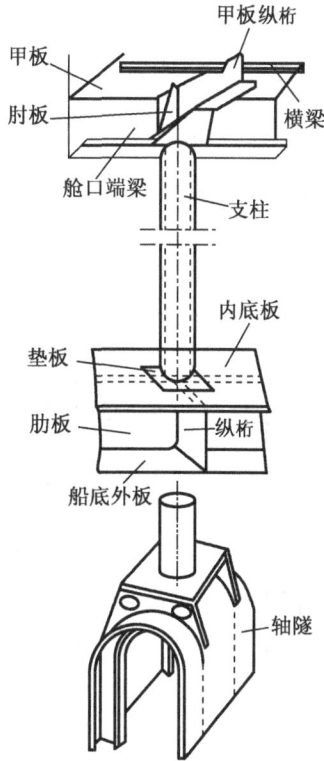

图 3.27　支柱上下两端结构

3．水密舱壁的数目

水密横舱壁的数目主要根据船体强度的要求,水密分舱、机舱的位置和货舱的长短等因素决定,在船舶建造规范中有具体的规定。但是,下列几个水密舱壁对于任何船舶都是必须设置的。

(1)防撞舱壁　又称为艏尖舱舱壁,是位于船首最前面的一道水密横舱壁,要求距艏垂线的距离不小于 $0.05L_{bp}$,自船底向上通至干舷甲板。在舱壁上不准开设门、人孔、通风管隧或任何其他开口。该舱壁的作用是一旦船首破损,阻止水蔓延至其他船舱。

(2)艉尖舱舱壁　是位于船尾的最后一道水密横舱壁。该舱壁向上可以允许通到水线以上的平台甲板。

(3)机舱两端的水密横舱壁　在机舱的前后端必须设置横舱壁与其他舱室隔开,对于尾机型船,机舱后端的舱壁即为艉尖舱舱壁。

4．舱壁结构形式

水密横舱壁布置在肋位上,从一舷伸至另一舷,并从船底向上伸至甲板。根据其结构形式可分为两种类型。

(1)平面舱壁

平面舱壁是由平的舱壁钢板和加强壁板的骨架组成的。由于水的压力与深度成正比,而且接近舱底的壁板易锈蚀,故舱壁板的各列板是水平布置的,在舱底的一列板最厚,向上逐渐减薄,见图 3.28。

加强舱壁板的骨架由两种构件组成:一种是由角钢制成的扶强材,由于船宽大于船深,扶强材多采用竖向布置的,可减小扶强材的跨距和尺寸。另一种是桁材,是由组合型材制成的,水平布置在舱深一半高度处,用来支撑扶强材。

(2)槽形舱壁

槽形舱壁是把舱壁板压成槽形(弧形、梯形等形状)来代替扶强材,增强舱壁的强度和刚度,槽形方向一般是竖向布置的(图3.29)。

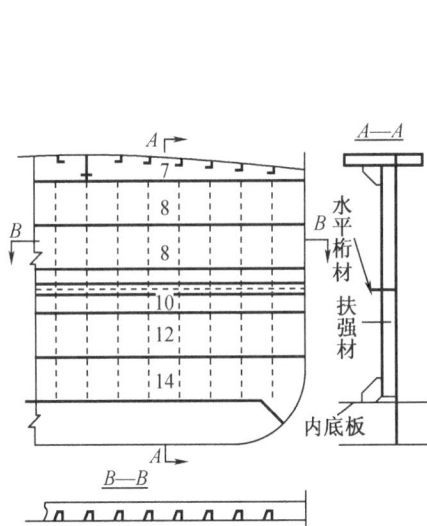

图 3.28　平面舱壁结构　　　　图 3.29　槽形舱壁结构

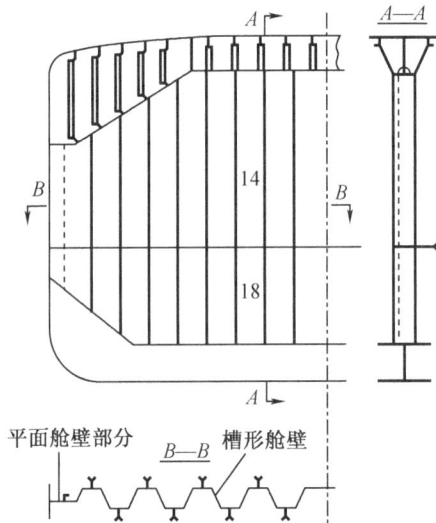

槽形舱壁与平面舱壁相比有下列优缺点:

①由于槽形舱壁的材料分配合理(位于中和轴两侧等距离),在同样受力情况下节省材料,结构质量小。

②槽形舱壁无扶强材和肘板等构件,减少工艺装配和焊接工作量。

③槽形舱壁占的舱容较大,不利于装载包装货物,但是便于清舱,适用于油船和散货船等。

④槽形竖向布置的舱壁,抵抗横向压力较差。

十、舷墙

沿着露天甲板边缘装设的围墙称为舷墙。舷墙的主要作用是减少甲板上浪,保障人员安全和防止甲板上货物及物品滚到舷外。干货船的上甲板或部分上层建筑甲板的露天部分设置舷墙,其他的露天甲板设置栏杆。油船仅在船首部位的露天甲板上或部分上层建筑甲板上设置舷墙,其他部位设置栏杆。

舷墙是由板材做成的。为了保证舷墙的刚性,在其内侧装设扶强材。舷墙的上边缘装设水平的扶手,舷墙的下边开有长条形的排水口。为了使舷墙不参与总纵弯曲,舷墙与舷顶列板的上缘不可以牢固地焊接成一个整体(图3.30)。

舷墙和栏杆的高度不小于1.00 m。栏杆的最低一挡以下的开口,应不超过230 mm,其他各挡的间隙应不超过380 mm。如设有圆弧形舷缘,则栏杆支座应设置在甲板的平坦部位。

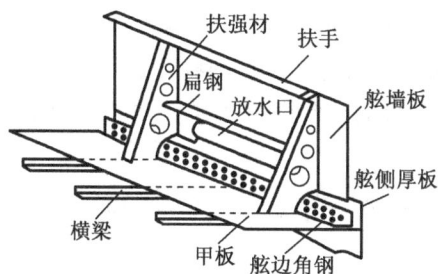

图 3.30　舷墙结构

十一、机舱结构的加强、轴隧、基座、艉轴管装置

1. 机炉舱的特点

（1）机炉舱是重型设备如主机、辅机、锅炉等集中布置的地方,所以局部负荷大。

（2）主机、辅机等设备在运转时易引起船体的振动。

（3）因布置机器设备,拆装主机活塞杆等工作的需要,要求机舱在甲板上开口大,不设二层甲板,尽可能不设支柱。

（4）机炉舱内易腐蚀。

因此机舱和锅炉舱内的结构形式虽然与货舱基本相同,但要求采取加强措施。

2. 机炉舱内结构的加强

（1）双层底内结构的加强

①设短底纵桁。当主机基座的下方无船底纵桁时,要求装设短底纵桁支承主机传下来的集中负荷。

②设主肋板。在横骨架式双层底结构中,主机和锅炉的底座下应在每个肋位上设置主肋板。锅炉舱内的主肋板要加厚。在纵骨架式的双层底内,机舱区域至少每隔一个肋位设置一道主肋板,但主机底座、锅炉底座、推力轴承座下的每一个肋位上均应设主肋板。

③内底板要增厚 1 ~ 2 mm。若燃油舱设置在双层底上时,内底板厚底不小于 8 mm。

（2）甲板和舷侧结构的加强

①在甲板和舷侧要求每隔 3 个肋位至少应设置一道强横梁和强肋骨,而且强肋骨与强横梁位于同一肋位上。

②当机舱内的主肋骨的跨距大于 6 m 时,要设置舷侧纵桁。舷侧纵桁是由组合型材制成的,断面尺寸的高度与强肋骨相同,沿着船长方向布置在机舱内的两舷侧。

3. 机炉舱棚

因布置机舱设备的需要,机舱上面的甲板开口较大,并且设置机舱棚保护开口。一般船舶的机舱棚都是布置在上层建筑中。当无上层建筑保护时,机舱棚的门必须是风雨密的,门槛要高出露天甲板 600 mm 以上。

机炉舱棚的主要作用和布置要求:

（1）保护机舱的安全不受风浪的侵袭。

（2）减少机舱的噪音和热气对舱外的影响。

（3）布置某些设备需要用机舱棚围起来,如烟道、日用油箱、格栅、扶梯等。

（4）为了保证维修柴油机吊缸时所要求的空间高度。

（5）为了机舱的通风和采光,机舱棚的顶部一般通至露天艇甲板上,在艇甲板上设置整体可拆式天窗供通风采光用,并且要保证风雨密(图3.31)。

（6）在机炉舱棚的四周壁板的内侧设置扶强材,加强壁板的刚性。

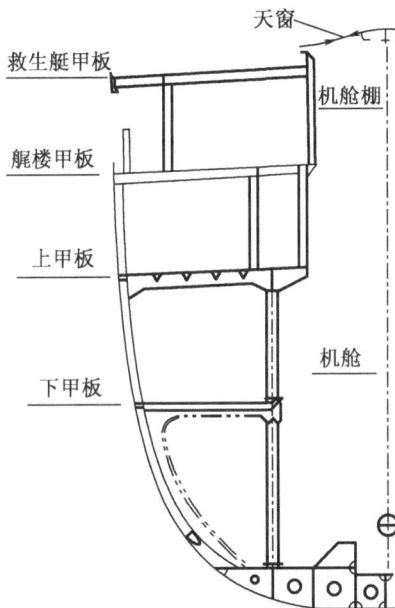

图3.31　机炉舱棚结构

4. 基座

（1）基座的作用和要求

基座是用来支承船上各机械设备,并将设备固定在主船体结构上的结构。

要求基座能支承机械设备自身重力;设备运转时产生的不平衡力;船在激烈的横摇、纵摇、升降运动时,机械设备产生的惯性力;大角度倾斜引起的倾斜力矩和水平力等。

好的基座不仅要求与船体结构骨架构件或其他结构能牢固地连接在一起,而且要求基座能把上述作用力分散传递到船体结构上,并且当机械设备运转产生脉动力时,基座和相邻结构不发生过度振动。总之,基座必须具有足够的强度和刚度。

（2）柴油机主机基座

柴油机主机基座主要由两道纵桁(包括腹板和面板)、横隔板、肘板及垫板组成,见图3.32。

纵桁是承担主机重力作用的主要构件。若基座纵桁与双层底内的旁底桁两者不能位于同一平面上时,在基座纵桁的下方双层底内加设半高纵桁。横隔板与肘板是用来加强基座纵桁的稳定性的,要求其装设在每挡肋位上。斜垫板是用来调整主机位置的高低和校正平面的,有两种形式,一种是直接焊接在纵桁面板上,另一种是活动的斜面垫块。

（3）锅炉底座

船用锅炉种类很多,底座的结构形式要求与锅炉结构形式相配合。图3.33为水管锅炉底座。

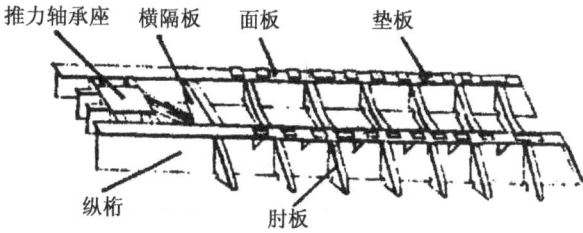

图 3.32 柴油机主机基座

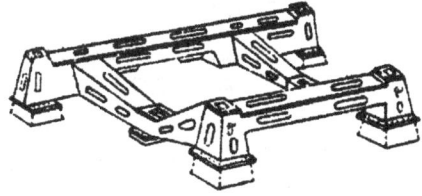

图 3.33 水管锅炉底座

锅炉底座有几点需注意:一是锅炉的热胀冷缩问题。为了解决这个问题,在底座的面板的垫板上开有椭圆形孔,其孔的长轴方向不同,锅炉水筒下的支架用螺栓连接在垫块上。当锅炉热胀冷缩时,使螺栓可在内做纵向或横向移动。二是当锅炉底座较高时,要注意检查因船体的严重振动会给主蒸汽管造成事故。为了避免船舶在激烈摇荡时使锅炉倾倒,一般用拉杆将气筒固定在船体结构上。

(4)辅机基座

根据辅机的种类、大小和用途的不同,将其布置在不同的位置上,大部分位于两舷侧、靠近舱壁处、平台甲板上和构架上。辅机基座的结构形式与主机基座基本相同。

(5)推力轴承座

推力轴承将螺旋桨产生的轴向推力通过推力轴承基座传递给船体结构。由于螺旋桨旋转时所遇到的船尾水流的伴流速度在桨盘上分布不均匀,引起螺旋桨叶片上的水压力不断变化,这就形成脉冲性的推力。当推力轴承基座纵向刚性不足时,就会产生纵向摆动,所以要求推力轴承基座的纵向刚性较大,在轴承的两端装设牢固的加强肘板,使其纵向摆动最小。

5. 轴隧

从机舱至船尾,为了保护轴系和便于工作人员对轴系进行检查、维修,必须设置水密的轴隧。轴隧的形式有平顶和拱顶两种。前者便于装货,后者强度较好。轴隧的宽度为 1 200 ~ 1 800 mm,高度约为 2 000 mm,但在轴的上方要有 500 ~ 1 000 mm 的空挡,以便吊轴检修。

在单桨船上,轴隧的中心线偏离船舶中心的一侧,一般偏向右舷,即在轴的右侧留有通道,其宽度大约有 600 mm,如图 3.34 所示。轴隧的尾端将其尺寸加大,做成一个轴隧尾室,用来存放备用艉轴和便于检修工作。在轴隧、尾室的顶部或侧壁上设有可拆卸的水密开口,以便于抽出桨轴。在轴隧的前端,即机舱的后壁上,设有一扇通往机舱的滑动式水密门,该门要求不仅能在机舱内及轴隧内将门开闭还要求在舱壁甲板上能开闭,并且要求手动将门完全关闭所需时间应不超过 90 s(船舶处于正浮状态时)。

在轴隧的末端靠近艉尖舱舱壁处,设有应急围井通至露天甲板上,作为轴隧和机舱的应急出口,平时作为轴隧的通风口。应急出口盖不能加锁。

双桨船的轴隧对称于船体中纵剖面左右各设置一个,两轴隧间设有通道。

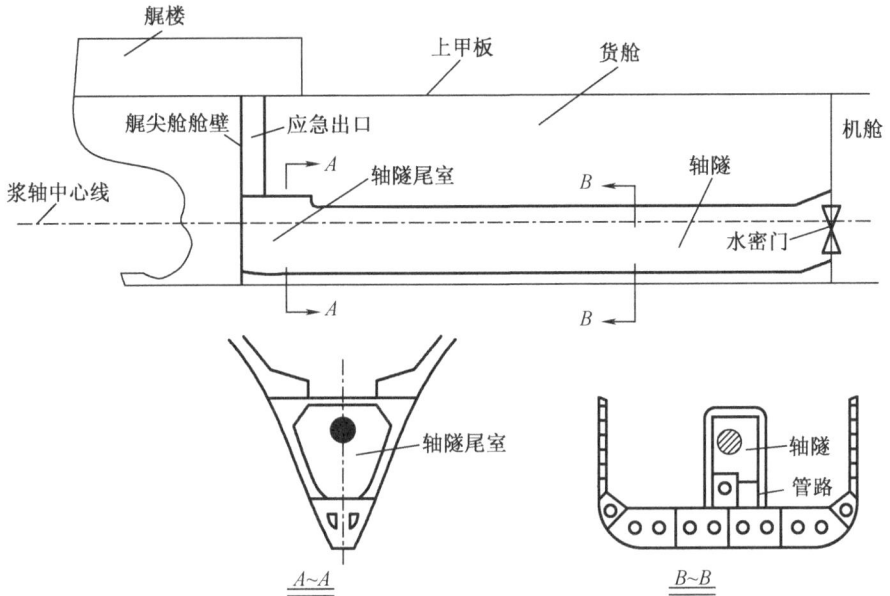

图 3.34　轴隧

6.艉轴管装置

主机发出的功率是通过船舶轴系传递给螺旋桨的,而螺旋桨产生的推力又通过轴系传递给船体。

船舶轴系是由下列部件组成的:推力轴承、推力轴、中间轴承、中间轴、联轴器、螺旋桨轴(艉轴)和尾管装置等。

尾管装置包括尾管、尾管轴承及密封装置,其作用是支承螺旋桨轴并保证水密性。

(1)尾管装置的润滑形式和轴承的种类

①水润滑尾管装置　水润滑尾管装置的结构如图 3.35 所示,外层称尾管,是由钢板焊接或铸造而成的,尾管支承在尾柱和艉尖舱舱壁及升高肋板上。尾管内侧嵌衬套,在衬套的内侧压入轴承材料。水润滑的轴承材料常为铁梨木。除铁梨木之外,目前采用的还有:木质层积塑料、布质层积塑料、橡胶、卡普罗纶等。

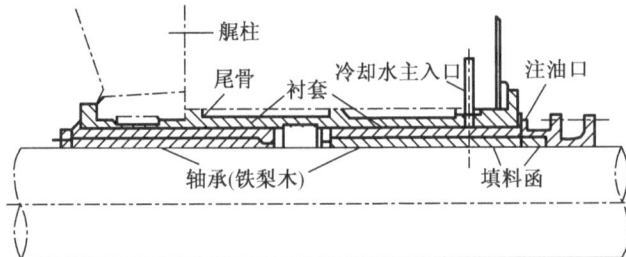

图 3.35　水润滑尾管装置结构

一般船舶在尾管内设有两个轴承,在尾管的前后端各设一个。海上润滑的尾管后端铁梨木轴承的长度要不短于螺旋桨直径的 4 倍;而前端轴承的长度要不短于螺旋桨直径的 1.5 倍。

艉轴和尾管轴承的安装间隙过大会造成轴系的弯曲和偏移,间隙太小会出现"卡轴"事故。

水润滑尾管轴承一般是用舷外水进行润滑和冷却的,并且从尾管的前端注入高压水冲刷渗入轴承内的泥沙和降低温度。

(2)油润滑尾管装置

图3.36是油润滑尾管装置结构。结构的外层也是一根尾管,尾管内嵌轴承,与水润滑结构相同。油润滑的轴承材料是用铸铁或球墨铸铁做衬套,在衬套内表面浇铸白合金。

油润滑尾管后端轴承长度要不小于螺旋桨直径的2倍;而前端轴承长度要不小于螺旋桨直径的0.8倍。

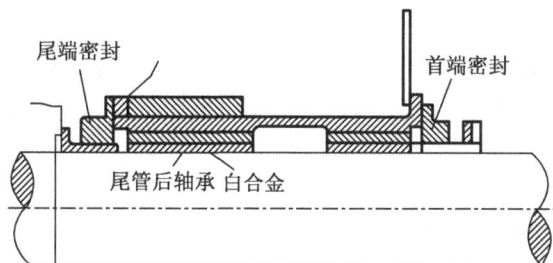

图3.36 油润滑尾管装置结构

(3)尾管的密封装置

①金属环迷宫式密封装置,适用于尾端密封,首端一般用填料函;

②橡皮碗式密封装置,主要用在海船上;

③端面摩擦板式密封装置,由于阻油效果不稳定,主要用在内河船上;

④J形橡皮圈式密封装置,主要用在小型拖轮上。

7.桨毂与桨轴的连接

(1)螺旋桨与轴采用键连接

过去螺旋桨的安装均采用键连接,螺旋桨毂和轴以锥体形式精密配合,并用键连接传递扭矩(图3.37(a))。这种安装方法的缺点是:因轴的锥体上开槽,易引起应力集中,产生裂纹或断轴等,且安装与拆卸都较困难,费时间。

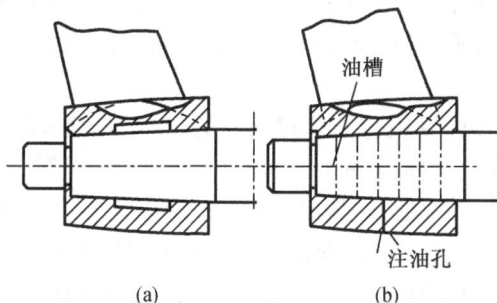

图3.37 螺旋桨与轴连接

(a)键连接螺旋桨;(b)无键连接螺旋桨

(2)螺旋桨与轴的无键连接

由于键连接有许多缺点,目前大型船舶的螺旋桨采用如图3.37(b)所示的无键连接。

它是用高压油使螺旋桨毂膨胀,再用液压螺母将螺旋桨顶到螺旋桨轴的锥体的安装位置上。当油压卸除后,螺旋桨毂能紧箍在轴的锥体上,依靠毂产生的表面压力防止毂与轴之间滑动。

无键连接的优点是拆卸与安装操作简单,省时间。另外,无键连接能够准确地将螺旋桨叶片与主机的曲柄调整在任何希望的位置上,可减小轴系的振动。

十二、船体首尾端结构

1. 船首端结构

船舶的首端是指上甲板以下、防撞舱壁以前部分。

(1)作用于船首端的外力

在船的首尾两端所受的总纵弯曲力矩较小,但是受的局部作用力较大。如船在波浪上纵摇时船首底部受到的冲击作用;波浪对船首部两侧的冲击力;在冰区航行时冰的挤压力,以及碰撞力等。

(2)船首端骨架结构的特点和加强

在艏尖舱区域内,多数采用横骨架式结构,肋骨间距小,构件尺寸大,设有许多空间骨架构件(图3.38)。

①肋骨间距一般不大于600 mm,每一肋位上都设有升高肋板,中内龙骨与升高肋板尺寸相同,并延伸至艏柱底部。

②在舷侧除了设置肋骨外,必须设置间距不大于2 m的舷侧纵桁。

③在左右舷的两个舷侧纵桁之间,每隔一个肋位设置一道空间撑杆,称为强胸横梁,或者设置带有开孔的平台,代替强胸横梁和舷侧纵桁。

④在中纵剖面处设置制荡舱壁。

⑤从防撞舱壁至距艏垂线约0.15L区域内的舷侧,要在艏尖舱舷侧纵桁的延伸线上设置舷侧纵桁。

⑥从防撞舱壁至距艏垂线约0.25L区域内的船底,要在每一肋位上设置主肋板;旁底桁间距不大于3个肋骨间距或纵骨间距,在旁底桁之间还设有半高旁底桁。

(3)艏柱

艏柱是船体最前端的构件,用来加强船首,连接舷侧外板、甲板和龙骨末端的构件。

除了小船之外,一般船舶的艏柱有两种结构形式:钢板焊接制成的和铸钢制成的艏柱,见图3.39。

(1)钢板艏柱 用较厚的钢板弯曲焊接制成的,在弯曲钢板的内侧焊接有水平的和竖向的扶强材,加强它的刚性。钢板艏柱有下列优点:与外板、甲板、中内龙骨、平板龙骨等连接牢固;制造容易、质量小、成本低;碰撞时钢板仅局部发生变形,易修理。

(2)铸钢艏柱 由铸钢浇铸而成,刚性大而韧性差,质量也较大,可以制成较复杂的断面形状,但制造费工,故采用该种艏柱时仅用在水线以下的形状复杂的部位,水线以上部分均采用钢板艏柱。

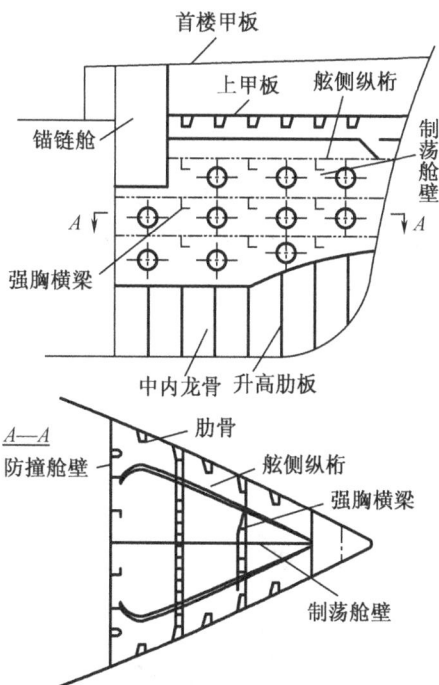

图 3.38 船首端结构

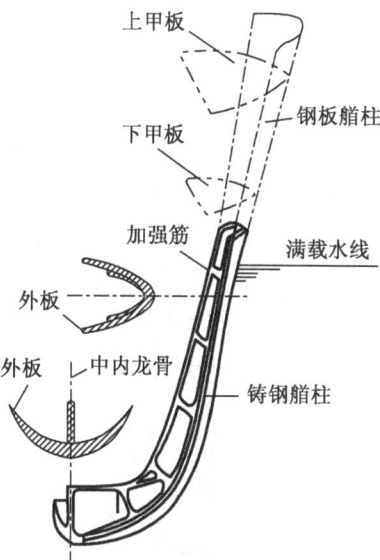

图 3.39 艉柱

2. 船尾端结构

艉尖舱壁以后、上甲板以下的船体结构称为尾端结构,包括艉尖舱和艉部悬伸端,结构较为复杂,如图 3.40。

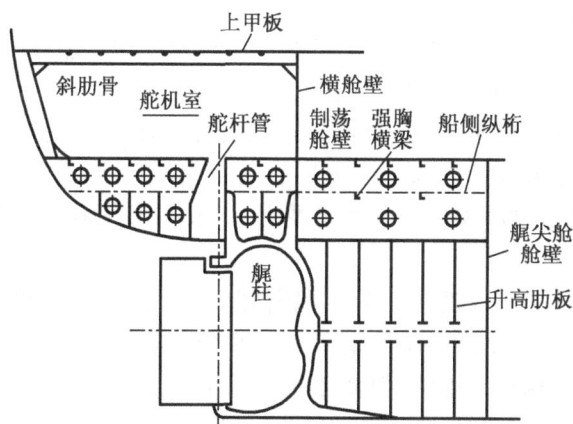

图 3.40 船尾端结构

(1)作用于船尾部的外力

船尾所受的总纵弯曲力矩较小,但承受下列的局部外力作用,如螺旋桨运转时的水动压力;尾机船由于主机引起的振动力;舵及螺旋桨的重力等。

(2)船尾部骨架结构的加强

一般多是采用横骨架式结构,并采取下列的加强措施:

①在每一肋位上设置升高肋板;

②在舷侧除了肋骨之外,设置舷侧纵桁,而且其竖向间距不大于 2.5 m,左右舷的两舷侧纵桁之间设有强胸横梁;

③有的艉尖舱内也设有制荡舱壁。

(3)艉柱

艉柱是设置在单桨船或有中舵的双桨船上,位于船体后端中线面上的大型构件。它的作用是连接尾端底部结构、两舷侧外板和龙骨等构件,支持和保护舵和螺旋桨,加强船体尾部结构。艉柱主要有下列几种结构形式(图3.41):

①单桨船上装设不平衡舵的艉柱(具有桨穴艉柱);

②单桨船上装设平衡舵的艉柱(无舵柱艉柱);

③单桨船上装设半平衡舵的艉柱。

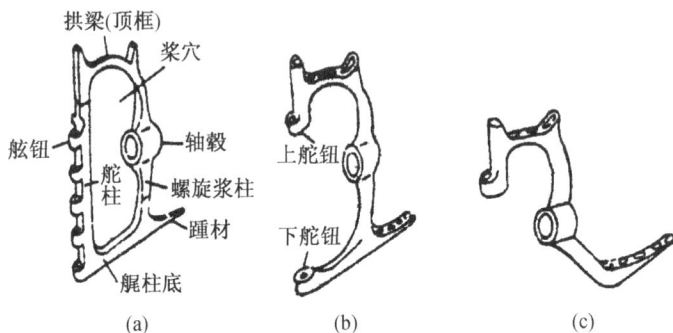

图 3.41　艉柱

(a)具有桨穴艉柱;(b)无舵柱艉柱;(c)无舵柱底骨艉柱

(4)艉轴架和轴包套

在双桨船上,螺旋桨轴是从中线面的两侧船体外板上伸出船外,因此需要装设相应的结构固定螺旋桨轴,常见有下列两种形式:

①艉轴架　是用来固定伸出船体外的螺旋桨轴的结构,常用的有装设一根撑杆的单臂式和有两根撑杆的人字架式。艉轴架结构简单,阻力小,但因推进器轴很长一段暴露在海水中,有易损坏和腐蚀或被绳索等物缠住等缺点,一般多用在小型船舶和瘦削的高速船上(图3.42(a))。

②轴包套　在船体尾部水线下的两侧,沿着螺旋桨轴的方向逐渐地将船体两侧的结构和外板向外突出,至尾端突出于船体尾部表面之外,形成一个鳍状结构,使螺旋桨轴包在里面。这种结构便于轴的保护和维修,但使船尾部结构和外板的形状变得复杂,船体阻力有所增加,多用在较肥型的船上,见图3.42(b)。

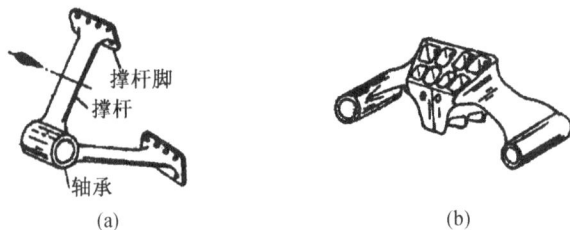

图 3.42　艉轴架和轴包套

(a)艉轴架;(b)轴包套

第四章　船舶轮机设备

第一节　船舶主推进动力装置

船舶动力设备包括船用推进发动机、船用发电机组、船用辅助发动机及监控系统,应用范围从游艇到远洋船舶。基于柴油机热效率高、功率范围大、机动性好、尺寸和质量小以及可直接反转等优点 ,目前大部分船舶都用其作为推进主机和发电机组的原动机 。船用主机,即船用柴油机,也称为船舶主推进动力装置(图4.1),柴油机的热效率高、经济性好、容易启动、对各类船舶有很大适应性,问世以后很快就被用作船舶推进动力。至20世纪50年代,在新建造的船舶中,柴油机几乎完全取代了蒸汽机。船用柴油机已是民用船舶、中小型舰艇和常规潜艇的主要动力。

一、内燃机介绍

机械设备通常可分为动力机械和工作机械两大类。动力机械是将其他形式的能量,如热能、电能、风能等转化为机械能,而工作机械则是利用机械能来完成所需的工作。把热能转换成机械能的动力机械称为热机。热机是最重要的动力机械,蒸汽机、蒸汽轮机、柴油机、汽油机等都是热机中较典型的机型。

热机在工作过程中需要完成两次能量转化过程。第一次能量转化过程是将燃料的化学能通过燃烧转化为热能,第二次能量转化过程是将热能通过工质膨胀转化为机械能。如果两次能量转化过程是在同一机械设备的内部完成的,则称之为内燃机,汽油机、柴油机以及燃气轮机都属于内燃机。由于在内燃机中,两次能量转换均发生在气缸内部,从能量转换观点,此类机械能量损失小,具有较高的热效率。另外,在尺寸和质量等方面也具有明显优势(例如,燃气轮机在热机中的单位质量功率最大)。如果两次能量转化过程分别在两个不同的机械设备内部完成,则称之为外燃机。在该类机械中,化学能转变成热能的过程(燃烧)发生在锅炉中,热能转变成机械能发生在气缸内部。此种机械由于热能需经某中间工质(水蒸气)传递,必然存在热损失,所以它的热效率不高,整个动力装置也十分笨重。内燃机在与外燃机竞争中已经取得明显的领先地位。

动力机械的运动机构基本上有两种运动形式,一种为往复式,一种为回转式。在往复式发动机中,工质的膨胀做功是通过活塞的往复运动实现的;而回转式发动机则是利用高速流动的工质在工作叶轮内膨胀,推动叶轮转动而工作的。往复式发动机是间歇工作的,其工质的最高温度较高,而回转式发动机是连续工作的,由于受到材料热应力的限制,其工质的最高温度不能太高,这就限制了其热效率的进一步提高。

柴油机和汽油机同属往复式内燃机,但又都具有各自的工作特点。汽油机使用挥发性较好的汽油作为燃料,采用外部混合法(汽油与空气在气缸外部进气管中的汽化器进行混合)形成可燃混合气。其燃烧为电点火式(电火花塞点火)。这种工作的特点是汽油机不能采用高压缩比,因而限制了汽油机的经济性不能大幅度提高,而且也不允许作为船用发动机使用(汽油的火灾危险性大)。但它广泛应用于运输车辆。柴油机使用挥发性较差的柴油或劣质燃料油做燃料,采用内部混合法(燃油与空气的混合发生在气缸内部)形成可燃混合气。缸内燃烧采用压缩式(靠缸内空气经压缩形成的高温自行发火)。这种工作的特点是柴油机在热机领域内具有最高的热效率,在船用发动机中,柴油机已经取得了绝对统治地位。

图 4.1 船舶主推进动力装置

柴油机一般具有以下突出优点:

(1)经济性好。有效热效率可达50%以上,可使用价廉的重油,燃油费用低。

(2)功率范围宽广,单机功率为0.6 kW ~ 68 000 kW,适用的领域广。

(3)尺寸小,质量小,有利于船舶机舱布置。

(4)机动性好。启动方便,加速性能好。有较宽的转速和负荷调节范围,可直接反转,能适应船舶航行的各种工况要求。

(5)可靠性高,寿命长,维修方便。

同时,柴油机也具有以下缺点:

(1)存在机身振动、轴系扭转振动和噪音。

(2)某些部件的工作条件恶劣,承受高温、高压并具有冲击性负荷。

船用主机大部分时间是在满负荷情况下工作,有时在变负荷情况下运转。船舶经常在颠簸中航行,所以船用柴油机应能在纵倾15°~25°和横倾15°~35°的条件下可靠工作。大多数船舶采用增压柴油机(见内燃机增压),小功率非增压柴油机仅用在小艇上。低速柴油机多数为二冲程机,中速柴油机多数为四冲程机,而高速柴油机则两者皆有。船用二冲程柴油机的扫气形式,有回流扫气、气口 – 气门式直流扫气和对置活塞式气口扫气。大功率中、低速柴油机广泛采用重油作为燃料,高速柴油机仍多用轻柴油。一般船用柴油机要经过船级社检验认可才可以允许使用,世界主要船级社有:

● American Bureau of Shipping 美国船级社,缩写为:ABS。

● Bureau Veritas 法国船级社,缩写为:BV。

● Det Norske Veritas 挪威船级社,缩写为:DNV。

- Germanischer Lloyd 德国船级社,缩写为:GL。
- Lloyd's Register of Shipping 劳埃德船级社,英国船级社,英国劳氏协会缩写:LR。
- Nippon Kaiji Kyokai 日本船级社,缩写为:NKK。
- Registro Italiano Navale 意大利船级社,缩写为:RINA。
- Korean Register of Shipping 韩国船级社,缩写为:KR。
- China Classification Society 中国船级社,缩写为 CCS。
- Hellenic Register of Shipping 希腊船级社,缩写为:HRS。
- India Register of Shipping 印度船级社,缩写为:IRS。
- Polish Register of Shipping 波兰船舶登记局,缩写为:PRS。
- International Association of Classification Societies(IACS)国际船级社联合会。

二、柴油机构造及术语

1. 柴油机主要构造与系统组成
- 机体组件:包括机体、曲轴箱、气缸套、气缸盖等。
- 曲柄连杆机构:包括活塞、活塞环、活塞销、连杆、曲轴和飞轮等。
- 配气机构与进、排气系统:包括进、排气门组件、推杆、挺柱、凸轮轴、正时齿轮、进排气管、空滤器等。
- 燃料供给与调节系统:包括喷油泵、喷油器、输油泵、柴滤器、调速器等。
- 润滑系统:包括机油泵、机油滤清器、压力调节阀、润滑油道等。
- 冷却系统:包括水泵、冷却水腔、风扇、散热水箱、机油散热器、空气冷却器、节温器及管路。
- 启动系统:包括气启动、电启动;气启动由气马达或分配盘组成,电启动由启动电机、继电器、电瓶、启动按钮及连线组成。
- 增压系统:包括增压器、空气中冷器。
- 船用柴油机按照工作循环分类:二冲程柴油机和四冲程柴油机;按照气缸数量分类:单缸柴油机和多缸柴油机。

按照气缸排列方式分类:立式、卧式、直列式、斜置式、V 形、X 形、W 形、对置气缸、对置活塞等。

按照冷却方式分类:水冷柴油机和风冷柴油机;按照进气方式分类:自然吸气式和增压式。

增压式可分为:低增压、中增压、高增压和超高增压等。

按照曲轴转速分类:高速机、中速机、低速机。

按照用途分类:固定式、移动式。

2. 柴油机相关术语
- 上止点:活塞离曲轴中心线最大距离时的位置。
- 下止点:活塞离曲轴中心线最小距离时的位置。
- 活塞行程:活塞运行在上、下两个止点间的距离;活塞行程等于两倍的曲柄半径长度,即 $S = 2R$。
- 曲柄半径:曲轴旋转中心到曲柄销中心的距离。

活塞平均速度: $$C_m = SN/30(米/秒)$$

式中 C_m——活塞平均速度;

S——活塞行程;

N——转速。

● 燃烧室容积:活塞位于上止点位置时,活塞顶上面的空间叫作燃烧室,这个空间容积叫作燃烧室容积。

● 气缸工作容积:活塞从上止点移动到下止点,所扫过的空间容积。

● 气缸总容积:活塞位于下止点位置时,气缸内的容积。

● 压缩比:活塞从下止点移动到上止点时,气体在气缸内被压缩的程度,即气缸总容积与燃烧室容积的比值;一般柴油机压缩比为 12 ~ 20。

● 总排量:多缸柴油机所有气缸工作容积之和。

指示功 W_i:表示气缸内的气体完成一个工作循环时对活塞所做的功。

● 平均指示压力 pmi:表示在每个工作循环中,单位气缸工作容积所做的指示功 W_i,单位为 Pa 或 N/m^2。

● 指示功率 P_i:表示单位时间内所做的指示功,单位为 kW。

指示燃油消耗率 gei:指示燃油消耗率表示单位指示功的耗油量,以指示功率每千瓦小时的耗油量表示单位为 $g/(kW \cdot h)$。

● 有效功率 P_s:从内燃机输出轴上所获得的功率称为有效功率,单位为 kW。

● 15 min 功率:在标准环境条件下,内燃机连续运行 15 min 的最大有效功率。

● 1 h 功率:在标准环境条件下,内燃机连续运转 1 h 的最大有效功率。

● 12 h 功率:在标准环境条件下,内燃机连续运行 12 h 的最大有效功率。

● 持续功率:在标准环境[大气压力 0.1 MPa,环境温度 298K(陆用内燃机)、318K(船用内燃机)]条件下内燃机以标定转速允许长期连续运行的最大有效功率。

● 速度特性:保持供油量不变的情况下,柴油机的性能参数转速变化的关系;供油量保持最大时的速度特性称为全负荷速度特性,又叫作外特性;选择车用和工程机械用柴油机时,着重考虑外特性。

● 调速特性:将调速手柄固定在某一位置不动,由调速器自动控制喷油泵齿条的移动,使负荷由零逐渐变到最大,一般将调速手柄固定在最大功率位置。

三、船用柴油机的工作原理

按照一定规律,不断地将柴油和空气送入气缸,柴油在气缸内着火燃烧,放出热能,高温高压的燃气推动活塞做功,将热能转化成机械能。

1. 二冲程柴油机的工作原理

通过活塞的两个冲程完成一个工作循环的柴油机称为二冲程柴油机,油机完成一个工作循环曲轴只转一圈。与四冲程柴油机相比,它提高了做功能力,在具体结构及工作原理方面也存在较大差异。二冲程柴油机与四冲程柴油机基本结构相同,主要差异在配气机构方面。二冲程柴油机没有进气阀,有的连排气阀也没有,而是在气缸下部开设扫气口及排气口;或设扫气口与排气阀机构。并专门设置废气涡轮增压器(废气涡轮增压器不工作时,由一个运动件带动的扫气泵介入工作),将产生的压缩空气储存在扫气箱,利用活塞与气口的配合完成配气,从而简化了柴油机结构。

图4.2是二冲程柴油机工作原理图。废气涡轮增压器附设在柴油机的一侧,它的转子由柴油机带动,空气从泵的吸口吸入,经压缩后排出,储存在具有较大容积的扫气箱中,并在其中保持一定的压力。

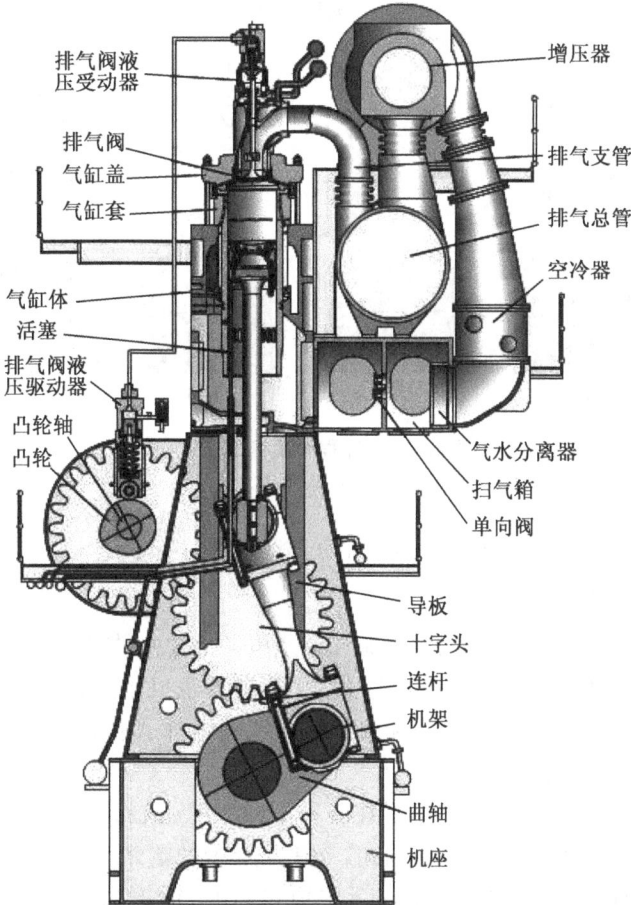

图4.2 二冲程柴油机工作过程

2. 四冲程柴油机的工作原理

四冲程柴油机的工作是由吸气、压缩、做功和排气四个过程来完成的,这四个过程构成了一个工作循环(图4.3)。

• 第一冲程——进气

活塞由上止点移动到下止点,即曲轴的曲柄内0°转到180°(活塞位于第一冲程上止点时,曲轴的曲柄位置定为0°)。在这个冲程中,进气门打开,新鲜空气被吸入气缸。

• 第二冲程——压缩

活塞由下止点移动到上止点,即曲柄由180°转到360°。在这个冲程中,气缸内的气体被压缩。

• 第三冲程——做功

活塞再由上止点移动到下止点,即曲柄由360°转到540°。在这个冲程中燃气膨胀做功,所以又称为工作冲程叫作做功冲程。

• 第四冲程——排气

活塞再由下止点移动到上止点,即曲柄由 540°转到 720°。在这个冲程中排气门打开,燃烧后的废气经排气门排出气缸。

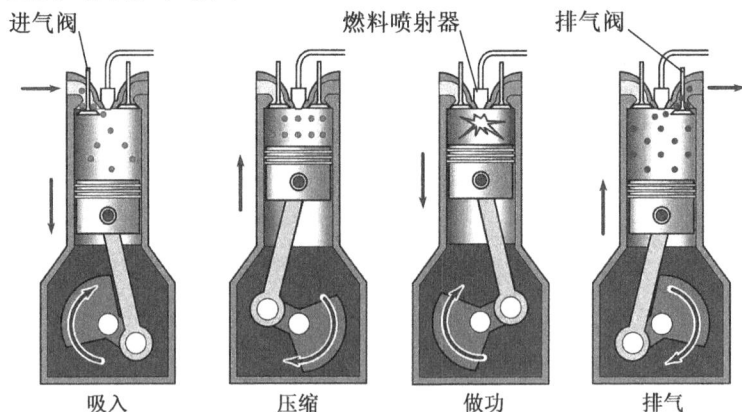

图4.3　四冲程柴油机工作过程

第二节　船用发电机组(副机)

船用发电机组用于各种船舶的主电源和应急电源的电力供应,也可应用于电力推进系统的电力供应。与主机相同,船用发电机一般为柴油发电机组。船用柴油发电机组主要采用瑞典 VOLVO、康明斯、斯太尔、潍柴和 135 各系列国内外著名品牌的柴油机和西门子、马拉松、斯坦福发电机作配套。

柴油发电机组的选型原则为使船舶在各种不同工况(航行、作业、停泊、应急等)下,都能连续、可靠、经济、合理地进行供电,船舶上常配置多种电站,如主电站:正常情况下向全船供电的电站;停泊电站:在停泊状态又无岸电供应时,向停泊船舶的用电负载供电的电站;应急电站:在紧急情况下,向保证船舶安全所必需的负载供电的电站。动力装置是船舶的"心脏",是船舶活动力的来源。如果它的机电设备发生故障,船舶将会失去活动 能力和作业能力,严重影响船员(旅客)的工作、生活以及船舶的安全,并将造成严重的经济损失,所以动力装置安全可靠是极为重要的。

一、船舶柴油发电机要求

(1)机组在额定值附近但不超过额定值运行时效率最高。在通常运行状态下,应以航行工况所必需的功率为基准,对于负载的变动,也不得使机组过载,而且机组的额定容量要有适当的储备量。

(2)机组的容量和台数应能在任一机组停止工作时,仍然能继续对正常推进运行、船舶安全以及具有冷藏级船舶的冷藏货物所必需的设备供电。

(3)机组应能在任一发电机或其原动机不工作时,其余机组仍能供应从瘫船状态启动主推进装置所必需的电力。

(4)当 1 台机组停止工作时,其余的机组应有足够的储备容量,以保证当最大电动机启动时所产生的瞬态电压降不会使任何电动机失速或其他电气设备失效。

（5）在连续运行条件下，希望柴油机额定输出功率有 10% 左右的余量，但不应使柴油机明显地运行在低负载状态。

（6）主机组至少应为 2 台，从便于维护和管理出发，最好选用同类型发电机组。

（7）机组在选型时应尽量优先使用国产设备，其优点有为在质量和主要经济技术指标上，国产设备与引进设备相差不是很大，而总投入比引进设备少很多；另外，交货期有保证，售后服务条件较好，现场验收和零部件供应方便等。

柴油机和发电机的性能共同决定了整个机组的性能，机组的指标主要有技术指标、经济指标和性能指标。这些指标是对柴油发电机组进行选型和判断性能优劣的重要依据。

图 4.4　船用发电机

二、船舶柴油发电机指标

（1）技术指标

技术指标是标志柴油发电机组的技术性能和结构特征的参数，它主要由功率指标、质量指标和尺寸指标三部分组成。功率指标表示机组做功的能力，即向船舶电气设备提供电力的能力；质量指标和尺寸指标是评价机组结构紧凑性和金属利用率的重要指标。质量指标用单位功率质量（比质量）来衡量，它是机组净重和额定功率的比值；尺寸指标又称为紧凑性指标，是表征机组总体布置紧凑程度的指标，用单位体积功率来衡量，它是机组额定功率与外廓体积的比值。

（2）经济性指标

经济性指标主要由机组的燃油和滑油消耗率来衡量，同时参考机组的价格（通常用性价比来衡量）和维修保养费用。

（3）性能指标

性能指标主要包括机组的可靠性、机动性、使用寿命、振动、噪声、排放以及自动化程度等。可靠性由大修前使用时间、机组故障率和售后服务质量来综合考核；机动性是指机组在改变工况时的工作性能；振动、噪声和排放是指机组对周围环境的影响；自动化是改善工作人员劳动条件和提高机组乃至整个船舶性能的重要措施。因此，对柴油发电机组的性能进行分析时，既要分析柴油机的各项指标，又要分析发电机的各项指标，还要分析两者之间的匹配对机组整体性能的影响，而其匹配主要考虑两者之间的功率匹配和转速匹配、发电机的旋转不均匀度、柴油机的冲击振动和发电机的固有振动间的关系、柴油机旋转不均所引起的发电机的功率脉动情况、柴油机和发电机的性能是否互补。发电机并车,在船上通常有三种情况需并车操作。一是需要满足电网负荷的需求,当单机负荷达到80%额定容量时,且负荷仍有可能增加,这时就要考虑并联另一台发电机;二是当进出港靠离码头或进出狭水道等的机动航行状态时,为了船舶航行的安全,需要两台发电机并联运行;三是当需要用备用机组替换下运行供电的机组时,为了保证不中断供电,需要通过并车进行替换。准同步并车方式是目前船舶上普遍采用的一种并车方法。为了使并联运行的交流同步发电机保持稳定地工作,每台并联运行的发电机必须满足一定条件。

三、船舶发电柴油机并车条件

(1)待并机组的相序与运行机组(或电网)的相序一致;

(2)待并机组的电压与运行机组(或电网)的电压大小相等;

(3)待并机组电压的初相位与运行机组(或电网)电压的初相位相同;

(4)待并机组电压的频率与运行机组(或电网)电压的频率大小相等。

由于在发电机组安装时已经对发电机的相序与电网的相序进行测定,保证相序一致的条件,因此并车操作就是检测和调整待并发电机组的电压、频率和相位,使之在满足上述三个条件的瞬间通过发电机主开关的合闸投入电网。这样就可以保证在并车合闸时没有冲击电流,并且并车后能保持稳定的同步运行。实际并车时,除相序外,其他条件不可能做到完全一致,而且必须有一定的频差才能快速投入并联运行。

四、船用发电机的发展趋势

(1)电控技术——电子调速

现代发电用柴油机技术已达到相当高的水平,但为了进一步提高强化度、降低燃油消耗、增加可靠性、延长使用寿命以及降低有害排放和噪声,柴油机电控技术方面的研究与应用仍在不断深入和发展,特别是在现代柴油发电机组中,对提高供电质量、实现自动化、智能化尤为重要。柴油机的机械调速改为电子调速,可有效地改善柴油发电机组的稳态和瞬态指标,使柴油发电机组并联自动运行得以实现。最具代表性的为康明斯柴油发电机组上采用EFC电子调速器和伍德沃德电子调速器系统。

(2)电控技术——电子喷射

从20世纪中期开始,在汽油机电控技术飞速发展的基础上,一些发达国家对柴油机电控技术——电子喷射进行了开发和研究,并初步投入使用。电子喷射技术与电子调速技术既有共同点,即控制柴油机的喷油量,又有根本的区别,即电子喷射还具有用电信号控制喷油时刻、喷射压力,完全取消了燃油系统中的机械结构。

在20世纪90年代发展起来的电控柴油喷射系统主要有Bosch公司共轨式电控柴油喷射系统和Perkins公司共轨式电控柴油喷射系统。目前,MTU公司在4000和8000系列柴油机上所采用的共轨式燃油喷射系统能够精确地改变喷油定时、喷油量及喷油压力。在极低的柴油机转速下也可获得高的喷射压力,从而减少燃油消耗和降低废气排放,降低发动机的噪声和振动水平,提高机组的使用寿命,节约了维修保养的费用,提高了经济性。

(3)电子喷射控制(电喷)柴油发电机组

电子喷射控制柴油机能控制最佳的供油量和喷油时间,可对所有影响燃烧的燃油喷射参数(如燃油喷射正时、喷射过程、喷射时间、喷射压力等)单独进行调控,改善混合气的形成,使之能够很好地适应运行工况的各种设定。

<h2 style="text-align:center">第三节 船用焚烧炉</h2>

船舶营运流动性大、周期长、靠岸时间短,这导致了大量的废料难以处理。如果这些废料处理不当或者将其投入海中不仅对海水水质造成污染而且海洋中的动植物也会遭到极大危害 国际海事组织对船舶垃圾处理及排放都有严格规定。随着人们环保意识的增强,各国相继开发了一些防污染设备,其中船用焚烧炉设备已经成为船舶重要的防污染设备之一。

图4.5 船用焚烧炉

一、法律依据

MARPOL73/78 公约附则 V ——《防止船舶垃圾污染规则》于 1988 年 12 月 31 日生效,我国于 1988 年 11 月 21 日加入,1989 年 2 月 21 日对我国生效。

附则 V 第 2 条规定:本附则适用于一切船舶。

附则 V 第 3 条规定:在特殊区域外,一切塑料制品(包括但不限于合成缆绳、合成渔网及塑料垃圾袋)均不能入海;垫舱物料、材料和包装材料要尽量远离陆地处理入海,且不得在距最近陆地 25 n mile 处形成可见漂浮物;食品废弃物和一切其他垃圾(包括纸制品、破布、玻璃、金属、瓶子、陶器及类似的废弃物),在距最近陆地 12 n mile 以外可排放入海,但在距最近陆地 3 n mile 以外 12 n mile 以内,应经粉碎机或磨碎机加工处理后,通过筛眼不大于 25 mm 的粗筛入海。

附则 V 第 5 条规定:特殊区域为地中海区域、波罗的海区域、黑海区域、红海区域、"海湾"区域、北海区域(1989 年修正案确定)、南极区域(1990 年修正案确定)、泛加勒比海区域(1991 年修正案确定)。在特殊区域内,一切塑料制品(包括但不限于合成缆绳、合成渔网及塑料垃圾袋)和一切其他垃圾(包括纸制品、破布、玻璃、金属、瓶子、陶器、垫舱物料、衬料和包装材料)均不能入海;食品废弃物在距最近陆地 12 n mile 以外可排放入海,但在泛加勒比海区域内,应经粉碎机或磨碎机加工处理后,通过筛眼不大于 25 mm 的粗筛入海,而且必须距最近陆地 3 n mile 以外。

1995 年 9 月 IMOMEPC.65(37)决议通过附则 V 修正案,新增第 9 条。修正案于 1997 年 7 月 1 日生效,对于在此日期之前建造的船舶于 1998 年 7 月 1 日起适用。该修正案第 9 条规定:总长 12 m 及以上的所有船舶都应张贴公告标牌,向船员和旅客展示有关垃圾处理的要求;所有 400 总吨及以上的船舶和核定可载运 15 人及以上的船舶,应备有一份按 IMO 制定的导则编制的《垃圾管理计划》,航行前往其他缔约国所管辖下的港口或装卸站的船舶还要有按附则 V 中规定的统一格式的《垃圾记录簿》;《垃圾管理计划》用本船船员工作语言编写,其内容包括垃圾收集、存放、加工和处理程序,船上垃圾加工处理设备管理、使用要求,计划实施时各类人员职责等;当向海里排放垃圾、向港口接收设施排放垃圾、在船上焚烧垃圾、意外地或在其他特殊情况下排放垃圾都要记入《垃圾记录簿》。

在我国,依据《中华人民共和国海洋环境保护法》规定,制定了《中华人民共和国海洋倾废管理条例》,于 1985 年 3 月 6 日颁布,于 1985 年 4 月 1 日起实施。国务院环境保护领导小组颁布了《中华人民共和国船舶污染物排放标准》(GB3552—83),从 1983 年 10 月 1 日起实施,对船舶垃圾排放标准为:任何垃圾禁止在内河排放;一切塑料制品(包括但不限于合成缆绳、合成渔网及塑料垃圾袋)禁止在沿海海域排放;漂浮物质(包括垫舱物料、材料和包装材料等)距最近陆地 25 n mile 处以内禁止排放入海;食品废弃物和一切其他垃圾(包括纸制品、破布、玻璃、金属、瓶子、陶器及类似的废弃物)未经粉碎的,禁止在距最近陆地 12 n mile 以内排放入海,经过粉碎,且颗粒直径小于 25 mm 的,可允许在距最近陆地 3 n mile 以外排放入海。

二、船舶焚烧炉装置的工作原理

将可燃的垃圾送入焚烧炉内燃烧,垃圾燃烧后的残渣几乎没有污染,可在距最近陆地 12 n mile 以外任何海域自由排放。一般货船不设置生活垃圾专用焚烧炉,而是以机舱内的废油焚烧炉兼做垃圾焚烧炉。

一般焚烧炉都有一个钢制的外壳、内衬耐火砖形成炉膛。炉膛周围设有固体废物投料口、污油燃烧器、辅助燃烧器、排烟风机。污油燃烧器用以喷入污油、污水或污泥。燃烧器的形式一般有旋转喷嘴式、压力喷雾式和重力滴下式三种,目前用得较多的是前两种。而辅助燃烧器用以预热炉膛,点火以及烧固体或废液含水量较大时喷入燃油助燃,保证炉内温度达到 600 ℃以上的稳定状态。排烟风机保证炉膛呈负压并冷却排烟,防止烟气外漏和发生火灾。装有搅拌器的废油柜,使污水、废油和污泥按一定的比例混合均匀以保证燃烧连续进行。此外还有控制箱、废油加热装置和观察孔附属设施等。

焚烧法是一种高温热处理技术,即以一定空气与垃圾在焚烧炉进行氧化燃烧反应,垃圾中的有害有毒物质在高温下氧化热解而被破坏。这种方法的优点是能使船上固态废料快速变成灰渣,使废物的质量和体积大大减小,其无害化程度很高,处理周期短,占地面积小。很多远洋船舶都安装了相应的焚烧设备。它的不利之处在于一次性投资大,焚烧废气容易对环境造成二次污染,另外若垃圾中有很多可再生资源,如果船舶航行有条件转送岸上处理用焚烧法其可再生资源就得不到利用,那么船舶上不装焚烧炉则需要相应地配备低温垃圾储存室,并且还需搬运及处理储存容器的设备。有资料表明当不安装焚烧炉时船舶的初始运行费用可降低 30%,但若从总体上考虑也就是将岸上处理的投资也考虑进去,其运行费用要高出 40%。比较而言在船上安装焚烧炉是一种经济的做法。目前我国国内航行的船舶几乎都没有安装焚烧炉,主要是采取垃圾转至岸上的处理方式。从整体上来看这并不是一种经济的做法,因此应大力发展船舶垃圾处理系统,在船上安装焚烧炉,将垃圾在船上自行处理。

三、船用焚烧炉发展趋势

现有船用焚烧炉在处理船上垃圾时遇到的问题是:船上处理量不大,却经常需要喷入燃油助燃,从而加大了燃油消耗,产生的高温烟气均未加以回收利用,燃烧的不稳定容易引起燃烧的不完全,从而导致超标排放二次污染和对炉膛产生腐蚀物。由于实际应用的焚烧炉处理量不大而且船上配置能源较多,所以焚烧炉产生的高温烟气均未加以利用,从环保和经济的角度考虑应采取措施加以回收利用。如果在炉膛出口配置一个热交换器,既利用了废热又能迅速将烟气由 1 100 ℃降至 300 ℃,避免二噁英产生的可能性。而经热交换器加热后的热油,可用于加热船上的其他设备,如船舶燃油柜。因此将该废热利用技术运用于船上焚烧炉系统将是以后的发展方向和研究趋势。同时采用先进的电子控制技术,如 PLC 或嵌入式控制器等,通过控制喷入的燃油量、燃油温度和炉膛负压,优化前后进风量进一步缩短不稳定燃烧时间,使燃烧尽快达到稳定将有利于减少燃油消耗和避免二次污染物与腐蚀物的产生。

为了满足 IMO 对于船舶防污染决议的新要求,各国都在船用焚烧炉的技术上进行不断地改造和创新。通过改造炉膛的结构,保证可靠性,采用更加环保节能和耐用的保温材料提高使用寿命,优化前后进风量精细控制燃油喷入,减少燃油消耗,设计更加人性化的操作界面和更加安全的操作环境。结构上的改造、保温材料的优选、前后进风量的计算等都可以结合现在先进的计算软件进行仿真设计和改进,而微处理器技术的应用可以满足对燃烧器喷入燃油的量化控制,这些新技术的融合运用将会带来焚烧炉技术的突破。

第四节　船　用　锅　炉

一、船舶锅炉的简介

锅炉(蒸汽发生器)是利用燃料或其他能源的热能,把工质(一般为净化的水)加热到一定参数(温度、压力)的换热设备。锅炉是供热之源。锅炉及锅炉房设备的任务在于安全、可靠、经济有效地将燃料的化学能转化为热能,进而将热能传递给水,以产生热水或蒸汽;或将燃料的化学能传递给其他工质,如导热油等,以产生其他高温的工质,如高温导热油。

船用锅炉(图 4.6)的分类方法很多,按照不同的方法可以有不同的分类。比如:按蒸汽工作压力,可分为低压、中压、高压锅炉,其中低压锅炉的压力不大于 2.5 兆帕;中压锅炉的压力大于 2.5 兆帕,但不大于 3.9 兆帕;按结构,可分为火管锅炉、水管锅炉和混合式锅炉;按循环方式,可分为自然循环锅炉和强制循环锅炉。

蒸汽锅炉不仅用来将热能转变成机械能(如电站锅炉的汽轮机发电),蒸汽还广泛地作为工业生产和采暖通风等方面所需热量的热载体。通常把用于动力、发电方面的锅炉,叫作动力锅炉,把用于工业及采暖方面的锅炉,叫作供热锅炉,通常称为工业锅炉。

图 4.6　船用锅炉

电站锅炉是出于提高热循环效率的需求而产生的,其锅炉所产生的蒸汽、压力与温度都较高,且日益趋向高温高压和大容量方向发展。例如,与国产的 300 MW 汽轮发电机组配套的锅炉,其容量为 1 025 t/h,蒸汽压力为 17 MPa(170 个大气压),过热蒸汽温度为555 ℃。

与船舶相关的工业锅炉所产生的蒸汽或热水均不需要过高的压力和温度,容量也不是太大,压力一般在 2.5 MPa(25 个大气压)以下,温度一般为饱和蒸汽温度(或有过热,过热蒸汽温度也不太高,一般在 400 ℃ 以下)。生产工艺有特殊要求的除外。

1. 船舶锅炉的基本构造

锅炉主要是锅与炉两大部分的组合。燃料在炉内进行燃烧,燃料的化学能转变为热能。高温燃烧产物——烟气则通过受热面将热量传递给锅内的工质,如水等,水被加热—沸腾—汽化,产生蒸汽。

锅的基本构造包括锅筒(又叫汽包)、对流管束、水冷壁、上下集箱和下降管等组成一个封闭的汽水系统。对于链条炉排锅炉来说,包括煤斗、炉排、除渣机、送风装置等。对于室燃炉来说,包括燃烧设备等。此外,为了保证锅炉的正常工作和安全运行,蒸汽锅炉还必须装设安全阀、水位表、高低水位报警器、压力表、主汽阀、排污阀、止回阀等。

锅炉整体的结构包括锅炉主体(也称"本体")和辅助设备两大部分。锅炉中的炉膛(又称燃烧室)、锅筒、燃烧器、水冷壁过热器、省煤器、空气预热器、构架和炉墙等主要部件构成生产蒸汽的核心部分,称为锅炉主体。锅炉主体中两个最主要的部件是炉膛和锅筒。

锅炉的辅助设备主要有附件、供油供风、点火控制等监测和保护设施。附件包括汽水分离和蒸汽清洗装置、供给水分配管、排污管阀、水位表、气压表、安全阀、放气放水阀、炉水检验考克、供气管阀、人手孔门、火焰观察器等。

供油供风、点火设备包括供电控制箱、油泵、加热器、油头、鼓风机、配风器、点火器、管路阀件、风油比例调节机构等。

监测设备包括压力表、水位表、安全阀(兼保护)、温度表等。

保护设备包括点火失败保护,熄火保护,水位保护,低风压、低油压、低油温、高油温、高气压保护,安全阀保护,排烟高温保护等。当发生故障时,上述保护设备会发出声光报警,实现自动卸压、自动停止操作或自动断电等安全保护。锅炉的自动化程度越高,其保护设备也越多。

2. 船舶锅炉的应用

船舶锅炉在用途上主要分为两大类,一类是用锅炉产生的蒸汽为船舶提供动力,这类锅炉称为主锅炉。另一类是将锅炉产生的蒸汽用于加热燃油、滑油,主机暖缸,驱动辅助机械及生活杂用等,这类锅炉称为辅助锅炉。目前大多数船舶都使用内燃机为主要动力装置,因此船上所用锅炉多为辅助锅炉。在油轮上,货油加热、驱动货油泵及诸多辅机都需要大量的蒸汽,所以一般都装有 1~2 台蒸发量为 10~50 t/h 的燃油锅炉,蒸汽压力一般都是 1.8 MPa 以下,饱和蒸汽温度约 200℃。在集装箱轮、客轮和货轮上,为了满足加热所需蒸汽,一般都装设一台小型的低压燃油锅炉,蒸发量为 1~5 t/h,蒸汽压力为 0.8 MPa 以下。为了利用船舶在航行时柴油机排烟中高温废气的余热能源,船舶在烟囱中或机舱上部还装设了废气锅炉,利用柴油机的废气余热把水加热成饱和蒸汽,供船舶使用。下面将分别介绍燃油锅炉和废气锅炉。

燃油锅炉:燃油锅炉本体有多种类型,如立式水、火管锅炉,D 型水管锅炉、立式针型管锅炉和采用最新技术的自振式水管锅炉等。

立式直水管锅炉外形上与立式火管锅炉相似,它是从立式火管锅炉改造而成,兼具了水管锅炉和火管锅炉的一些特点。

废气锅炉:船舶常用的废气锅炉的结构形式主要有立式烟管废气锅炉和强制循环盘香管式废气锅炉。立式火管废气锅炉结构比较简单,即在一个圆形锅壳中贯穿着大量烟管。柴油机的排气流过烟管,将热量传给炉水,从而产生蒸汽。该废气锅炉的烟管通常采用麻花管式,现在也有用螺纹管式的,这样使得在烟气流过时产生旋转扰动,以提高传热效率。

废气锅炉一般不宜完全无水"空炉"工作,以防烟管受热面上积存的烟灰着火烧坏管子。如果因给水系统故障不得已"空炉"工作,应注意以下事项:(1)开启废气锅炉的泄放阀和空气阀;(2)用吹灰器将烟管表面的积灰吹除干净;(3)烟气温度必须低于 350 ℃;(4)重新通水时应避免"热冲击",即先降低主机负荷以减小传热温差,循环水必须逐渐引入。

3. 船舶锅炉的工作过程

锅炉的工作包括三个过程,燃料的燃烧、烟气向水的传热过程和水的汽化过程,这三个过程在锅炉中同时进行。

(1)燃料的燃烧过程

不同的燃烧方式其燃烧状况有所不同。以链条炉排锅炉为例,其燃烧设备为链条炉排。燃料在加煤斗中借自重下落到炉排面上,炉排借电动机通过变速齿轮箱减速后由链轮来带动,链条炉排犹如运输机,将燃料源源不断地带入炉内。燃料在炉排上一面燃烧,一面向后移动;燃料燃烧所需的空气由鼓风机通过风道及炉排下部的风仓,向上穿过炉排到达燃料层,进行燃烧,形成高温烟气。燃料最后烧成灰渣,在炉排末端翻过除渣板(俗称老鹰铁)后排出,这整个过程称为燃烧过程。当然,为使锅炉燃烧的持续进行,需要连续不断地供应燃料、空气和排出烟气、灰渣,为了环保的要求,还须对烟气进行除尘处理,为此,需配置鼓风机、引风机、运煤出渣设备及消烟除尘设备。

(2)烟气向工质(水、汽、导热油等)的传热过程

由于燃料的燃烧放热,炉内温度很高。在炉膛的四周墙面上,都布置一排水管,俗称水冷壁管。高温烟气与水冷壁进行强烈的辐射换热,将热量传递给管内工质。继而烟气受引风机、烟囱的引力而向炉膛上方流动。烟气出烟窗(炉膛出口)并掠过防渣管后,就冲刷蒸汽过热器——一组垂直放置的蛇形管受热面,使锅(汽包与水冷壁)中产生的饱和蒸汽在其

中受烟气加热而得到过热。尾部烟道内依次布置省煤器及空气预热器。经多级传热后的烟气最后排出锅炉。

（3）水的汽化过程

水的汽化过程也是蒸汽的产生过程，其主要包括水循环和汽水分离过程。经过水处理的锅炉给水由给水泵加压，先经过省煤器而得到预热，然后进入汽包。

锅炉工作时，汽包中的工质是处于饱和状态下的汽水混合物。位于烟温较低区段的对流管束，因受热较弱，汽水混合物的密度较大。而位于烟气高温区的水冷壁和对流管束由于受热较强，相应的汽水混合物的密度较小。从而密度大的汽水混合物则往下流入下锅筒，密度小的汽水混合物则往上流入上锅筒，这就形成了锅内的自然循环。此外，为了更有效地组织水循环和进行流量分配的需要，一般还设有置于炉墙外的不受热的下降管，借以将工质引入水冷壁的下集箱，而通过上集箱上的汽水引出管将汽水混合物引入上锅筒。借助上锅筒内装设的汽水分离装置，以及在锅筒本身空间的重力分离作用，使汽水混合物得到了分离。若有过热器，则蒸汽在上锅筒顶部引出后进入蒸汽过热器中，而分离下来的饱和水仍回落到上锅筒下半部的水空间。汽包中的水循环，也保证了与高温烟气相接触的金属受热面得以冷却而不会烧坏，是锅炉长期安全可靠运行的必要条件。而汽水混合物的分离设备则是保证蒸汽品质和蒸汽过热器可靠工作的必要设备。

二、船舶辅锅炉工作中的故障分析

1. 辅锅炉点火故障

（1）辅锅炉点火前准备工作出现故障

①故障：锅炉周围脏污，通风不好。故障分析：通风口或通风机关闭。

②故障：阀门中存在不正常开启情况。故障分析：有异物存在，存在有阀件尚未装复，螺栓未上紧，燃烧器安装不合理，风机转向不正确。

③故障：热水井及其滤网脏污。故障分析：供水系统的阀门开关不正确。

④故障：供油系统阀门开关不正常，供油泵转动错误。故障分析：未及时清洁放残。

⑤故障：在上水时，出现热水水井、水温、水位异常。故障分析：上水过高导致蒸汽大量带水，引起腐蚀。

（2）点火升汽出现故障

点火前预扫风时间太短，导致预扫风不正常。少于35 s，未能将锅炉内存积的油气未能彻底清除。

点火时加热速度太快，导致锅炉材料的升温速度太快而不均匀升高，产生较大热应力。水分迅速蒸发和膨胀使耐火层产生裂纹。

点火完成后火焰颜色不正常，形状有偏差，稳定性差，排烟成黑色。

（3）点火供气出现故障

①供气前未对蒸汽管路进行暖管和疏水工作。未对蒸汽系统中各泄水阀进行泄水，暖管的时间过于短，少于15 min。管路中存在凝水，会出现水击现象，破坏了阀门、管路和设备。

②在要求两台锅炉并联工作时，未使汽压相同就开始并汽。

③尚未对安全阀进行每个月一次的手动强开试验，脱落的蒸汽管路绝缘包扎未及时修补，关闭不严的阀门没能及时进行研磨或者换新。

2. 辅锅炉燃烧故障

(1) 运行中突然熄火

①汽压未达到上限而熄火,船舶日用燃油柜中燃油用完;燃油中存有水分。

②燃烧中油路被切断,例如燃油电磁阀因线圈损坏而关闭,油的质量太差,引起油路堵塞。

③在供风过程中突然发生中断或者风量严重不足,包括风道存有积灰而严重堵塞。

④自动保护起作用,例如危险水位、低油压、低风压或者火焰感受器失灵。

(2) 点不着火

①在供风过程中风量过大。喷油器发生堵塞。

②电点火器发生故障。例如点火电极与点火变压器接触不良、点火电极表面被积炭所脏污、点火电极间距离不当、与燃烧器位置不当、点火变压器损坏。

(3) 燃烧不稳定

由于燃油的雾化质量不太好、燃油的温度太低、燃油的压力太低、风门调节不当、供风压力存在波动、燃油中存有气或水、燃烧控制系统工作不良、配风器位置不当等引起燃烧不稳定。

(4) 炉膛内燃气爆炸

①点火前预扫风和熄火后扫风不充分;点火失败后重复点火前没有进行充分的预扫风。

②停炉后燃油系统的阀件存有泄露,导致燃油落入炉膛又被余热点着;燃油存在底部,下次重新点火预扫风不足,以致爆炸。

(5) 锅炉喘振炉吼

由于燃烧不稳定,从而导致炉膛内压力波动。供油压力产生波动、燃油雾化不良、大油滴推迟燃烧、供风不足风压波动。

3. 辅锅炉汽水系统故障

(1) 自然水循环出现故障

①下降管带汽过多增加了流动的阻力,从而减少了循环动力,进口阻力过大,下降管与上升管之间没有设置隔板,导致了串气。

②上升管受热不均,残油进入了蒸发管束区继续燃烧造成局部过热、部分受热面积炭严重,未及时除灰。

③上升烟管阻力过大,上升烟管管径选的太小,上升烟管的高度过高,导致结垢严重。

④用汽量急剧升高使下降管中炉水闪发成汽;用气量急剧降低使上升管中的蒸汽凝结,都会使循环动力突然降低。

(2) 蒸汽携水过量

①水汽分界面到集气设备之间的距离叫作分离高度。分离高度过低,将导致重力分离作用较差。

②锅炉负荷(蒸汽用量)。锅炉负荷增加时,需要加强燃烧,汽中水的含气量就会增加,分离高度下降;此时上升管的汽水混合物撞击水面使炉水飞溅水量增加;蒸汽流速也会增加,所以蒸汽带水量增加。

③炉水含盐量。当炉水含盐量到达极限值时,炉水表面就会形成厚厚的泡沫层,也就是所谓的汽水共腾。

（3）辅锅炉失水

锅炉的水位低于最低工作水位时称为失水。失水对于锅炉来说是一种非常严重的事故,可能导致上部受热面失去炉水冷却而烧坏。如果发生失水要沉着应对,应立即停炉,待冷却后进一步检查受热面受损程度。

（4）辅锅炉满水

辅锅炉炉水高出最高工作水位即为满水。锅炉满水会造成蒸汽大量携水,造成水击、腐蚀管路设备等危害。如果发生锅炉满水应该立刻停止送汽,进行上排污,直到水位恢复正常;此时开启蒸汽管路和设备上的泄水阀进行泄水;查明故障,予以排除。

（5）辅锅炉受热管子破裂

因为结垢严重、水循环严重不足而导致管壁过热,腐蚀严重,都会引起受热面管子破裂。这会造成水位汽压快速下降,烟囱冒水雾,有时还能听到异常声音。如果裂纹不严重,可暂时监视使用,防裂纹扩大。水管锅炉管子破裂发生在靠炉膛近热负荷高的地方比较容易被发现。如果受热面破裂如不能换管,可临时堵管使用。

三、船舶辅锅炉运行中的管理

1. 辅锅炉的水位控制

辅锅炉的水位控制是非常重要的,水位的变化会使汽压和气温产生波动,甚至发生满水和缺水事故。辅锅炉绝对不允许干烧。给水泵应保持良好的工作状态,给水管的阀门应定期研磨,保证紧密无泄漏。水位计应经常冲洗,一般4小时/次。应时刻注意热水井的温度,避免由于水温过低引起过大的热应力。

2. 蒸汽压力的调节

在辅锅炉正常运行中,必须时刻监视压力表,保持汽压稳定在正常的范围内,不能超过最高允许压力。汽压如果超过上限,而锅炉不能停止燃烧,应该关闭速比阀熄火,并查明原因纠正。汽压如果一直低于工作压力的下限,长时间达不到上限,可根据辅锅炉的补水情况来大致判断是否锅炉蒸发量过大。

3. 燃烧质量的控制

在辅锅炉运行中,应该时刻注意火焰的颜色、火炬的形状、排烟的颜色等。对燃烧设备和系统应进行定期的维护管理,应注意燃油柜的油温和油位正常,定时开启油柜的泄放阀泄放水和污渣,加热器应及时清洁。检查喷油器的位置和雾化角是否合适,风机及风道应及时清洁。

4. 满水保养法

满水保养法一般适用于短期(1~3个月)停用的锅炉。满水保养法也就是将锅炉的汽水空间充满不含氧的碱性水,以免腐蚀。彻底排除锅炉内的空气和保持炉水的合适碱度,pH值为9.5~10.5。如果满水保养法已超过1个月,但仍需继续保养,必须放掉部分水再加热除氧。

5. 干燥保养法

干燥保养法应用于较长时间停炉或者需要内部检修,或者环境温度已降至冰点以下。要点是保持炉内干燥,以免潮气造成腐蚀。干燥保养法对停用一年以内的锅炉是完全有效的。应把汽压降至0.3~0.5 MPa时放空炉水;炉膛应严密,防止冷空气进入使炉膛散热太快。干燥剂应放在开口容器中,不得与锅炉直接接触。

第五节 船用分油机

随着船舶工业和航运业的迅速发展,为了降低航运成本,船舶所用的油料越来越恶劣,大型海船大多以柴油机为动力,其燃油大都是价格低廉的重油,而重油是一种混兑油,含有较多的硫分、灰分、水分、机械杂质、沥青等,影响燃油品质。燃油和滑油在运输和储存过程中,会混入一些水分、铁锈和泥沙等杂质,同时使用中的滑油所含因磨损产生的金属屑也随使用的时间而增加。因此,必须对其进行净化处理,以保证主副设备处于良好的工作状况,油液的净化设施更是必不可少,常见的净化方法有三种:

• 过滤,只能净化油中粗粒杂质,故只作为辅助净化之用。可以选用不同过滤精度的滤器来满足不同的要求。

• 重力沉淀,是利用油、水、固体微粒密度的不同,在沉淀柜中静置,而达到净化分离。

• 离心分离,是让油液在分离筒内高速旋转,由于油、水、杂质的密度不同,因而产生的离心力不一样而实现分离,由内到外依次为油、水、杂质。

无论是燃油还是滑油,都要经过分油机进行分离处理,将水分和机械杂质从油中分离出来,提高燃烧质量以及保证良好的润滑条件,使机械正常有效长久地运行下去。从而减少机械故障,提高机械的使用效率,延长工作寿命。分油机是船舶燃油净化系统、滑油净化系统中必不可少的重要设备。

分油机运行状况的好坏情况直接影响燃油、滑油的品质,也会进一步影响全船动力系统的正常运转,甚至会影响到船舶的安全航行,因此要求轮机人员必须理解分油机的基本原理和工作过程,能正确地对分油机进行操作和维护保养,能快速地判断分油机的故障,确保分油机安全有效地运行。图4.7为船用分油机实物图。

图4.7 船用分油机

一、船用分油机概述

在船上所用的燃油和滑油中含有较多的水分和机械杂质。这种混合油液的成分按照密度分从大到小依次是机械杂质、水分、油,通常在沉淀柜沉淀一段时间后,机械杂质、水分也会与油液分离,但是这个过程极慢。

混合液在重力场或离心力场作用下,由于黏滞力的影响,密度不同的液体在离心惯性力作用下将迅速沿着径向重新分布,由里到外依次是油、水、杂质。分层速度快,而且不容易掺混,因此离心式分油机就是根据油、水、杂质密度的不同,让需要净化的油进入分油机中做高速旋转,密度较大的水滴和机械杂质所受的离心力大,被甩向外围,其中水被引出,杂质则定期清除(排渣),而密度较小的油所受的离心力较小,会向里流动,从靠近转轴的出口流出,从而使油得到净化。由于杂质、水分所受的离心力远远大于其自身所受的重力,因此,离心式分油机具有净化时间短、流量大和净化效果好的特点。

分油机根据用途不同可分为分水机和分杂机两种形式,如果油中所含的水分比较多时,使用分水机将油中的水分和杂质分离出去。在通常情况下,分水机主要用于分离两种密度不同的液体,同时也可分离大颗粒的杂质,如第一级燃油分油机;如果油中所含的水分比较少时,使用分杂机将油中的杂质和少量水分从排渣口排出,分杂机主要用于分离液体中的固体杂质,如滑油分油机、第二级燃油分油机等。这两种分油机在结构上没有显著的不同,仅仅在于个别零件上有着区别。

分杂机的分离盘架下没有分配孔,也没有比重环和出水孔,使用时也不必引进水封水,进油速度快。分水机的分离盘架下有分配孔,同时也有比重环和出水孔,使用时必须引进水封水,进油速度相对慢(防止出水口跑油)。这两种类型的分油机只要更换一些零件就能互换使用。将分水机的分离盘架换为不带分配孔的盘架,或者将最下一层的分离盘片换为无孔的分离盘片,再将出水通道堵住,便可将分水机改为分杂机。

在船舶实际应用中,为了提高分离效果,通常是将分水机、分杂机串联使用,一级分水,二级分杂。

1. 分油机的结构(图4.8)

分油机从上至下分为三个部分:

- 上部为接口部分,有污油进口、净油出口、置换水进口等;
- 中部为分离室部分,主要是高速旋转的分离筒;
- 下部为传动部分,由离合器、传动轴、斜齿轮、驱动轴(立轴)以及轴承等组成。

分离筒是分油机的核心部件,是由分离筒本体、分离盘架、分离盘片、颈盖、压盖、活动底盘(活动缸)、比重环、向心水泵、积水室、向心油泵、积油室、配水盘等组成,分离筒在高速回转的立轴带动下旋转,转速一般在9 000 r/min以上,叠套在分离盘上的带分配孔的分离盘片将待净化的污油分隔成许多层,随着盘架一起高速转动。因为杂质、水、油的密度不同,分离筒内的燃油就会分成三层,从而达到净化的目的。

2. 分油机的工作过程

启动分油机以后,3~5 min内达到额定转速,从控制箱上的电流表可以看到电流从较高的启动电流下降为工作电流。此时密封水阀门打开,开始注入密封水,活动底盘下部会形成密封水腔,由于弹簧的作用,滑动圈会把泄水孔关闭,形成密封状态。因为分离筒一直在高速回转,活动地盘下方的压力会大于上方的压力,滑动底盘就紧紧压在分离筒盖上,保持密封。

密封好以后,从水封水进口注入一部分热水(来自热水压力水柜),直至出水口有水流出为止,这表明分离筒外围形成了水封区,这些引入的热水称为水封水。水封水的作用就是防止油从出口跑掉。水封建立好以后,待净化的污油经过分油机进油泵输入到污油进口,进入到分离筒以后会流过进油管,配油锥体后,流向分离盘架的底部,再经过分配孔进入分离盘片间,随着分离筒一起高速回转。

当油中的水被分离出来以后,就会挤占水封水的空间,使之沿着分离盘片的外缘上升,经过颈盖流到水腔(积水室),溢过比重环以后,通过向心水泵排出,油中分离出来的机械杂质会穿过水封区被甩在分离筒内壁上,通过排渣口定时手动或自动排出。而剩下来的净油,流过颈盖到达油腔(积油室),通过向心油泵排出。

除了体积较大的杂质和水分进入分离盘片间会被甩在外边,同时油会携带一部分杂质和水,撞到分离盘下表面时,这部分杂质和水如果能克服黏滞阻力就会被分离出来,如果不能克服黏滞阻力就会被净油带走。

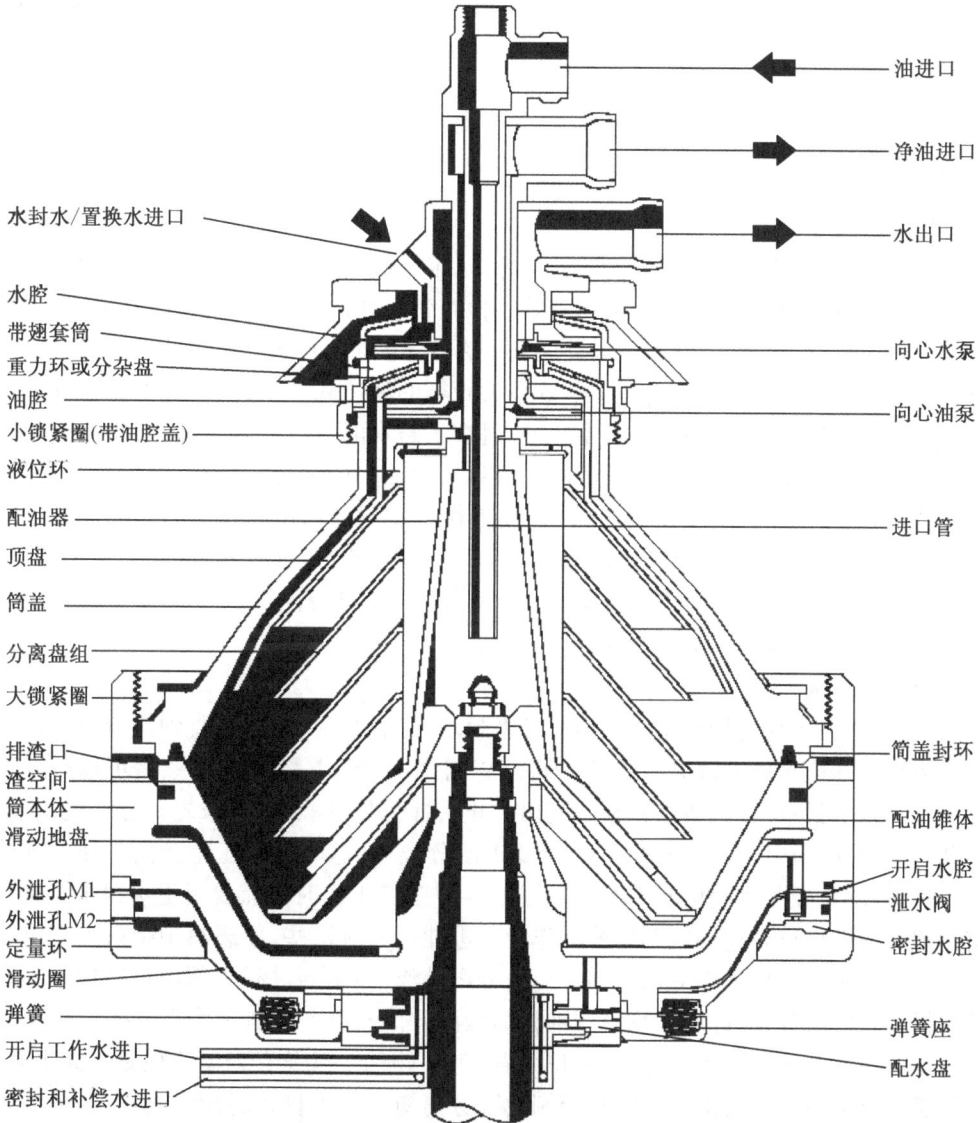

图4.8 分油机的结构

在高速回转的离心力场作用下,由于密度不同油水发生分层,必然会形成油水分隔开来的面,称为油水分界面。油水分界面的中心线与分离筒的中心线重合,并且液压等于水压。油占据了油水分界面以内的空间,水分和杂质占据了油水分界面以外的空间。油水分界面的位置直接决定了分油机的分离效果。其最佳位置应该处于分离盘片的外边缘,这样会使待净化的污油充分利用分离通道的全部长度,产生最佳的分离效果。若油水分界面向转轴中心(向内)移动,会造成分离盘片阻塞,若干水滴和细小杂质就分离不出,从而随油一起排出,降低了分离效果。如果油水分界面向外移动则会造成水中带油。另一方面可能会破坏水封,造成净油从出水口流出,即出水口跑油。

比重环内径增大,油水分界面外移;比重环内径减小,油水分界面内移。待净化的污油密度越大,比重环的内径就越小,通常每台分油机都有一套不同内径的比重环,在说明书中都会附有比重环的图表,可以从中选用。选择比重环的实质就是维持最佳的油水分界面,选择的依据是在不跑油的前提下,尽量选用孔径大的比重环,使油水分界面外移,以提高分离效果。

二、分油机的运行管理

1.启动前的准备工作

按分离要求(分水机或分杂机)装配分离筒,即分水机用比重环,分杂机用橡皮环。根据油料和工况,查说明书选择合适的比重环。检查各运动部件的灵活性,防止卡死;检查制动器是否已脱开;打开罩盖,查看分离筒转动是否正常;检查电动机轴转动是否灵活以及摩擦离合器的摩擦片状态是否符合要求。观察齿轮箱的油位和油质,油位应保持在规定范围内,如果油质不好应换新。检查高置水箱的水位、水封水的供给是否正常,各管路阀门是否畅通,如果系统存在阻塞问题要及时解决。测量污油油柜的油位、油温以及检查各油柜进、出油阀门、污油蒸汽加热系统是否正常,并在工作后监测油料是否达到所需要的温度。检查控制箱电源和控制回路是否正常。确保电动机转向正确,不能反转,因为分油机进、出油方向已定,分离筒内锁紧装置方向已定。对于全自动排渣型分油机,还应检查分油机手动操作是否正常,并调整各时间继电器的动作时间。

2.分油机正常启动

启动电动机,当其达到额定转速后打开密封水控制阀引入密封水直到排渣口有水流出为止。再打开补偿水控制阀并且检查分离筒密封情况,密封完好以后,然后可以打开水封水控制阀引入水封水,直到排水管有水流出为止,关闭引水阀。接下来先开分油机出油阀,再缓开进油阀,将油引进分油机内直至所要求的分离量,这时开始正常分离工作。开始时应缓慢进油,防止破坏水封引起出水口"跑油"。分杂机工作时不需要引进水封水。当分离筒密封建立后即可打开进油阀开始分油作业。进油速度应快些,使燃料中杂质不会沉积在转轴附近。对全自动排渣型分油机,其启动、分离排渣、停车等过程全部由自动控制系统自动控制操作,分油机的起停可根据日用油柜高低液位信号自动控制或手动起停。

分油机正常工作过程中,通过出水口察看有无"跑油"以及有否溢流现象。如果有,应及时调整。排渣口不应有油、水流出,否则说明分离筒密封不良,须停车检修。在分油过程中还要保持适宜的加热温度以降低黏度。

保持最佳分油量,多数情况下取分油机的额定分油量的 $1/3 \sim 1/2$ 为最佳分油量。检查齿轮油泵填料函处的密封是否良好,有无漏油现象。查看分油机的转速是否正常,分离筒运转是否稳定,有无异常振动或噪音,如有应立即停车检查。

3. 排渣操作

对于半自动排渣型分油机的排渣操作,应该首先关闭进油阀,停止进油;开启引水阀,引入冲洗水进行赶油,到净油出口管中无油流出时为止,将工作水控制阀转到"开启"位置进行自动排渣,约 3~5 s 后,当听到冲击声时即表示排渣结束,然后再引进热水冲洗分离筒 5~15 s,将工作水控制阀转到"空位"位置;为保证效果,可将冲洗、排渣过程反复进行几次,使渣质排除干净。在排渣结束重新密封前,应使工作水控制阀在"空位"停留半分钟左右,以便于重新"密封";排渣结束后,操作工作水控制阀分别放在"空位""密封"位置,再转到"补偿"位置,重新引好水封水后,即可继续分油作业。

4. 分油机正常停车操作

对半自动排渣型分油机,当分油作业完成后不可立即停止电动机转动,应该首先关闭加热蒸汽阀门和分油机的进油截止阀。改用轻油冲洗管路,当管路中充满轻油时再关闭轻油阀。开启水封水控制阀进行赶油,完成后关闭水封水控制阀。

将工作水控制阀转至"开启"位置,进行排渣。排渣完成后,再转至"空位",并切断工作水。切断电源,停分油机,关闭分油机出油阀和各油柜进、出油阀。

三、分油机的维护保养

1. 清洁时的基本要求

清洁分油机内部一般都有专用的化学药品,要熟读这些化学药品使用说明,充分理解其性能和注意事项。对于分离盘内部的清洗,采用化学药品可以非常有效地除去油污。在清洁分离盘片时,把分离片放入 DC(Disc Cleaner)浸泡半小时以上,然后再用淡水冲洗,最后再放入煤油中清洁干净。在清洁分离盘片时要注意不能划伤分离盘片的表面,更不能使之变形。化学药品 DC 具有腐蚀性,在工作时要特别注意,若是粘到皮肤要及时地用大量清水冲洗。其他部件的清洁可以使用煤油和软刷,注意保护部件的表面。由于分油机的电动机没有防水的功能,所以分油机外部清洁不可以用水直接冲洗,冲洗水容易透过金属缝隙,进入电线绕组。

如果部件的表面有腐蚀或裂痕,应该仔细地比照说明书的要求,如果能继续使用,应对部件表面做非常细致的处理,同时在使用的过程中也要格外关注。如果腐蚀或裂痕过大,不能继续使用的要及时更换备件。

2. 解体和组装的基本要求

在分油机的日常工作中,一般每 3 个月要对分油机进行一次例行保养和内部清洁。在拆分油机之前将所需要的工具备妥。在拆分油机的过程中要小心,不要损坏分油机的内部结构,拆下来的分油机部件要小心地放在垫板上,以免丢失。然后进行清洗。

在组装分油机时,要注意部件和部件之间的位置要安放正确,如果部件上有标记,装复时标记和标记要对齐。在锁紧大锁紧环的时候要注意力量合适,拧紧到大锁紧环上的标记和分离本体上的标记对齐即可。把压盖放在正确位置且拧紧装好相关附件,装好水泵、油泵,在进油管加上顶塞、拧紧。

3. 更换滑油的步骤和要求

分油机更换滑油时,首先打开分油机涡轮室下方的放残旋塞来放油。若有必要,可打开端盖用干净的布彻底清洁涡轮室内部,然后再向涡轮室加新油,油位应加到液镜的中间位置。在分油机正常工作的时候,油位应该在镜面的 1/3 处,如果油位没过了涡轮,就会导致温度过高,可能还伴有振动。加完滑油后如果发现分油机噪音过大或有振动则表明运行不正常应该停机检查。

四、分油机的常见故障

分油机的故障现象有很多,概括而言,主要有三类。第一类是跑油,包括排渣口跑油、出水口跑油或二者兼而有之;第二类是出现异常声音或振动;第三类是除上述两种之外的其他不常见且较直观的故障。如油中掺水、分离量较少、电动机过载、齿轮箱油有水等。下面对这三种常见故障进行简要分析。

1. 跑油故障

跑油故障主要分为出水口跑油和排渣口跑油两大类

出水口跑油是分油机最常见的故障,主要原因有:比重环选择错误;进油速度过快;分离筒和排渣口脏堵;配水盘发生故障,没有建立水封;加热量不足,进油温度太低;分离筒转速过低;高置水箱水量不足导致活动底盘没有抬起。虽然原因很多,但大多是由排渣口脏堵引起的,一般只要关闭分油机进油阀,进行几次排渣,故障多半能够排除。如果是配水盘故障,大多是橡皮圈老化,弹性不足导致密封不良所引起的,这种情况应该定期更换橡皮圈;另一种可能是工作水含有杂质,配水盘脏堵,此时应该清洗配水盘,更换橡皮圈。如果是进油温度过低或者高置水箱水位过低等原因,一般通过目测观察就能确定。其他原因,比如分油机出油阀没有打开从而引起出水口跑油,不属于机械故障,就不再讨论了。

发生排渣口跑油是由于排渣口未能封闭或滑动底盘与排渣胶圈密封不良导致。具体来讲有以下几种原因:

(1)工作水压力不足

压缩空气存在泄漏使水系统关闭时压力正常,但开阀后压力不足。工作水管路泄漏、脏堵或滤网堵塞,使工作水压力不足而导致滑动底盘下方的密封水量不足。处理措施是检查管路有无泄漏并充加压缩空气和清洗水路滤网。

(2)工作水电磁阀失灵或复位不良

工作水电磁阀一直处于进水排渣状态,高压开启水使滑动底盘下移,发生排渣口跑油现象。处理措施是修理或清洗工作水电磁阀。

(3)滑动圈不能上移堵死密封水腔泄水口

分离筒上的泄水孔堵死,不能泄水;滑动圈下方弹簧失效;滑动圈上方塑料堵头密封不严。

(4)滑动底盘与分离筒盖不能贴紧

其主要原因是滑动底盘上端面密封环失效;传动齿轮和轴承过度磨损使立轴下沉。

2. 分油机异常振动和噪音

振动故障和噪音一般同时出现,引起异常振动的原因很多,主要有:分离筒与分离盘架之间的配合存在较大误差,锁紧螺帽没有锁紧;减振弹簧损坏或者缓冲橡皮圈损坏;立轴及其底部滚珠磨损严重;分离筒脏污使分离筒重心发生偏移;齿轮间隙过大或者干摩擦;滚珠轴承损坏等。

(1)分离筒分离盘装配

分油机的异常振动,如果是骤变性质的,很可能是分离筒内的某个部件损坏,如减振弹簧失效损坏,齿轮变形,滚珠轴承损坏,立轴底部滚珠损坏或弹簧失效等;相反,若分油机的异常振动是逐步加大的,可能是分离筒内太脏。

(2)减振弹簧和缓冲橡皮圈损坏往往是因为分离筒位置离底部太高,使重心变高,而且分油机的转速也很高,使立轴中部的弹簧盘内的减振弹簧出现失效或者折断。这时应该将弹簧全部换新。

(3)立轴自身磨损以及底部滚珠损坏

立轴自身被磨损的情况很少见,但装配或操作不当也会发生。

(4)分离片太脏

现代船舶装配的都是自动排渣式分油机,大都能做到定期清洗,分离盘片往往不会太脏,如果确是分离盘片脏了,不妨拆开清洗一下。

3.控制系统故障

控制系统故障主要有:

分油机不能启动;不能定时排渣;分油机还没到正常转速就跳电。

分油机不能正常启动,多是由于振动和摇摆使控制回路的电线接头脱落。

分油机不能定时排渣大多是因为定时器损坏,比如电磁阀失灵导致分油机不能正常排渣,这种情况应该检修电磁阀。另一方面如果分油机装配得不是很正确,启动后也会造成分油机过载,在运行一段时间后,分油机也会自动跳电。这种情况应该重新拆解装复分油机。

分油机是船舶上重要的辅助设备,如有故障不能及时排除将影响船舶的安全航行,只有通过对分油机的结构、工作性能和工作原理的不断深入学习,才能在故障的处理中逐渐形成自己的见解。

第六节　船用海水淡化装置

在运行过程当中,每一艘的船都会消耗数量相当多的淡水,以满足船舶机器的用水需要和机组人员的生活保障。船舶需要淡水,一般情况下可从港口出发携带供应水箱,但须占用一定容积的空间,否则会影响吨位,一旦船舶改变,这样所携带的淡水在数量上及在质量上,不仅不能达到船员生活用水的需求和动力装置运转,而且在无限航区的船舶上,以及作业时间长的船上,储存水就变得十分有必要,利用船舶本身的所具有的能力,能够产生新鲜的水可以在任何时间和任何地方带来淡水,双重保护功能和经济的船舶,所以大多数现代船舶都配备了海水淡化装置,俗称造水机。将海水淡化成为淡水的方法很多,目前大多数都在使用蒸馏的方法、反渗透的方法以及电渗析的方法,当下最常使用的是蒸馏式造水机,以下以蒸馏式造水机为研究对象探讨造水机的使用与管理。

一、海水淡化装置的基本原理

以下是壳管式换热器真空沸腾海水淡化装置的实例(图4.9)。说明了真空沸腾式的海水淡化装置的原理。

1.工作原理

真空沸腾式海水淡化装置是基于盐分几乎不溶于低压蒸汽的原理,首先用喷射泵对系统抽真空,一般要求真空度在90%以上,然后对供入的海水加热使之在真空下汽化,再用海水对蒸汽进行冷凝,从而得到几乎不含盐分的蒸馏水。抽真空的目的主要有以下两个方面:首先,由于水的沸点随着真空度的升高而降低,当真空度达到90%时,海水沸腾的温度大概在45 ℃,而主机缸套水的出口温度一般控制在80 ℃,这样就可以用主机缸套水对海水进行加热,既使主机的废热得以利用,同时造水机又可以充当主机缸套水冷却器的作用,减少了主机缸套水冷却器的负荷,起到双重节能的作用,从而提高经济性。其次,由于蒸发温度低,则蒸发器表面不易结垢,尤其是硬质水垢的生成,使得维护保养工作较为容易。

2. 主要部件及其作用

(1)蒸发器

蒸发器由一个被封闭在分离装置中的板式热交换器组成。它的作用是为海水和缸套水提供换热空间,使海水沸腾汽化。

(2)分离器

分离器的作用是把盐分从蒸汽中分离出来。

(3)冷凝器

与蒸发器部分相似,冷凝部分也是由一个被封闭在分离装置中的板式热交换器组成。它的作用是为海水和蒸汽提供换热空间,使其液化。

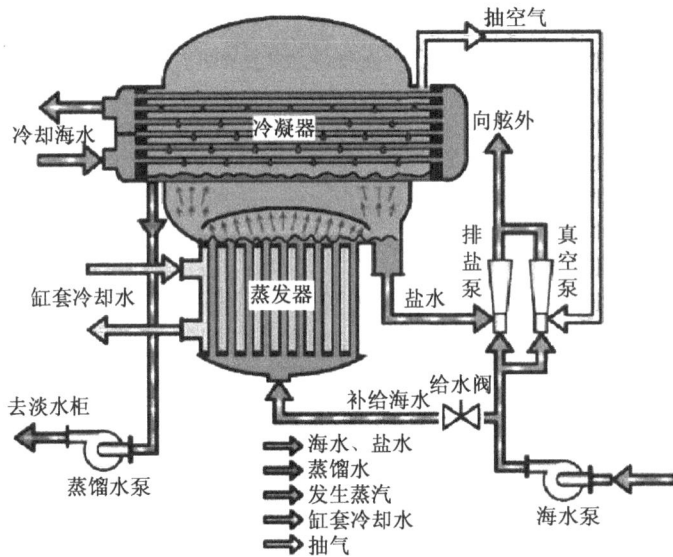

图4.9 海水淡化装置结构

(4)喷射泵

喷射泵兼做真空泵和排盐泵,它有两个吸口,一个在冷凝器中部,其作用是把分离器中未冷凝的气体抽出使其保持足够高的真空度;另一个吸口在蒸发器的底部,其作用是把蒸发器中浓缩的海水排出舷外。

(5)供给泵

供给泵为单级离心泵,既为冷凝器提供冷却海水还为喷射泵提供引射海水,同时也为蒸发器供给海水。

(6)淡水泵

淡水泵为单级离心泵,它从冷凝器中抽出产生的淡水并将其泵入蒸馏水舱。

（7）盐度计

盐度计连续监测产水的含盐量，当含盐量超过设定值（设定值可调）时，它将控制电磁阀打开使产水泄放舱底同时发出报警。

3. 海水流程

海水通过系统的供给泵首先向冷凝器供给冷却海水，供给海水从冷凝器上部进入从下部流出。海水出冷凝器分成两路，一路经调压阀和节流孔板进入蒸发器，作为蒸发海水；另一路则通过单向阀为喷射泵提供引射水，喷射泵兼做真空泵排和盐水泵，所以设两个吸入口。排盐水吸入口将造水机壳体底部的盐水及时排走，防止盐水水位过高。抽真空吸入口从冷凝器中部将造水机壳体内的不凝性气体抽出。在抽真空管路上设液流观察镜，造水机正常工作期间观察镜内应无液体流动。此外，喷射泵两个吸入口管路上均设止回阀，以防止喷射泵故障无法产生真空时海水倒灌进入造水机壳体。

造水机启动期间，真空度是靠喷射泵抽除壳体内的空气建立的。在工作期间，真空度是靠冷凝器和喷射泵共同维持，冷凝器起主要作用，负责及时地将蒸汽冷凝为淡水，保持内部绝对压力不升高，即真空度稳定；喷射泵负责将海水中溢出的空气以及经壳体等处漏入的空气抽除。海水蒸发后剩下的浓缩物经过单向阀由喷射泵排出舷外。

4. 高温淡水流程

三通温控阀CFV19（设定温度78℃）自动调节主机缸套水进入蒸发器的流量，对海水放热降温后到达三通温控阀CFV12（设定温度80℃）。阀CFV12控制主机缸套水出口温度稳定在80℃。产水流程被冷凝器冷凝下来的淡水聚集在冷凝器的底部由淡水泵经盐度电极后，将信号送至盐度计。如果淡水含盐量超标，盐度计就会报警，同时输出信号控制回流电磁阀开启，淡水泄放舱底；如果含盐量符合要求（本造水机含盐量可<10 ppm[①]），则回流电磁阀关闭，淡水流经流量计后顶开弹簧调压阀，此时打开截止阀即可将淡水送至蒸馏水舱。流量计用于计量累积淡水体积（m^3），此外流量计之后的管路上还设置有压力表和取样阀。

虽然汽水分离器将蒸汽中的大部分小水滴分离，但仍然会有一定量的含有盐分的水滴进入冷凝器，所以造水机所产淡水中仍含有盐分，盐分过高则不能使用。淡水含盐量的要求一般以锅炉补给水标准为依据，我国规定为NaCl小于10 mg/L。

5. 海水投药流程

为了减轻蒸发器加热表面结垢，延长造水机解体清洗周期，设置海水投药系统。化学药品有两个作用：①使海水中的难溶物质不形成水垢，而形成易于被喷射泵排走的细小松散晶体；②消泡剂能消散小气泡，防止海水沸腾过于剧烈，减少淡水含盐量。加药桶内储存着Ameroyal溶液，通过流量指示计上的调节阀控制溶液流量。

第七节 船用油水分离器

一、法律依据

MARPOL73/78公约附则Ⅰ第9条规定：对于400总吨及以上的非油船和油船机器处所的舱底含油污水（不包括货油泵舱的舱底）的排放（但不得混有货舱的残油），未经稀释的排

[①] 1 ppm = 10^{-6}

出物含油量不超过 15 ppm；第 16 条规定：凡 400 总吨及以上但小于 10 000 总吨的任何船舶，应装有经主管机关批准的滤油设备，且应保证通过该滤油设备排放入海的含油混合物的含油量不超过 15 ppm；凡 10 000 总吨及以上的任何船舶，应装有经主管机关批准的滤油设备和当排出物的含油量超 15 ppm 时能发出的报警并自动停止含油混合物排放的装置。第 4 条规定：船舶及其设备的状况应加以维护，使其能符合本公约的各项规定，从而保证该船在各方面保持适合出海航行而不致对海洋环境产生不当的危害威胁；根据附则 I 的规定，对船舶进行的任何检验完成以后，非经主管机关许可，经过检验的结构不得改变。

在我国，依据《中华人民共和国海洋环境保护法》规定，制定了《中华人民共和国防止船舶污染海域管理条例》，于 1983 年 12 月 29 日以国发［1983］202 号文颁布施行。国务院环境保护领导小组颁布了《中华人民共和国船舶污染物排放标准》（GB3552—8），从 1998 年 7 月 6 日起，所有通过油水分离器后排放入海的含油混合物中含油量不得超过 15 ppm。

为满足 MARPOL73/78 公约及我国法规的要求，凡 400 总吨及以上的任何船舶均应装设油水分离装置，10 000 总吨及以上的任何船舶还应装有 15 ppm 报警器及超标时自动停止含油混合物排放的装置。机舱油水分离器主要由油水分离装置、自动排油装置、油分浓度监测装置、报警和排放自动停止装置等组成。其中油水分离装置（图 4.10）的主要形式有重力 – 聚结组合式或重力 – 吸附组合式和真空式三种。

图 4.10　船用油水分离器

二、船舶油水分离器的工作原理

含油污水处理手段有两种，其一是船上自行处理，其二是集中储存排至岸上接收设备。

1. 岸上接收设备处理

船上设有容积足够大的污油舱和污水舱，并设有防污公约规定的油类排放标准接头，将储存的污油、污水排至岸上接收设备或污油接收船。

2. 船上自行处理

充分利用船上装设的被认可的污油过滤设备、排油监控系统、混合器等，在船上对污油、污水进行完善的处理，使污水的排放符合公约的规定。处理方法有很多，但基本上可分为物理分离法、化学分离法和电气分离法三种。在船上油水分离器中用得最多的是物理分离法,物理分离法又以重力分离、过滤聚合分离、吸附分离为主。

（1）重力分离

重力分离是利用油和水的密度差使油滴上浮进行分离的。按工作方式可分为静置分离和机械分离（流道分离）。

静置分离是将含油污水储存在污油水舱柜中,在重力作用下,经沉淀油滴上浮而分离。机械分离是利用含油污水流经几何形状变化的流道,使之产生旋流、转折和碰撞,使微小油粒聚积变大而上浮。

油滴的上浮速度与下列因素有关:与油滴的直径平方成正比,与水和油的密度差成正比;流道高度越小,长度越长,水流平均速度越小,分离性能越好;另外适当的加温有利于分离。

（2）过滤聚合分离（多孔介质分离法）

过滤一般指滤器,它只能过滤某一粒径,易堵塞。

聚合是指含油污水通过多孔性介质,油粒及悬浮物被截留,细微的油滴聚合增大,使油滴与介质之间的水膜变薄,水膜破裂,油滴附着在介质表面。在连续截留和附着的过程中,油滴在介质上不断地附着与展开,当聚合到一定程度,在浮力、流体压差等力的作用下,油滴被推到多孔性介质的出口端,并在流体推力大于油水界面张力时,油滴长大并从端面剥离,上浮与水分离。这种能使油滴聚合增大的元件称聚合元件或粗粒化元件。

（3）吸附分离

吸附分离是利用多孔性吸附材料直接吸附含油污水中的油滴,达到分离目的。常用的吸附材料有多孔的活性炭、焦炭和砂等。但这些材料易饱和,必须更新或再生,再生处理又很复杂,故其很少单独应用。

真空式油水分离装置能消除输送泵对其分离性能的不良影响,目前新造的船大多采用真空式油水分离器。真空式油水分离装置的排油系统较为复杂,其常见的排油方法有两种,一种是改变输送泵的吸排方向,抽吸清水将其泵入分离装置内的油"压出";另一种是泵的吸排方向不变,采用三通电磁阀,控制电磁阀的通路,改为抽吸清水向分离装置供水而排出分离装置内的油。

油水分离器的排油装置一般有自动和手动两种形式。常见的自动排油装置采用电容式或电阻式油位探测器和排油阀组成,油位探测器装在分离器的集油室中,利用感受元件在油、水中与分离器壳体之间导电系数（或电容）的改变,测出油层厚度的变化,并输出控制信号来控制排油电磁阀。排油电磁阀有电磁阀和气动阀两种。

油分浓度报警（15 ppm 报警器）按其核心部分油分浓度计的工作原理分主要有光学浊度法、红外线吸收法、紫外线吸收法和光散射法。光学浊度法较常见,红外线吸收法、紫外线吸收法和光散射法次之。如排放水中含油浓度超过规定的标准,检测器就会发出声光报警。

常见的自动停止装置有两种:一种是采用气控或电控三通阀,当排放水样超过排放标准时,15 ppm 报警器发出报警,同时旁通回流管路自动打开,舷外排放管路自动切断,将超标污水导回污油水柜;另一种是当排放水超过排放标准,15 ppm 报警器发出报警,同时旁通回流管路打开,舷外排放管路关闭,污水泵自动停止。

一般油水分离装置的上部还设有电加热或蒸汽加热设备。油水分离器铭牌上均标有该设备的型号、额定处理量,还有一块铜牌说明其使用的注意事项(如不能处理含油过多或已乳化及含有某些洗涤剂的污油水等)。

第八节 船用制冷设备

所谓制冷,就是用人工方法从被冷却对象中移出热量,使其温度降低到一定低的状态。显然,要使一个冷藏室中的温度低于周围环境温度,必须不断地从室内移出热量。因为热量只会自行从高温处传至低温处,而不能反向转移,所以制冷装置的功用就在于将冷藏室中的热量强行排出。图4.11为船用制冷装置实物图。

图4.11 船用制冷装置

一、在船上安装制冷装置的目的

1. 伙食冷藏

一般来说船舶本身都必须储藏相当数量的食品,以满足船上人员生活上的需要。为了储存食品,大多设有伙食冷库和相应的制冷装置,船上习惯称为伙食冰机。比如有的远洋船一次在海上就得连续航行一个多月,就"育鲲"轮来说,是一条远洋实习船,船上的船员和实习生通常有二百多人,因此必须设有相当容积的食品冷库和制冷装置。

2. 船舶空调

现代船舶为了能向船员和旅客提供适宜的生活条件和工作环境,一般都装有空气调节装置。船上为空调提供冷源的制冷装置习惯称为空调冰机。

3. 冷藏运输

为了防止易腐蚀食品或一些特殊货物,在运输过程中腐烂变质、蒸发、自燃或爆炸,早在19世纪80年代就开始建造并使用专门运送冷藏货物的冷藏船。现在冷藏集装箱运输已日趋普遍,冷藏船和冷藏集装箱都设有专门的制冷装置。

二、食品冷库的冷藏条件

1. 温度

低温是食品冷藏最重要的条件。低温可以抑制微生物的活动,同时也抑制水果、蔬菜的呼吸,延缓其成熟。只有食品中的水分完全冻结,微生物的生命活动才会停止。食品中的水分溶有盐类等物质,要完全冻结约需 -60 ℃;但到 -20 ℃时食品中的大部分微生物已基本停止繁殖。储藏冻结的肉、鱼类食品的船舶伙食冷库习惯称为低温库。长航线航行的船低温库储藏温度以 $-22 \sim -18$ ℃为宜(也有的设计温度低至 -25 ℃),在此温度下肉类能较长时间(半年以上)保存。库温保持在 0 ℃以上的其他伙食冷库习惯称为高温库,其中菜库温度多保持在 $0 \sim 5$ ℃,粮库和干货可选择为 $12 \sim 15$ ℃。

2. 湿度

相对湿度过低会使未包装的食品因水分散失而干缩;而湿度过高又使霉菌容易繁殖,但对冷冻食物影响不大。因此,高温库适宜的相对湿度为 85% ~ 90%,低温库可保持在90% ~ 95%。冷库在降温过程中一般能保持适宜的湿度,不需要专门调节。食品在冷藏期间会发生干缩,这是因为食品在降温过程温度比库温高,其表面的水分容易蒸发而不断散失。食品干缩速度不仅取决于库内空气的温度和湿度,还与库内空气流速、食品的性质、外形和包装方式有关。侵入库内的热量越多,制冷装置工作的时间越长,则食品的水分转移到制冷蒸发器表面的霜、露就越多。

3. 二氧化碳和氧气的浓度

适当减少 O_2 和增加 CO_2 的浓度,能抑制水果蔬菜呼吸和微生物的活动,可减少水分的散失,储藏期可比普通冷藏库延长 0.5 ~ 1 倍,但如果 CO_2 浓度过高呼吸就会过弱,菜、果反而更快变质腐烂。菜、果库一般以 CO_2 浓度控制在 5% ~ 8%(大气中含量约为 0.4%)、O_2浓度控制在 2% ~ 5% 为宜。

船舶冷库采用适当的通风换气来保持合适的气体成分。所谓舱室的换气次数是指更换了相当于多少个舱室容积的新鲜空气量。果蔬类冷藏舱或冷藏集装箱的换气次数以每昼夜 2 ~ 4 次为宜。船上菜库由于每天开门存取食品,一般无需特意换气。

4. 臭氧浓度

臭氧是分子式为 O_3 的气体,它在一般条件下极易分解,即 $O_3 \rightarrow O_2 + [O]$,产生的单原子氧的氧化能力很强,能使细菌、霉菌等微生物的蛋白质外壳氧化变性而死亡。臭氧除具有杀菌作用外,还可抑制水果的呼吸,防止其过快成熟,这是因为水果在呼吸时会放出少量的乙烯,对水果有催熟作用,而臭氧能使乙烯氧化而消除。此外,臭氧还有除臭作用。但臭氧也会使奶制品和油脂类食物的脂肪氧化,产生脂肪酸而变质,故目前在船上臭氧多用于菜库。

臭氧可由臭氧发生器产生,它是利用两个金属电极间的高压放电,使空气中的氧气转变成臭氧,即 $3O_2 \rightarrow 2O_3$,这和夏季雷雨时天空中的闪电能使大气产生臭氧一样。臭氧发生器宜装设在冷库高处,因为臭氧在空气中相对密度较大,放在高处有利于臭氧散播。

臭氧一般来说是无毒安全的,呼吸 0.1 ppm 以下体积分数的臭氧对人体还有保健作用。但由于其强氧化作用,体积分数超过 1.5ppm(空气中含量约 2 mg/m^3)时,会刺激人的呼吸道黏膜并使人头疼,故进冷库前应停止臭氧发生器的工作。国际臭氧协会制定的卫生标准是 0.1 ppm、接触不超过 10 h(我国标准是 0.15 ppm,不超过 8 h)。臭氧体积分数达到0.02 ppm 时嗅觉灵敏的人可嗅到草腥味,体积分数超过 0.15 ppm 时一般人都能嗅出。

三、蒸气压缩式制冷的原理

机械制冷的方法主要有蒸发制冷、气体膨胀制冷和半导体制冷,其中蒸发制冷最为普遍。蒸发制冷是利用液体蒸发汽化时吸收汽化潜热的原理来制冷,常用的有蒸气压缩式

（简称压缩式）、吸收式和蒸气喷射式三种。下面只介绍蒸气压缩式制冷方式。

1. 液态与气态互相转换的规律

任何物质当其呈液态时，总有一些动能大的分子能脱离液面蒸发成为气体，液体温度越高，单位时间内汽化的质量就越多，液体汽化时如果不能从外界吸热，则汽化后剩下液体的温度就会降低。另一方面，气体分子总会有一部分返回到液体中去，气体的压力越大，单位时间液化的质量就越多，气体液化时要放热，如不能向外散热，液体的温度就会升高。当液体温度既定时，液面气体压力达到某既定值则汽化和液化会达到动态平衡，液面上气体达到饱和状态，这时的气体压力称为该温度所对应的饱和（蒸气）压力，而这时的温度就称为该压力所对应的饱和温度。

任何液态物质都存在自身固有的饱和温度和饱和压力的对应关系。温度越高，饱和压力也越高，反之亦然。

压缩制冷所用的工质——制冷剂（简称冷剂）通常是常温下饱和压力较高的液体。当液态冷剂单独存放在冷剂瓶中时，瓶内压力便是它在该温度所对应的饱和压力。温度升高则瓶内压力也随之升高，例如制冷剂 R404A 在 30 ℃时的饱和压力（绝对）是 1.415 MPa，如温度升高到 50 ℃，饱和压力便升高到 2.30 MPa。因此，为安全起见，冷剂瓶不应被太阳暴晒和接近高温热源。当需要把冷剂从甲容器转移到乙容器中时，只要用能耐压的接管将两容器相连，使甲容器瓶口向下，并适当加热甲容器（例如浇热水）或冷却乙容器（例如浸冰水），使两容器保持一定温差（压差）即可。

当液体温度低于其压力所对应的饱和温度时，汽化只在液面上发生。而液体被加热温度升高到其压力所对应的饱和温度时，其内部便会产生许多气泡，因其饱和压力已达到液体所受压力而不至被"压灭"，便会随液体吸热汽化而长大浮起，这种在液体表面和内部同时进行的较剧烈的汽化现象称为沸腾。液体沸腾时被加热温度（沸点）也不变，所吸收的热量用于使液体汽化；反之，气体被冷却到其压力所对应的饱和温度时便开始冷凝成液体，放出潜热。在冷凝过程中气体和液体的温度（冷凝温度）保持不变。在同样压力下冷凝温度和沸点相同。单位质量的某物质在既定压力下全部汽化所吸收的热量与液化所放出的热量相等，称为汽化潜热。在沸腾或冷凝过程中，气体称为饱和蒸气，液体称为饱和液体，二者的混合物称为湿蒸气。饱和蒸气在湿蒸气中所占的质量比例称为干度。液体全部汽化后，干度为 1 的饱和蒸气称为干饱和蒸气。干饱和蒸气继续吸热而温度升高即成为过热蒸气。过热蒸气的温度与其压力所对应的饱和温度之差称为过热度。另外，湿蒸气在液化过程中干度降为 0 的饱和液体继续冷却而温度下降即成为过冷液体，其温度称过冷温度。液体所处压力所对应的饱和温度与液体实际温度（过冷温度）之差称为过冷度。

2. 压缩制冷的基本循环

压缩制冷的原理可参照图 4.12 叙述如下：如果将钢瓶中的冷剂经膨胀阀泄放到冷却盘管（蒸发器）中，而使盘管内的压力保持比钢瓶中低得多，则冷剂流经阀后压力便急剧降低。因其原来温度远高于盘管中压力所对应的饱和温度，部分冷剂便迅速闪发成气，其汽化潜热取自其余未汽化的液体，气、液温度均降为阀后压力所对应的饱和温度。这就像锅炉中温度高于 100 ℃的水被泄放到大气中，其中一部分会闪发成汽，其余水的温度立即降到 100 ℃一样。拿 R404A 来说，如阀后表压力为 0.203 MPa，其饱和温度（在此称蒸发温度）约为 -20 ℃，这时阀后管壁立即结满霜层。冷剂在蒸发器中从周围的空气吸热使之降温，本身不断汽化，至接近盘管出口处即可成为过热蒸气。为了使盘管中气压能保持较低，并能回收冷剂供循环使用,盘管出口应接气体压缩机吸口。压缩机从盘管中吸入冷剂过热蒸气并压送到冷凝器中。冷凝器不断接受压缩机排出的温度较高(吸收了压缩机耗功所转换成的热)的过热蒸气,因而气压较高。压力越高则饱和温度越高,例如 R404A 在表压 1.315 MPa 时,饱和温度为 30 ℃,低于此温度的冷却介质(例如处于环境气温的空气或船舶的舷外水)便能将冷剂过热蒸气冷却到饱和温度(在此称冷凝温度)而液化,在冷凝器底部的液体还可能有一些过冷度。将冷凝器中的冷剂液体引至膨胀阀,则可再流经阀循环使用。

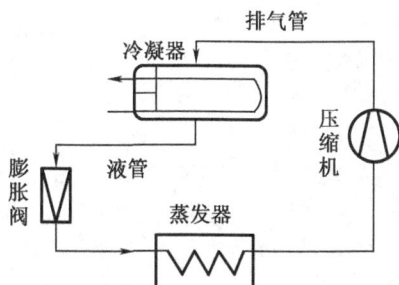

图 4.12　蒸气压缩式制冷原理

膨胀阀、蒸发器、压缩机、冷凝器是组成压缩制冷循环的基本元件。它们的功用是:
- 膨胀阀　使流过的冷剂节流降压,并可控冷剂的流量;
- 蒸发器　使流经其中的冷剂吸热汽化;
- 压缩机　抽吸蒸发器产生的冷剂蒸气并将其压送到冷凝器中;
- 冷凝器　使压缩机送来的冷剂气体冷却并液化。

在压缩制冷循环中,从膨胀阀至压缩机吸口为系统的低压部分;从压缩机排出口到膨胀阀进口为系统的高压部分。在此循环中,冷剂在蒸发器中所吸收的热量加上压缩冷剂气体耗功所转换成的热量,经冷凝器传给冷却介质带走。

第九节　船用空调

现代船舶大都设有空调装置。船舶空调一般是为满足旅客对舱内环境舒适的需求,属于舒适性空调(图 4.13)。而船员的身心健康和工作效率在很大程度上取决于船舶舱室的舒适状况。船舶的流动性很大,室内工况一般是由供暖系统加以维持的,并采用通风设备来保证室内空气品质。制热工况下才配之以空调系统,以满足工作人员对活动地区所必需的温度、空气新鲜度等的需求。鉴于船舶在不同航区室外环境的特殊性,室内外环境的温差波动性大,为了保障船员和旅客在这样的环境中正常的工作或休息,装设船舶空调设备具有重要的意义。

一、影响舱室热舒适性的微气候指标

影响船员热感觉的重要因素是船舶舱室的微气候指标,其主要包含船舶室外环境的热工参数(即海况)及其组合。室内空气的流动影响人体的对流换热和蒸发换热,同时也影响室内空气的更新。当室内空气流动性较低时,室内环境中的空气得不到有效的通风换气,尤其是船舶这样相对封闭的环境,机舱散发的油气等各种有害气体不能得以及时排出,会造成室内空气质量恶化。船员在室内生活中所排出的各种微生物相对聚集在空气中或在某些角落,大量增生会致使室内空气质量进一步恶化。

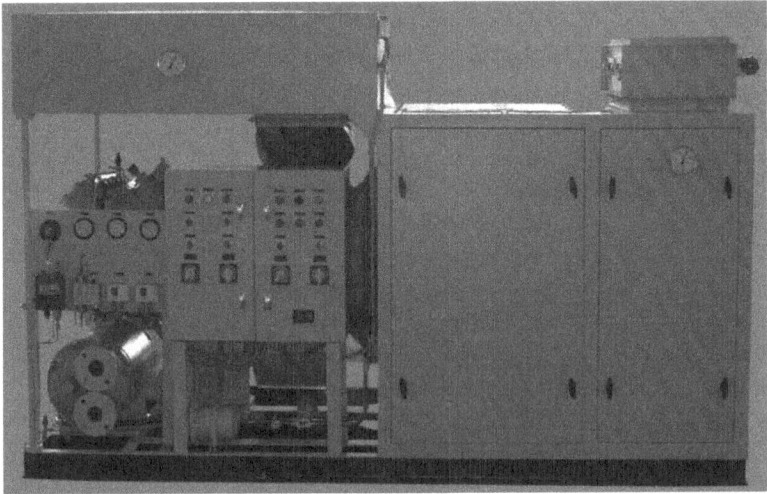

图 4.13　船用空调设备

空气相对湿度直接影响人体皮肤表面的蒸发散热,从而影响人体的舒适感。湿度过低,人体皮肤因缺少水分而变得粗糙甚至开裂,人体的免疫系统也会受到伤害,导致对疾病的抵抗力大大降低。室内湿度过高不仅影响人体的舒适感,还为室内环境中的细菌、霉菌及其他微生物创造了良好的生长繁殖条件,加剧室内微生物的污染,易导致患上呼吸道或消化道疾病。舱室内相对湿度不易过高,也不易太低,一般维持在 65% ~80% 为宜。

二、舱室内空气品质对热舒适性的影响

船舶是一个相对封闭的环境,室内空气的品质与舒适性有着本质的、密切的关联。室内气流分布状况及流场的均匀性影响室内空气的整体品质。合理的送回风方式及空气流动形式有助于排出室内油气、污浊物、尘埃,降低室内污浊气体的浓度和除湿降热。按照《公共建筑节能设计标准》规定,船舶船员舱室的新风量一般选择为 10 $m^3/h \cdot$ 人。

三、个体因素对热舒适性的影响

人体的舒适程度还和人的自身因素,如人的衣着、活动量、人体代谢等有关。船员随船舶运动,受到外界气候条件逐渐变化的影响较大;船员在船舶内的活动情况不一,穿着各异,船员来自不同的地区,热感觉也存在很大的差异,这些因素就决定了船舶热舒适性不可能采用单一的数值来加以衡量。一般在寒冷地区,船员都要穿保暖衣服,对应的最舒适工作温度为 17 ℃。如果实际运行中,将温度普遍设置在 20 ℃ 以上,其结果将导致衣服表面温度与环境的温差就很小,人体热量散发也就很小,人就会有燥热的感觉。而在炎热地区,穿着的衣服较少或者较薄的工作服,皮肤与空气直接接触的面积较大,将温度设置在 28 ℃ 以上,人会有燥热气短的感觉,温度太低人又会有冷感,容易生病,所以船舶的室内温度,在寒冷地区尽量不要超过 20 ℃,在炎热地区尽量控制在 25 ℃ 左右。

随着原油价格的不断上涨、保护大气臭氧层和防止全球变暖的国际公约在世界范围的实施,以及人们对环境舒适性要求的提高和增强产品竞争力的需要,现代船舶空调不仅仅

需要实现空气调节功能和达到舒适性,也应具备节能、高效的技术特征和优良性能。

通过采用变频技术实现压缩机的能量调节,利用电子膨胀阀调节制冷剂流量,利用变频调速技术调节风量等手段就可以改变船舶中央空调系统的低效、高能耗状态,节省大量的燃油费用支出,降低营运成本,提高航运企业在现代物流行业中的竞争力,以适应市场经济的竞争环境;同时根据负荷大小,采取合理的送风手段对空调系统的循环风量进行变风量控制,可以进一步改善提高居住舱室的热舒适性,保证船舶上船员的精神状况和身体情况良好。随着科学技术的不断发展,现代船舶经常在恶劣的海况和多变的气候条件下执行任务,因此空调设备的节能和舒适性设计必然成为船舶空调技术发展的新趋势。

第十节 船 用 泵

一、泵在船上的功用

泵是一种将原动机的机械能转换为液体能,用来输送液体的机械。

在现代船舶上,泵是一种应用最广,数量和类型最多的辅助机械。如柴油机、锅炉所需的燃油、润滑油、动力油、冷却水、补给水,船员和旅客生活所需的日用淡水、卫生水,船舶安全航行所需的压载水、消防水、舱底水等,都是通过泵来输送的。

1. 按泵在船上用途分类

(1)船舶动力装置用泵

船舶动力装置用泵有燃油泵、润滑油泵、淡水泵、海水泵、液压舵机油泵、液压锚机及起货机油泵、锅炉给水泵、制冷装置用的冷却水泵,海水淡化装置给水泵和排污泵等。

(2)船舶安全及生活设施用泵

船舶安全及生活设施用泵有舱底水泵、压载水泵、消防泵、日用淡水及卫生水泵等。

(3)特殊船用泵

特殊船用泵有油船货油泵、洗舱泵、挖泥船的泥浆泵、深水打捞船上的打捞泵、喷水推进船上的喷水推进泵、渔船的捕鱼泵等。

2. 按泵的工作原理分类

(1)容积式泵

容积式泵是靠工作部件的运动使其工作容积周期性地变化而吸、排液体的泵。根据运动部件运动方式的不同又分为往复泵和回转泵两类。根据运动部件结构不同,往复泵有活塞泵和柱塞泵之分;回转泵常用的有齿轮泵、螺杆泵、叶片泵和水环泵等。

(2)叶轮式泵

叶轮式泵是靠叶轮带动液体高速旋转使流过叶轮的液体的压力能和动能增加而吸、排液体的泵。根据泵的叶轮和流道结构特点的不同,其又可分为离心泵、轴流泵和旋涡泵等。

(3)喷射式泵

喷射式泵是利用具有一定压力的流体流经喷嘴时产生的高速射流来引射需输送流体的泵。

根据所用工作流体的不同,喷射式泵主要有水喷射泵、水喷射真空泵和蒸汽喷射泵等。

泵除按上述工作原理的不同进行分类外,还可以按泵轴位置分为立式泵和卧式泵;按吸口数目分为单吸泵和双吸泵;按驱动泵的原动机来分,船用泵大多数是电动泵,此外还有汽轮机泵及柴油机泵,前者如某些油船的货油泵,后者如应急消防泵,而由主机本身附带驱动的泵亦称随车泵。

二、泵的性能参数

1. 流量

流量是指泵在单位时间内所排送的液体量。通常用体积来度量所送液体量的则称为体积流量,常用 Q 表示,单位是 m^3/s,或 m^3/h,L/min。

泵铭牌上标示的流量是指泵的额定流量,即泵在额定工况时的流量,而泵实际工作时的流量则与泵的工作条件有关,不一定等于额定流量。

2. 扬程

泵的扬程也称泵的压头,是指泵传给单位质量液体的能量,或单位质量液体通过泵后所增加的机械能,单位为 m(液柱)。单位质量液体的机械能又称水头。因此,泵的扬程即为泵使液体所增加的水头。如泵的扬程全部用来提高液体位能,而假设不存在管路阻力损失,则扬程即为泵使液体所能上升的高度。

泵铭牌上标注的扬程是额定扬程,即泵在设计工况时的扬程。泵实际工作时的扬程不一定等于额定扬程,它取决于泵所工作的管路的具体条件。

容积式泵往往不标注泵的额定扬程而标注额定排出压力。额定排出压力是按照试验标准使泵连续工作时所允许的最高压力。容积式泵工作时的实际排出压力不允许超过额定排出压力。叶轮式泵、喷射式泵工作扬程高出额定扬程一定程度仍可工作。

三、往复泵

往复泵是一种容积式泵(图4.14),它是靠活塞或柱塞的往复运动,使工作容积发生变化而实现吸排液体的泵。

图4.14　往复泵

往复泵可分为活塞式和柱塞式两大类。

1. 活塞式往复泵

活塞式往复泵的特点是活塞直径较大且较短,呈盘状结构,其上装有活塞环。因密封性能较差,故适用于高压。按其作用次数可分为以下几种。

（1）单作用泵

活塞在一个往复行程中吸、排液体各一次的泵。这种泵只有一个工作空间,其吸入与排出过程是交替进行的,所以它的流量是断续而极不均匀的。

（2）双作用泵

活塞在一个往复行程中吸、排液体各两次的泵。这种泵有两个工作空间,吸排液体同时在各自的空间进行,流量比相同尺寸的单作用泵几乎大一倍,且流量均匀得多。

（3）多作用泵

在活塞一个往复行程中吸排液体各多次的泵为多作用泵。一般奇数多作用泵由多个单作用泵组合而成,而偶数多作用泵则由多个双作用泵组合而成,船上常用的有三缸三作用和双缸四作用泵。

（4）差动作用泵

活塞在一个往复行程中一次吸入的液体分两次排出或两次吸入的液体一次排出的泵。如小型柴油机的输油泵就属于前者。

当活塞由原动机驱动从左止点往右止点运动时,泵缸容积增大,排出阀关闭,吸入阀打开而吸入液体直至活塞到达右止点,当活塞向左回行时,泵缸容积减小,压力升高,迫使吸入阀关闭和排出阀打开而排出液体,直到活塞到左止点。因此,只要活塞不断地作往复运动,液体就不断地被吸入和排出,从而实现液体的连续输送。

四、齿轮泵

1. 工作原理

在泵体中装有一对完全相同且互相啮合的齿轮,其中由电动机驱动的齿轮为主动齿轮,被带动回转的齿轮为从动齿轮。主、从动齿轮,泵壳和泵盖构成的吸、排腔被啮合的轮齿隔离,如图4.15和图4.16所示。

图 4.15 齿轮泵

图 4.16 齿轮泵内部结构

当主动齿轮按一定方向顺时针回转时,左腔齿轮退出啮合,容积增大,吸入液体;充满齿间的液体随齿轮转动而带到右腔;右腔齿轮进入啮合,容积减小,齿间被挤压的液体从出口排出。只要齿轮连续回转,泵就不断地吸入和排出液体,如图 4.17 所示。

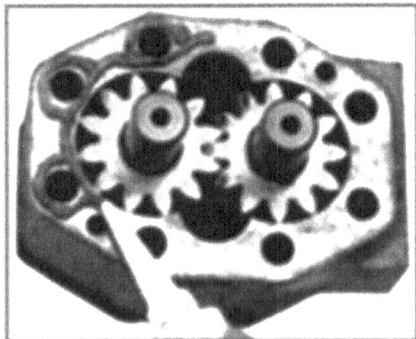

图 4.17　齿轮泵的齿轮

从工作原理可知:

(1)泵吸排液体是靠齿轮退出和进入啮合实现的。轮齿退出啮合一侧为吸入腔,进入啮合一侧为排出腔。

(2)泵吸排腔的密封是靠中间啮合的轮卤、齿顶与泵体内壁的径向间隙和端盖与齿轮端面间的轴向间隙实现的。

(3)主、从动齿轮均存在不平衡径向力。

2.齿轮泵的困油现象

(1)困油现象的产生原因

齿轮泵的齿型一般都采用渐开线,为了保证齿轮转动的连续和平稳,同时避免吸、排腔相互旁通,其重叠系数 E 需大于1,即在前一对啮合的轮齿尚未完全脱离啮合时,后一对齿已进入啮合,因而就会出现两对以上的轮齿同时啮合的情况,这样就在两啮合线与泵端盖间形成一个封闭齿隙空间(称为困油容积),使一部分油液困在其中,随着齿轮的转动,困油容积逐渐减小,直至两对啮合齿的啮合点转至对称于节点位置时,困油容积达到最小。在这一过程中,残留在困油容积中的油液被挤压,压力急剧上升(可达排出压力的10倍以上),使齿轮、轴和轴承受到很大的径向力,此时油液将从零件密封面的缝隙中被强行挤出,造成油液发热而加快变质。这一过程称为困油压缩过程。

其后,随着齿轮继续转动,困油容积又逐渐增大,直到前一对齿脱开啮合为止,在这一过程中,因困油容积不能及时充入油液而使其内压力急剧下降,溶于油中的气体析出而产生气泡,这些气泡被带到吸入腔,不但妨碍油液充入齿间,而且随压力升高又会消失,结果导致容积效率的降低和产生振动与噪声。这一过程称为困油膨胀过程。可见,困油现象就是困油容积大小的变化造成其内压力急剧升降的现象。泵发生困油时,不仅使齿轮和轴承负荷增加而降低泵的使用寿命,油温升高又加快油的变质,导致泵的流量减小、振动和噪声,使泵的工作极不平稳。

(2)消除困油现象的方法

根据困油现象产生的原因,只要能在不使吸、排腔旁通的前提下,设法在困油容积变小时使之与排出腔沟通,增大与吸入腔沟通,上述因困油而产生的弊端即可消除。如最常用的卸压槽法,这种方法是我国泵类设计所推荐的方法,也是最常用的一种卸压方法。

五、离心泵

离心泵结构简单,操作容易,流量均匀,调节控制方便,且能适用于多种特殊性质物料,因此离心泵是化工厂中最常用的液体输送机械。近年来,离心泵正向着大型化、高转速的方向发展。离心泵的主要部件和工作原理如下。

1.排液过程

离心泵一般由电动机驱动,如图4.18所示。它在启动前需先向泵壳内灌满被输送的液体(灌泵),启动后,泵轴带动叶轮及叶片间的液体高速旋转,在惯性离心力的作用下,液体从叶轮中心被抛向外周,提高了动能和静压能。液体进入泵壳后,由于流道逐渐扩大,液体的流速减小,部分动能转换为静压能,最终以较高的压强从排出口进入排出管路(图4.19)。

2.吸液过程

当泵内液体从叶轮中心被抛向外周时,叶轮中心形成了低压区。由于贮槽液面上方的压强大于泵吸入口处的压强,在该压强差的作用下,液体便经吸入管路被连续地吸入泵内。

图4.18 离心泵

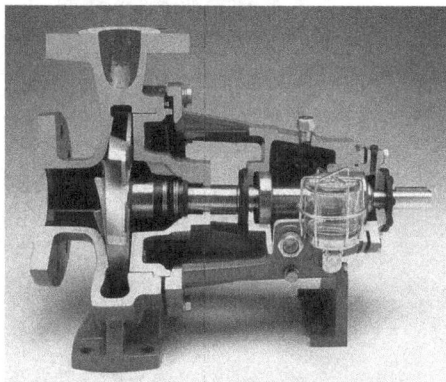

图4.19 离心泵内部结构

3.气缚现象

当启动离心泵时,若泵内未能灌满液体而存在大量气体,则由于空气的密度远小于液体的密度,叶轮旋转产生的惯性离心力很小,因而叶轮中心处不能形成吸入液体所需的真空度,这种虽启动离心泵,但不能输送液体的现象称为气缚。因此,离心泵是一种没有自吸能力的液体输送机械。若泵的吸入口位于储槽液面的上方,在吸入管路应安装单向底阀和滤网。单向底阀可防止启动前灌入的液体从泵内漏出,滤网可阻挡液体中的固体杂质被吸入而堵塞泵壳和管路。若泵的位置低于槽内液面,则启动时就无须灌泵。

六、喷射泵

喷射泵是靠高压工作流体经喷嘴后产生的高速射流来引射被吸流体,与之进行动量交换,以使被引射流体的能量增加,从而实现吸排作用。喷射泵常用的工作流体有水、水蒸气、空气。被引射流体则可以是气体、液体或有流动性的固、液混合物。通常工作流体和被引射流体皆为非弹性介质的称为喷射泵(亦称射流泵),工作流体只要有一种为非弹性介质的多称为喷射器。

1. 喷射泵的分类

按照工作流体与引射流体的不同,喷射泵有如下分类:

(1)用液体抽吸液体的喷射泵,如舱底水喷射泵;

(2)用液体抽吸气体的喷射泵,如射水真空泵;

(3)抽吸有流动性的固体与液体混合物的喷射泵,如用于挖泥的泥浆泵;

(4)用气体抽吸液体的喷射泵,如锅炉的注水器;

(5)用气体抽吸气体的喷射泵,如空气喷射器。

船舶领域较常用的是水喷射泵,下面对其加以介绍。

2. 喷射泵的工作原理

喷射泵的喷嘴是一段平滑而急剧收缩的锥管,一端与工作水入口管相连,另一端插于吸入室内。与吸入室连接的是由圆锥形管(喉管)与圆柱形管组成的混合室。截面之间扩张的扩压管前端接混合室,后端与排出管相连。图 4.20 为卧式水喷射机组及水喷射真空泵。

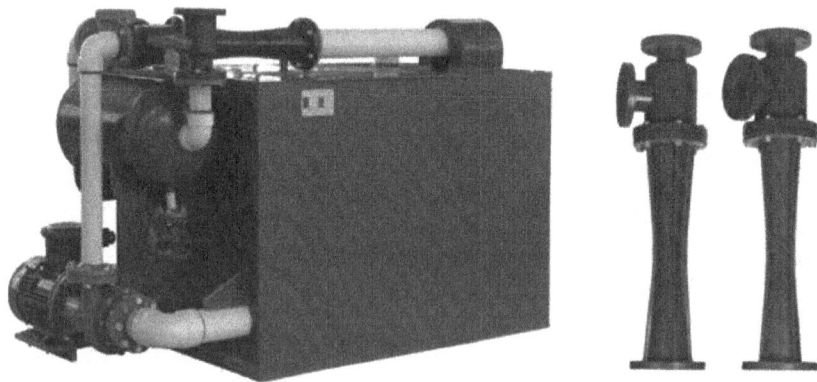

图 4.20 卧式水喷射机组及水喷射真空泵

喷射泵的工作原理可按以下 3 个过程来说明。

(1)工作液体经喷嘴形成高速射流

喷射泵的喷嘴由收缩的圆锥形或流线形的管加上出口处一小段圆柱形管道所构成(图 4.21)。一般采用螺纹与泵体相连接,以便拆换。通常,由离心泵供应具有一定工作压力的工作水流,经喷嘴射入吸入室,压力降到吸入压力,从而将压力能转换成动能,在喷嘴出口形成。

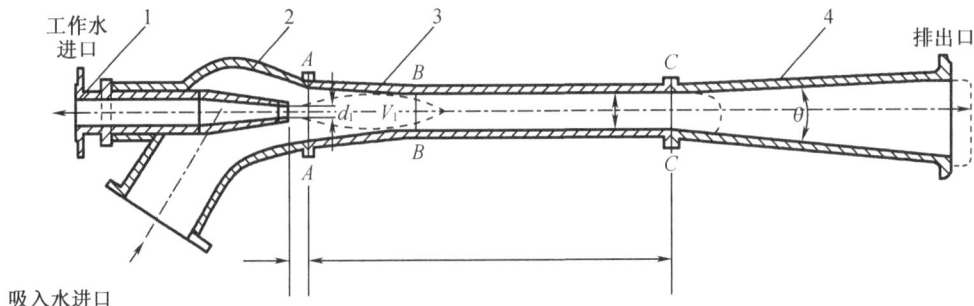

图 4.21 水喷射泵结构

1—喷嘴;2—吸入室;3—混合室;4—扩压室

（2）高速射流卷带被引射流体并与之在混合室进行动量交换

工作流体自喷嘴喷出后，由于射流质点的横向紊动和扩散作用，就会与周围的介质进行动量交换并将其带走，使吸入室形成低压，从而将被引射流体吸入。

喷嘴后的射流流束由于其外围部分逐渐与周围介质掺混，使保持流速的流核区逐渐缩小，以至最终消失，形同收缩的圆锥体；与此同时，流束的边界层在射流方向则逐渐扩大，使流束形成扩张的圆锥体。边界层的流束在内表面处与流核区的流速相同，并沿径向递减，在其外表面处则与周围介质的流速相等。当这圆锥体状的流束与混合室的壁面相遇后，流束的横截面积就不再扩大。这时，横截面上的流束分布很不均匀。而混合室的作用就在于使流体充分地进行动量交换，以使其外的液流速度尽可能趋于均匀。实验表明，进入扩压室时的液流速度越均匀，扩压室中的能量损失就越小。

混合室又称喉管，常做成圆柱形。中、低扬程的喷射泵也可将混合室做成圆锥形与圆柱形相组合的形式，以减少混合时的能量损失。如流束与混合室的壁面相交于圆锥形部分，则流束在随后锥形段的流动中压力还会下降，于是泵内的最低压力将出现在混合室圆柱段进口截面处。随着动量交换的继续进行，流束渐趋均匀，压力也逐渐升高，直至速度完全均匀后，压力的升高也就停止。

（3）液流经扩压室将速度能转变为压力能

扩压室是一段扩张的锥管，它可使液流在其中降低流速，增加压力，从而将动能转换为压力能。实验证明，扩压室的扩张角做成8°～10°时，扩压过程的能量损失最小。

3. 喷射泵的性能

（1）当其他条件不变时，泵的排出压力降低，泵的引射流量增加，直至泵发生汽蚀时，引射流量就不再增加了。应当指出，喷射泵产生汽蚀时，一般不会使泵的工作完全破坏，只是阻碍引射流量的增加而已。

（2）当其他条件不变时，泵的吸入压力降低，引射流量减少。当压力降低至某值时，泵的引射流量就会因发生汽蚀而急剧减少。

（3）当其他条件不变时，工作水的压力（或工作水流量减少）降低，引射流量迅速减少。

第五章 船舶甲板设备

第一节 锚 设 备

一、锚设备的作用

任何船舶在营运过程中,为了等待货物、泊位、引水、联检以及避风或驳载装卸等,都经常要在港外水域(锚地)停泊。为使船舶停泊时,在风浪、水流作用下不漂移,必须在水底抛锚。利用卧在水底的锚和足够长度的锚链所产生的抓附力,克服外力保持船位不变,称为锚泊。充分、正确地发挥车、舵、锚和缆的作用,体现了船长运用良好船艺的能力。正确地运用锚是船长的基本技能之一。

1. 锚在船舶正常操纵中的作用

(1)固定船位 为了把船舶固定在安全水域内,根据船舶吃水、锚地水深、底质、环境、风(流)情况和锚泊时间,决定操作方法和出链长度。

(2)靠泊 特别是在没有足够拖轮协助的情况下靠泊,船舶到达泊位前可抛锚拖航控制余速,起到阻滞作用,避免触碰码头或他船。特别是在吹拢风、压拢流影响下,抛下外挡锚,适时慢松锚链,用车舵配合使船舶缓慢靠泊,可使艏艉平稳靠泊,出链长度以能在靠泊后绞起锚为宜。抛锚时应注意避免船舶靠泊后锚链朝后。

(3)协助离泊 船舶离泊时,绞外挡锚使船首离开码头,在船首迎风或顶流情况下可减少使用拖轮或无须拖轮协助离泊。

(4)锚链系泊 台风季节,进厂修理的船舶失去动力前,往往将锚卸下用锚链系浮筒,以抗御台风的袭击。在开敞式港口,为减轻涌浪引起船体颠簸或前后运动,避免断缆和触碰码头,可以根据需要将内档锚卸下,然后用吊货钢丝在锚链环上穿 5 至 6 个来回,用卡码连接固定好钢丝,做一个直径约 1.6 m 的钢丝圈,把钢丝圈套在码头缆桩上绞至适当悬垂的状态,可以起到减缓船舶移动和艏缆的作用。

2. 锚在应急操纵中的作用

(1)搁浅时固定船位 船舶搁浅时,为了防止船体在风、流影响下继续向水浅的地方移动,造成船体损坏和更严重险情,可在水深的一侧抛锚,最好用小船将锚向水深的方向运出抛下,既可固定船位,又可协助脱浅。

(2)抛锚制动,减少冲程 在水深适于抛锚的水域航行,如果全速倒车仍无法把船停住,为避免碰撞和搁浅事故可抛锚减少冲程,链长不应超过两倍水深,锚链受力前牢牢刹住,利用锚的制动作用协助倒车把船停住。

(3)海上漂浮时保持船首顶风 船舶失去动力需要在深海漂泊,风浪较大时,为尽可能使船首顶风浪减轻横摇,或者防止船舶被吹向危险水域而试图改变漂移方向,松下锚链 3 ~ 4 节刹牢(出链长度必须考虑本船锚机的收锚能力),可以起到海锚的作用。

(4)抛"一点锚"抗台或抗冬季狂风 船舶预计可能受到台风袭击时,最有效的办法是避离。但是,若能选择遮蔽好、底质好、活动范围和水深适宜的锚地,抛"一点锚"不仅有效,而且是节省船期的最佳措施。抛"一点锚"的方法是,船舶到达预定锚位前备好双锚,船首顶风顶流,由两人操纵锚机刹车将双锚同时抛下,松锚链时双链保持同样长度,抛到需要的长度时刹牢。双锚之间的距离仅相当于两个锚链孔的距离,在海图上可标示为一个点,因此称为"一点锚"。"一点锚"的抓力几乎是单锚的两倍,具有很强的抗风能力。只要双锚同时抓底,锚链长度相同,不必过分担心抛"一点锚"会造成锚链绞缠。当风力减弱时,绞双锚至2节水面,停止绞相对下风、下流的锚,将准备绞起的锚收好,再将保留锚的锚链放松到适当节数。

总之,船舶操纵中锚的用途十分广泛,除锚泊外还可以用锚辅助操船。如果使用得当,船舶操纵就能更加安全、顺利,甚至化险为夷,转危为安;一旦操作不当,就可能发生走锚、丢锚、断链,甚至造成碰撞、搁浅等事故。

二、锚设备的组成

锚设备主要由锚、锚链、掣链器、锚链筒和锚机5部分组成(图5.1)。

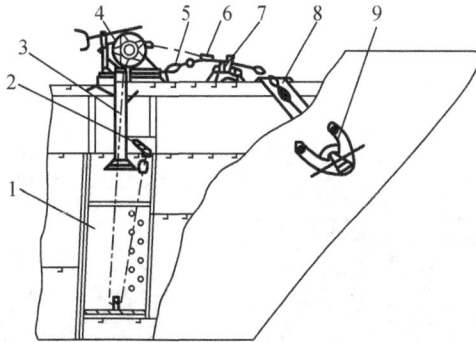

图5.1　锚设备的组成

1—锚链舱;2—弃链器;3—锚链管;4—起锚机;5—制链钩;6—锚链;7—制链器;8—锚链筒;9—锚

1.锚

锚是一种特殊形状的金属重物,它在水底能牢牢地抓住泥沙,使得与之相连的锚的那一端固定下来。锚的抓力与其质量有关,一般要求锚能以最小的锚重获得最大的抓力。多数船舶的锚设在船首,左右弦各一个,可以共用一台锚机,也可以分用两台。此外还有些船舶在船尾设有尾锚。

锚的类型很多,按其结构可分为以下两大类,固定锚爪式、活动锚爪式。

2.锚链

锚链是锚与船体的连接件,可把船舶拉住,便船舶不致因风浪、水流等作用而漂离。

3.掣链器

掣链器位于锚机与锚链筒之间的甲板上,用以夹住锚链。抛锚后,闸上掣链器,可将锚链的拉力传给船体,使锚机不处于受力状态。航行时,掣链器承受锚和部分锚链的重力,并将收到锚链筒内的锚贴紧船体,不致发生撞击。

掣链器的形式有多种,常用的有闸刀式和螺旋式两种,其他还有凸轮式、钩式等。

4. 锚链筒

锚链筒是斜穿过甲板的舷侧,引导锚链灵活地通向舷外的通道。收锚时锚杆应不受阻碍地进入锚链筒,锚爪与船体贴紧;抛锚时锚必须能在其自重的作用下自由地脱离锚链筒。

5. 锚机

锚机(图5.2)是锚装置中最重要的组成部分,主要由原动机、传动机构和链轮组成。它主要目的是收放锚链以便起锚和抛锚。此外锚机通常还兼用于船首绞缆,实际是锚缆两用机。因此锚机除了设有锚链轮外,还有绞缆卷筒。

锚机的类型很多,按动力源不同,锚机可以分为蒸汽锚机、电动锚机和液压锚机。目前除某些油船上还使用蒸汽锚机外,基本上都采用电动锚机和液压锚机。液压锚机与电动锚机相比具有体积小,占地面积少,容易实现正反转、无级调速和恒功率驱动与启动,制动迅速、平稳,对电站冲击负荷小等优点。但它效率低,耐超负荷能力差,噪声大,制造和维修困难。随着液压技术的逐步推广,液压锚机应用将更为广泛。

按链轮轴中心线的位置尺不同,又可将锚机分为卧式锚机和立式锚机。

卧式锚机所有设备都装设在甲板上,故操作比较方便,但也常常遭受风浪的侵蚀,并占据较大的甲板面积。

图5.2　锚机

(1)锚机的主要性能要求

锚机应有连续工作30 min的能力;在抛锚试验时,应能以不小于9 m/min的平均速度,将一只锚从水深82.5 m拉起至深度27.5 m;应能在过载拉力作用下,连续工作2 min;锚机链轮制动器刹紧后,应能承受锚链破断负荷45%的静拉力。

(2)使用锚机的注意事项

锚设备对船舶的操作有着很重要的作用,在使用时要注意:每次使用前,要注意对轴、轴承及传动齿轮处加油、润滑;要检查刹车是否正常,松紧是否适度;要检查刹车带的接触面和磨损程度;要检查离合器是否离、合灵活,能否正常啮合;检查齿轮箱的油位及油质是否正常。此外,锚机使用前,应进行试运转,检查马达空载运转及各挡转速是否正常。确认空载运转正常后方可进行抛、起锚操作。离合器合上后,应用定位销固定。在抛锚过程中,如果需要中途刹车时,应尽量一次刹紧,避免烧坏刹车带。起锚时,要选用合理的起锚速度,避免超负荷使用锚机。锚机负荷很大或绞不动时,不能硬绞,而应用车、舵配合。锚在破土离底时所受的负荷最大,应放慢绞锚的速度。在使用中,要避免长时间使用低速挡和高速挡,中速挡最长连续使用时间也不能超过 30 分钟/小时。使用结束时,应刹牢刹车,脱开离合器并插上定位销,关闭电源。

（3）锚机的日常检查、养护

做好锚机的日常检查很重要。锚机使用过程中,要检查各运动部件是否有不正常的发热现象;要检查是否有不正常的声响和振动;对锚机的外露表面,要经常除锈和涂刷油漆;对锚机的机座和固定螺栓应经常检查其完整性和坚固程度。要注意各零部件摩擦面的润滑状况;每次加油后应使机器空车运转片刻;要经常检查变速箱内滑油的油位,要定期换新,保持油的清洁,从而延长机器寿命;锚机链轮的"轮齿"常会由于过度磨损而发生"滑链跳槽"现象,应及时进行堆焊修补。

电动锚机具有结构简单,制造、管理和维修方便,能实现自动化操作等优点,在船舶上一直长期使用。

近年来,船舶在锚泊操作中出现丢锚、断链、损坏锚机的事故时有发生;个别船舶在大风浪航行中出现锚爪撞破船壳的事故。究其原因,除锚设备本身存在质量问题和船员麻痹大意等因素外,主要是业务技术问题:首先在船舶进出港锚泊操作中没有充分利用锚的作用;其次是对锚设备检查、维护、保养不到位;再次是操作方法不当。

三、锚设备的检查保养

锚设备在船舶操纵中对保证船舶安全至关重要。但是,只有平时使设备处于良好状态,才能在操作中充分发挥作用。因此,应当像重视车舵一样重视锚设备,认真检查调试、精心维护保养,使之随时处于良好状态。

1. 船长应随时掌握锚设备情况

船长应要求轮机长、大副按照说明书规定督促指导三管轮、水手长（木匠）及时对设备进行检查调试、维护和保养。每次进出港前,大副（或指派水手长、木匠）、三管轮应试验锚机、绞缆机的运转情况。轮机长、大副应及时向船长汇报锚机和锚设备存在的暂时无法排除的故障和未纠正的缺陷。船长应掌握这些缺陷对运用锚的影响,做到心中有数,以便在船舶操纵和使用锚的过程中予以注意。

2. 甲板部对锚设备的检查、维修保养

（1）检查刹车情况　抛锚前应检查刹车带磨损情况,磨损厚度达到 30% 以上应及时更换。新的刹车带内最好含有金属丝以防磨损过快。抛锚时如出现刹车带冒烟,应及时检查损坏情况。更新刹车带后,应及时检查刹车带的抱紧力。当人力制动的螺杆旋紧后,刹车带应均匀地抱紧鼓轮使其不能转动。修刹车和换刹车带后,试验刹车的方法是:船舶在 30 m 左右水深适宜抛锚的水域,备锚直接用刹车抛锚,当锚链快速抛出时紧急刹车,若能将锚链刹住,则证明刹车正常,否则不符合要求。

（2）检查制链装置　每航次应检查制链装置是否灵活有效,有无损伤、变形,锈蚀是否严重,在锚链绞紧状态下是否能够紧扣锚链。当发现制链器变形或磨损、撑脚变形或磨损、制链器锁紧销变形或损坏应及时通知轮机部修复、调整或对磨损处进行堆焊。

（3）检查锚和锚链　每次抛锚备锚时或起锚后应检查连接锚的销子有无磨损、松动情况,检查锚爪、锚杆有无损伤、变形或裂痕。每季度检查锚链的磨损和锈蚀情况、锚链每节的标记是否清晰、锚链横挡是否脱落。

（4）检查冲水装置　每次起锚时,应注意锚链冲水装置是否正常,以便锚链能清洁地入锚链舱,减少腐蚀。

(5)检查系浮筒设备　每半年检查锚链系浮筒卸克等设备以及备用属具是否齐全,并活络加油。

(6)检查传动装置　每半年检查锚机齿轮和离合器的啮合程度和磨损情况,并防止离合器手柄在运转中脱开。

(7)检查开关位置　启动油泵前,应检查油柜的油位,所有阀门开关应处于正确位置,油马达控制手柄应放置在零位。

(8)检查液压系统　启动油泵后,应检查油压是否正常、有无漏油和异常响声,确认正常后才能操作。气温寒冷时,应提前半小时启动油泵,充分预热液压系统。特别严寒时则需预热更长时间,以防液压油黏度太大。

(9)检查锚的固定情况　船舶离开港口后,大副应带领水手长或木匠认真检查锚的收紧情况,固定好制链器,旋紧刹车,用钢丝牢固地绑扎好锚链,以防在大风浪航行中船舶颠簸造成锚爪损坏船壳或丢锚。

(10)润滑加油　每次到港前、短航次每月用牛油枪注牛油到各润滑点,并涂在人力制动的螺杆上和齿轮轴的离合器上(螺杆有丝扣的部位不能涂抹油漆)。每次加油后,应使机器空转片刻,以便油脂均匀地涂在滑动面上。

(11)清洁除锈:整个锚机的表面都应保持清洁,及时除锈涂漆。

3. 轮机部对锚设备检查、维修保养

(1)每月检查液压油的质量,确保无变质、无油泥、无水分、无锈和金属屑及其他杂物。添加新油必须过滤;更换新油时,要彻底清洁油柜。

(2)每半年检查锚机机座和固定螺丝,走松的螺母应上紧。

(3)每半年检查齿轮和离合器的啮合程度和磨损情况。

(4)更新刹车带后,应及时检查调试刹车带的安装情况,保证使用刹车时,刹车带能够均匀地抱紧鼓轮。

(5)轮机长应指导甲板部人员正确操作,安排人员排除甲板部在检查中发现并报告的机械故障,修复损坏的部位。

四、抛锚操作过程中的注意事项

针对船舶经常出现的与抛锚操作有关的事故,提出以下注意事项。

(1)船长和驾驶员要认真学习、研究用锚方法。特别是在进出港操作中,必须备双锚、派人引航,做到抛得出、刹得住,随时准备用锚配合车舵避免发生碰撞等事故。当需要抛锚制动时,船长应根据水深,命令大副一次性抛出所需链长(一般为两倍水深),立即刹牢。在狭水道或船舶密集操作受限制的水域,为避免碰撞他船紧急抛锚时,一般应双锚同时抛。

(2)在锚地抛锚前,应控制车速,调整好艏向。要使船首稳定地对准风、流的主要来向,船首快速偏转时不要贸然抛锚,以防出现出链太快刹不住、刹住锚链但锚爪不能抓牢海底或损坏锚爪,以及锚链过船底等现象。抛锚水域如没有风、流影响,应在船舶停车后,利用余速驶向抛锚位置,船首抵达锚位前立即倒车。倒车浪花到船舯时停车,船开始后退时指令大副抛锚。

(3)锚地,水深25 m以内时,使用锚机将锚送到水面,备好锚,可以用刹车带直接抛锚;水深25~50 m时要先用锚机放锚到离海底约10 m处,然后用刹车刹住,脱开离合器,松刹车抛锚;水深50 m以上严禁直接用刹车带抛锚,应使用锚机放锚直到海底,然后改用刹车松链;水深超过85 m,抛锚时应考虑锚机起锚的能力。船舶抵达抛锚位置时应控制船位,船停住后用锚机松锚链直到海底,待锚链向前或抖动时再继续用锚机松链。如完全没有风流影响,可采用适当慢倒车使船舶缓慢后退,用锚机将锚链松至需要的锚链长度后再用刹车带刹牢,打上制链器,脱开锚机离合器。

(4)抛锚过程中,大副要关注出链速度和锚链走向,并及时报告船长。在30 m左右水深的锚地抛锚,初次抛出的锚链长度应相当于两倍水深,等锚链吃力时再继续松链,要注意一次不要松得太多,以免锚的抓力突然增大,用刹车刹不住造成丢锚失链的事故。

(5)任何时候发现锚链吃力太大,刹车带难以刹住锚链,应立即放下制链器协助控制锚链,并向船长报告锚链走向以便适当用车,切勿带上离合器用锚机控制锚链,以免损坏锚机。

(6)无论备锚还是绞锚,带上离合器时,应先轻轻绞动锚机使离合器与锚机齿轮紧密啮合,然后缓慢松开刹车带,以防在离合器与锚机齿轮没有完全啮合情况下,松刹车、快速启动马达损坏齿轮或离合器。

(7)锚地抛锚松到足够锚链后,要放下制链器,用锚机缓慢松锚链使制链器刚好受力,然后打紧刹车带,脱开离合器,停止油泵,用制链器协助刹车带固定锚链,严禁靠油马达自锁功能固定锚链。

(8)船舶不宜在流水湍急的水域或冰层超过10 cm以上的冰区抛锚。抵港前,应提前与代理取得联系,控制到港时间。不得不在流水湍急的锚地抛锚时,要备车值航行班,将每日涨、落和转流时间书面通知驾驶员,警惕走锚或断链。冰区抛锚要选择冰层薄、受流冰影响小的宽阔水域,冰层超过10 cm以上时出链长度应根据水深掌握在3~4节之间。

(9)在冰区、水流湍急水域和8级以上大风情况下发现走锚,应首先用车舵控制船位,没有足够安全水域不可轻易起锚另选锚位,以免起锚造成船舶失控。无论任何时候用车舵控制锚位,都应派人到船首看锚链,并随时报告锚链方向和吃力情况。风浪大时,看锚链人员应系好安全带。

第二节 系泊设备

船舶停泊除用抛锚方式外,凡停靠码头、船坞,系留浮筒均需用缆绳将船系住。凡保证船舶能安全可靠地进行系缆作用的装置和机械,统称为系泊设备。

船舶是依靠系泊设备系留于预定水域或系结于码头上的。系泊设备通常包括系绳、浮筒、系泊码头、岸边或他船时所需带缆桩、导缆器、缆索卷车和系缆机械(图5.3)等。

系泊设备通常布置在艏、艉部或甲板的舷侧。一般左右对称布置,以保证船舶两舷都能停靠。带缆桩靠近船舷,船首尾各有一对。导缆钳和导缆孔应与带缆桩对应布置。凡是通过巴拿马运河等国际水道的船,还需按规定配置特殊的导缆器和导缆孔。缆索卷车应靠近艏艉楼舱壁布置,以不妨碍人员通行,并便于收缆操作。除系船缆外,系泊设备还由挽缆装置、导缆装置、系泊机械和缆车及附属用具等组成。

图5.3　系缆机械

一、系泊设备组成

1.挽缆装置

为在靠泊和拖带作业时固定缆绳的一端,在艏艉楼甲板和船中部甲板等部位设有挽缆用的缆桩。缆桩的受力很大,因此要求基座必须十分牢固,缆桩附近的甲板均需加强。

缆桩有铸造的也有用钢板围焊而成的。其类型很多,有单柱系缆桩、双柱系缆桩、单十字系缆桩、双十字系缆桩、斜式双柱系缆桩和羊角桩等。大中型船舶多采用双柱系缆桩。

2.导缆装置

为了使缆绳按一定方向从舷内通向舷外引至码头或其他系缆地点,限止其位置偏移,并尽量减少缆绳与舷边的磨损,避免因急剧弯折而增大所受应力,在船首尾及两舷都设有导缆装置。

3.绞缆机

绞缆机也称系缆绞车,其主要用于收绞缆绳。船首绞缆机械一般由锚机卷筒进行,有些大型船舶在船首还专设系缆绞车;船中部的缆绳一般由起货机副卷筒收绞,有些大型船舶的中部也专设系缆绞车;在船尾甲板则另设系缆绞车或系缆绞盘。

4.缆车及附属用具

缆车及附属用具包括缆车、制缆索、撇缆绳、碰垫、防鼠板、撇缆器等。

二、系泊设备的检查保养

每个季度,应检查一次绞缆机和缆车,包括其外壳底脚螺栓和支架的锈蚀情况,卷筒损坏、磨耗、腐蚀情况,操纵控制器的水密情况,转动部分是否轻便灵活,刹车和离合器是否可行轻便,并加油润滑,做好磨损记录。如装有自动张力绞缆机,应检查其有效性。对钢丝缆要检查其锈蚀和断丝情况,以及绳内油麻芯含油情况;对植物纤维缆要检查其磨损情况,股内有否霉点情况;对合成纤维缆要检查其外表磨损和粗细情况。

每半年,应对带缆桩、导缆孔、导缆钳、导向滚轮以及缆索卷车检查其锈蚀和磨损情况,有否裂纹,滚轮是否活络,检查并记录其底脚锈蚀和垫木的腐烂情况,对转动部分应定期加油,并做好记录。

每个航次,应检查一次制缆装置,检查甲板眼环是否锈蚀、磨损,检查链(索)是否变形、腐蚀磨损,并应及时除锈涂漆,磨损变形严重者应予换新。平时还应经常检查缆绳的磨损、锈蚀和断丝等情况,以及检查撇缆、靠把和防鼠板是否齐全、有无损坏,如损坏或丢失,应及时换新补充。

对修理后的绞缆机要进行试验,运转试验应进行 1~2 h,并测定转速、拉力负荷。绞缆速度应能达到 15 m/min,绞缆拉力应能达到所配置的系船缆破断力的 75% 左右,在试验过程中还应进行制动和过载保护装置的试验。

三、系泊设备安装检验

1. 安装前应具备的条件

(1)带缆桩、导缆钳、导缆孔等系泊设备,目前大都采用钢板焊接结构或将铸钢件焊接固定,其焊缝应符合焊接质量要求。如用铸件制作系泊设备,铸件表面应经过修整,铸件型箱连接处的缝隙须修平到表面,铸件表面不应有尖角、砂眼、裂缝等缺陷。

(2)装船的绞车钢丝绳应符合图样规定的规格、要求,并具有产品质量证明文件,对导向滚轮和系泊绞车也应符合规定。

2. 检验内容

(1)带缆桩、导缆钳、导缆孔、导向滚轮安装检验(图 5.4)。

(2)绞缆机安装检验。

3. 安装要求与检验方法

(1)带缆桩、导缆钳、导缆孔、导向滚轮的安装要求与检验方法

上述系泊设备的安装形式,有直接与甲板焊接的;有在甲板上安装加强复板后再焊接的;也有安装在基座上,基座与主甲板焊接的。对于上述几种安装,尽管方法不同,但焊接要求是相同的,即焊缝的尺寸应符合图样规定,焊缝应无裂缝、漏焊、焊瘤、弧坑等缺陷。对于少量采用铸钢件的系泊设备,安装时直接将铸钢件与船体结构焊接,其焊接要求同上。上述系泊设备安装后,应检查其安装位置与安装质量。

(2)绞缆机安装要求与检验方法

绞缆装置有锚机附带绞缆装置和起货机附带绞缆装置,此类机组安装归入相应的锚机、起货机安装。专用绞缆装置的安装中,绞缆机的机座应按图样尺寸在甲板上安装、焊接,焊接规格应符合图样规定,焊缝无裂缝、漏焊、焊瘤、弧坑等缺陷。机座上垫块(包括侧向基座)焊后应进行表面加工,要求向外倾斜小于 1:100。

图 5.4 缆桩及导缆孔

四、使用注意事项

(1)化纤绳使用注意事项

①因化纤绳具有较大的伸缩性,受力拉长后有很大的弹力,所以在上滚筒受力时易突

然跳动,操作时应离滚筒远一些,以防弹出伤人。

②在用绞车收绞缆绳时,尽量避免绞车空转,以免摩擦产生的高温使化纤绳变质或粘合;存放时应避开蒸汽管路、高温处;化纤绳的头部等易摩擦处,可用帆布包好。

③不可与钢丝绳交错用于同一个导缆孔和缆桩。

④避免接触酸、碱等化学品,以免变质,经常用淡水冲洗,但存放时保持干燥。

(2)钢丝缆绳使用注意事项

①在钢丝绳 10 倍直径长度内发现断丝超过 5% 或有显著变形、磨损和锈蚀时应换新。

②钢丝绳不应有扭结、急折;系缆时弯曲处应至少有 6 倍钢丝绳直径以上的弯曲半径。

③钢丝绳在使用时,如发现锈蚀,其使用强度应降低 30% 。

④一根钢丝绳不能同时出两个头使用。

⑤用完后,钢丝绳应整理卷好在缆车上,罩好防水罩。平时应对转动部分定期检查和涂油防锈。使用系缆卷车时,应特别注意卷车的转速。松缆时应使用缆车的脚踏等刹车器控制速度,千万不能用手来制止缆车的转动,以免发生危险。

(3)其他应注意事项

①绞缆速度要听从指挥,不要硬绞或突然加大系缆绞车的功率。

②在使用制缆索时,应使用与缆绳同质的制缆索。

③人员站立位置要适当,严禁站在缆绳圈中或两脚跨住缆绳。操作时注意力要集中,不要靠近张紧的缆绳。

④缆绳和属具要预先准备好。

⑤操作人员应穿戴好手套、安全帽、工作鞋等防护用品。

⑥注意两根或两根以上缆绳同时套在同一个船上缆桩或岸上缆桩的正确套桩方法(图5.5)。

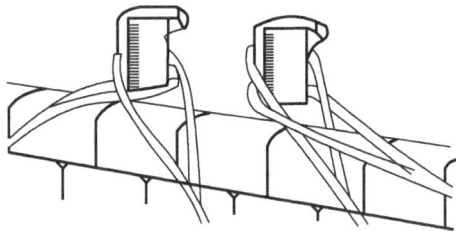

图 5.5　缆绳在同一缆柱上的系带方法

第三节　舵　设　备

一、舵设备的作用与组成

1.舵设备的作用

(1)舵设备是船舶在航行中保持和改变航向及旋回运动的主要工具(图5.6)。

(2)影响舵效的主要因素:舵角大小;流经舵面的流速;船的转动惯性及纵横倾;风流、浅水等海况;舵机的性能。

(3)一般把舵角等于 32°～35°称为使用极限舵角。对此船上使用了止舵器或限位器,这能使舵角不超过35°。

图5.6 舵

2. 舵设备的组成

（1）舵设备由舵装置、舵机与转舵装置、操舵装置的控制装置及其他附属装置组成。

（2）舵手转动舵轮或扳动操舵手柄（应急装置），启动机械、液压或电力操舵装置即可控制舵机正转、反转及停止。

（3）转舵装置又称传动装置，其作用是把舵机的动力传到舵轴，驱动舵叶转动。舵机和转舵装置又统称为操舵装置，均装于船尾舵机舱内。

二、舵的种类、特点与作用

（1）按舵杆的轴线位置分类　不平衡舵、平衡舵和半平衡舵。

（2）按舵叶的支承情况分类　双支承舵、多支承舵、悬挂舵和半悬挂舵。

（3）按舵叶的剖面形状分　平板舵、流线型舵（复合舵）。流线型舵的舵叶以水平隔板和垂直隔板作为骨架，外覆钢板制成水密的空心体，水平剖面呈机翼形。这种舵阻力小、升力大、舵效高，虽构造比较复杂，但应用广泛。

（4）特种舵：

①整流帽舵　即在普通流线型舵的正对螺旋桨的轴线延长部位，加一个流线型的圆锥体，俗称整流帽，它有利于改善螺旋桨后的水流状态。

②主动舵　在舵叶后端装有小螺旋桨或导管推进器，转舵时可发出推力，增加船舶的转向能力。另外，即使是在低速甚至停车时，操作小螺旋桨仍可得到转头力，推船缓行。这大大提高了船舶的操纵性。这种舵适用于对操纵能力要求高、靠离码头比较频繁的船舶，例如引航船、渡轮、科学考察船等。

③襟翼舵　又称可变翼形舵。其可以横向移动。因此，襟翼舵有助于船舶获得较大的转船力矩，从而提高舵效或减小舵杆扭矩，舵机功率也较小。另外，如果使用襟翼舵，可以用较小的舵角改变航向，使船舶改向时失速较小，减少油耗。襟翼舵的广泛使用说明了它深受船东与船员的欢迎，但其价格偏高，维护保养要求也比较高。

④反应舵　又称迎流舵，它以螺旋桨的轴线为界，舵叶的上下线型分别向左右扭曲一些，使由螺旋桨射出的水流对舵没有冲击作用，而离开舵时呈直线向后流去。结果舵居中时舵的上下两部分具有舵压力，且具有向前的分力，助船推进，即能从尾流中收回一部分旋

转的动能增加推力。

⑤组合舵　也称希林舵或工字形舵。在流线型舵叶的上下两端各安装一块制流板,可减少舵叶两端的绕流损失。

三、操舵装置

1. 操舵装置的概念与分类

(1)操舵装置是将舵转至所需角度的装置。其可分为人力操舵装置和动力操舵装置两类。

(2)操舵装置一般多设于艉尖舱平台甲板上。按规范规定,操舵装置又分为主操舵装置和辅助操舵装置。

(3)所谓主操舵装置是指在正常航行情况下为驾驶船舶而使舵产生动作所必需的机械、转舵机构、舵机装置动力设备(如设有)及其附属设备和向舵杆施加转矩的部件(如舵柄及舵扇)等。

(4)所谓辅助操舵装置是指在主操舵装置失效时,为驾驶船舶所必需的设备(这些设备不应属于主操舵装置的任何部分,但可共用其中的舵柄、舵扇或做同样用途的部件)。船舶要求设有两套操舵装置,一套是主操舵装置,一套是辅助操舵装置。小船的辅助操舵装置可以是人力操纵的,大船必须是用动力操纵的。现在较大船舶上的主操舵装置,一般都有两套相同的动力,并且使用其中一套动力就能满足操舵要求,所以它可不设辅助操舵装置。

2. 电动操舵装置

(1)电动操舵装置主要由电动机、传动齿轮、舵扇和舵柄等组成。

(2)缓冲弹簧用以吸收波浪对舵的冲击力。舵扇下面装有楔形块,停泊时打上楔形块可刹住舵扇,防止舵受浪冲击而损坏舵机。

(3)电动操舵装置结构简单、操作简便、工作可靠,适用于中小型船舶上。

3. 液压操舵装置

(1)液压操舵装置主要由电动机、油泵、管路、转舵机械等组成。这种操舵装置是现代海船广泛采用的一种操舵装置。

(2)它的特点是具有传动平稳、无噪声、操作方便、易于遥控、能实现无级调速,在操舵次数频繁的情况下,比电动操舵装置具有更高的可靠性。特别是对大型、高速和转舵力矩大的船舶,如果采用较高的工作油压时,可获得尺寸较小、质量较小、布置紧凑的转舵装置。

(3)根据液压舵机推舵时油缸运动形式的不同,其分为往复柱塞式和转叶式两大类。往复柱塞式舵机,其原理是通过高低压油的转换而做功产生直线运动,并通过舵柄转换成旋转运动。目前,船上常用的有二缸柱塞式液压舵机和四缸柱塞式液压舵机。图5.7为二缸柱塞式液压舵机图。往复柱塞式液压舵机一般由转舵机构、动力源和操纵追随机构三大部分组成。动力源由电动机、主油泵、辅油泵和控制阀箱等组成。电动机带动主、辅油泵供给工作需要的各种压力油,安全控制阀起保护作用和对压力油的分配。转舵机构由油缸、柱塞和舵柄等组成。当操舵装置控制系统启动电机带动变量泵时,变量泵从一对(或一个)油缸中抽油,同时向另一对(或一个)油缸输油,从而推动柱塞直线运动并使舵柄绕舵杆做旋转运动,产生舵角。当油泵改变输油方向时,舵就反向转动。

转叶式舵机装置主要由转叶式舵马达、动力泵组、储备油箱等组成。转叶式舵马达腔内动叶接受来自动力泵组压力油的作用,带动转子并将扭矩传递给舵杆,以达到转舵的目的。动力泵组由液压泵、电磁阀、控制阀等集装而成,非常紧凑,泵组接受电气操纵系统的控制。储备油箱为操舵装置液压系统上的一个附件,为液压系统供油和补油所需。

4. 舵角限位器

(1)航行中船舶使用的最大有效舵角:一般流线型舵为32°,平板舵为35°。

(2)为了防止在操舵时实际舵角太大而超过有效舵角,在操舵装置的有关部位设置舵角限位器。舵角限位器有机械、电动等多种类型。机械舵角限位器可以设在舵叶上或下舵杆与舵柱的上部。

图5.7　二缸液压柱塞式舵机

(3)还有在舵柄两侧极限舵角位置处装设角铁架。当舵转到满舵时,舵柄被角铁架挡住,不能继续转动。电动舵角限位器为装于舵柄两侧极限位置的开关。当舵转到满舵时,舵柄与其相连的装置使开关处于断路位置,与开关串联的舵用电机即停止向某一舷继续转动,当舵机电机反转时,舵柄或与其相连的装置和开关脱离接触,开关即在弹簧的作用下回到通路位置。

四、SOLAS 公约与我国《钢制海船入级与建造规范》要求

1. 对于一艘船舶的基本要求

如果设置一个主操舵装置和一个辅助操舵装置,对主辅操舵装置的布置,应满足当它们中的一个失效时应不致使另一个失灵。

2. 主操舵装置和舵杆的要求

(1)具有足够的强度并能在最大营运前进航速时进行操舵,使舵自任一舷的35°转至另一舷的35°,并且于相同条件下自一舷的35°转至另一舷的30°所需的时间不超过28 s。

(2)为了满足上述的要求,当舵柄处的舵杆直径(不包括航行冰区的加强)大于120 mm时,该操舵装置应为动力操作。

(3)设计成在船舶最大后退速度(指船舶在最大航海吃水情况下用设计的最大后退功率估计能达到的速度)时不致损坏。但这种设计要求不需要在试航中的最大后退速度和最大舵角进行验证。

3. 辅助操舵装置的要求

(1)具有足够的强度和足以在可驾驶的航速下操纵船舶,并能在紧急时迅速投入工作。

(2)能在最大营运前进航速的一半但不小于 7 kn 时进行操舵,使舵自一舷的15°转至另一舷的15°,且所需时间不超过 60 s。

（3）为了满足上述的要求,在任何情况下,当舵柄处的舵杆直径(不包括航行冰区的加强)大于230 mm时,该操舵装置应为动力操作。

（4）人力操舵装置只有当其操作力在正常情况下不超过160 N时方允许装船使用。

4. 主、辅操舵装置动力设备的布置要求

（1）当动力源发生故障失效后又恢复输送时,能自动再启动。

（2）能从驾驶室使其投入工作。

（3）任一台操舵装置动力设备的动力源发生故障时,应在驾驶室发出声、光警报。

（4）如主操舵装置具有两台或几台相同的动力设备,则在下列条件下可不设置辅助操舵装置:

①对于客船,当任一台动力设备不工作时,主操舵装置仍能按规定进行操舵。

②对于货船,当所有动力设备都工作时,主操舵装置能按规定进行操舵。

③主操舵装置应布置成当其管系或一台动力设备发生单项故障时,此缺陷能被隔离,使操舵能力能够保持或迅速恢复。

5. 附加要求

（1）1万总吨及以上的每艘油船和7万总吨及以上的每艘其他船舶,其主操舵装置应设两台或几台相同的动力设备,并符合各项规定。

（2）1万总吨及以上的每艘油船,其操舵装置应符合以下规定:主操舵装置应这样设置,即由于主操舵装置的一个动力转舵系统的任何部分(除舵柄、舵扇或为同样目的服务的部件或因转舵机构卡住以外)发生单项故障以致丧失操舵能力时,应在45 s内能够重新获得操舵能力。

操舵装置应包括:

①单个动力和分开的动力转舵系统,每个系统均能满足相关要求。

②至少有两个相同的动力转舵系统在正常运行中同时工作能满足相关要求。当需要符合此要求时,各个液压动力转舵系统应设有交叉联结。任一系统中液压流体丧失时应能发现及有缺陷的系统应能自动隔离,使另一个或几个动力转舵系统保持完全运行。

③非液压形式的操舵装置应能达到同等的标准。

（3）对1万总吨及以上但小于10万载重吨的油船的操舵装置,若能达到同等的安全衡准和符合下述规定时,对一个或几个动力转舵系统不必应用单项故障标准。

①由于管路或一台动力设备的任何部分发生单项故障而丧失操舵能力时,应能在45 s内恢复操舵能力。

②若操舵装置只具有单一的动力转舵系统,则需对设计时的应力进行分析,包括疲劳分析、断裂力学分析(如适合时)和对所用的材料、密封装置的安装、试验、检查及有效的维护规定等予以特别考虑。

（4）对1万总吨及以上但小于10万载重吨的油船的非双套动力转舵系统,其验收要求应经船检部门特别同意,并应符合国际海事组织A467(XII)决议的规定。

6. 操舵装置控制系统的布置

（1）对主操舵装置,应在驾驶室和舵机室两处都设有控制器。

（2）当主操舵装置是由两台或几台相同的动力设备组成不设辅助操舵装置时,应设置两个独立的控制系统,且每个系统均应能在驾驶室控制。

（3）对于辅助操舵装置应在舵机室进行控制。若辅助操舵装置是用动力操纵的,则也应能在驾驶室进行控制,并应独立于主操舵装置的控制系统。

(4)能从驾驶室操作的主、辅操舵装置的控制系统应符合下列要求:

①在舵机室应设有能将驾驶室操作的控制系统与其所服务的操舵装置脱开的设施。

②此控制系统应能在驾驶室某一位置被投入操作。

(5)当控制系统的电源供应发生故障后,应在驾驶室发出能视听的警报。

(6)驾驶室与舵机室之间应备有通信设施。

(7)舵角位置应在驾驶室及舵机室显示。舵角指示应与操舵装置控制系统独立。

(8)驾驶室和舵机室应固定展示带有原理框图的适当操作说明。此说明表明操舵装置控制系统和动力转舵系统的转换程序。

五、舵设备的检查保养方法

1. 日常检查

(1)平时　平时舵机间不准放置杂物,应保持清洁干燥,切忌电机受潮;卸货后利用干舷高的条件查看舵叶、舵杆和连接法兰的情况。经过大风浪或冰区航行、搁浅或其他海事后,更要仔细检查,特别要注意法兰上水泥包是否完好。对其各个部位要经常保持清洁,有锈要除锈涂漆,活动部分要加油润滑。

(2)开航前　每次开航 12 h 前,驾驶员应会同轮机部门的相关人员对操舵装置的工作情况进行校核。轮机部要先做好对舵的准备,启动舵机,使油泵工作。甲板部要派人观察舵叶周围有无障碍物,核对主罗经与分罗经误差和舵轮与舵角指示器的一致性,然后会同进行检查和对舵。检查内容包括:①操舵装置的完好性与现场有无杂物;②驾驶台和舵机间通信是否畅通;③对舵,以确保舵角指示器读数的准确性;④检查每部操舵装置,分别进行各种角度的对舵。对舵方法如下:先使舵角指示器的指针指零度,观察舵机室的舵角是不是也为零位,再慢慢地将舵轮往左(右)转到满舵,接着用同样方法向右(左)满舵进行一次,再快速活舵一次,然后操舵人员听令,分别连续地做左(右)5°、15°、25°、35°操舵和回舵,最后进行从一舷满舵到另一舷满舵、回舵的试验。舵角指示器在最大舵角时的指示误差,机械舵应不超过 2°,在正舵的位置应无误差,在其他舵角的位置不应超过 1°。

(3)航行中　值班驾驶员应经常检查舵机的工作状况是否正常,切忌"跑舵"。遇大风浪时,应检查舵机间可移动物体是否绑扎好。使用自动操舵方式时,每个班次最少都要进行自动操舵与随动操舵的转换,还要对应急舵进行定期的试操作。

(4)停靠后　关闭电源,防止无关人员进入驾驶台和舵机房随便扳动舵轮、操舵仪上的各种开关旋钮及损坏舵机房内的设备。

2. 定期保养

每 3 个月应对舵设备进行一次全面的检查和保养。其内容如下:

(1)查看舵杆、舵叶各部分磨损及损坏情况,做好记录。舵杆(销)一般在下舵承处(或舵销处)的轴颈应大于非工作部分的轴颈,否则应进行修理或换新。工作轴颈表面允许存在少量分散的锈蚀斑点,但深度不超过舵杆(销)直径的 1%,舵杆非工作轴颈允许减少量为原设计直径的 7%。舵钮与舵钮或舵叶与舵托平面极限间隙一般为安装间隙的 50%。

(2)检查电操舵装置的绝缘和触点情况,用不带毛头的细布揩拭清洁。自动部分检查其灵敏度。液压舵机要查管路有否泄漏以及液压油的质量。

(3)检查转舵装置电动机的运转及损耗情况,加以清洁,并做好记录。液压式舵机要检查泄漏情况及油的质量,以及时修复并充液。最少每 3 个月进行一次应急操舵的演习。每 6 个月检查备用操舵装置的活络部分。

六、操舵工作要领和基本方法

1. 操舵工作要领

(1)操舵要领。船舶在航行中,值班驾驶员根据航行的需要,对舵工下达舵令,由舵工根据舵令进行操舵,以控制船舶的航行方向。

(2)值班驾驶员下达舵令时,应考虑到船舶在各种不同情况下的应舵性能和舵工的操舵水平。所下达的舵令应确切、明了和清楚。

(3)舵工在操舵时应有高度的责任感,思想集中、动作准确。

(4)操舵注意事项:

①舵工在接到舵令后,应立即复诵并立即执行舵令操舵。当到达所要求的舵角(指舵角指示器所指示的船尾舵叶所到达的实际舵角)/航向(罗经指示)/对准参照物时,应立即予以报告。

②舵工复诵和报告时应做到吐字清楚、声音洪亮。

③值班驾驶员在舵令发出后,如遇舵工复诵舵令错误或操作不当,应立即予以纠正。对舵工的报告应予以确认。

④按舵角操舵方法下达舵令时,舵令的先后顺序一般应为:左/右舵××→回舵或回到左/右舵××→正舵→把定,然后再按实际需要下达新的舵令组。除特殊情况外,不应下达左/右舵××直接到右/左舵××的舵令。

⑤舵工要严格遵照舵令操舵,未得到舵令不能任意改变航向。还必须及时复诵和报告执行情况。如有疑问要及时提醒,以防发错或听错舵令乃至操错舵角。值班驾驶员与舵工要密切配合。

2. 操舵的基本方法

船舶在航行中,操舵的 4 种常用基本方法如下:

(1)按舵角操舵

舵工在听到值班驾驶员下达舵角舵令后,应立即复诵并迅速、准确地把舵轮转到所命令的舵角上。

(2)按罗经(航向)操舵

船舶在海上及大多数狭水道航行时,大都按罗经操舵的方法使其保持所需的航向上。舵工应根据转向角的大小、本船的旋回性能和海况等情况决定所用舵角大小。在一般情况下,如转向角超过30°,可用10°~15°舵角;如转向角小于30°,则宜用5°~10°舵角。用舵后船舶开始转向,此时可根据罗经基线和刻度盘的相对转动情况,掌握船舶回转时的角速度。当船舶逐渐接近新航向时,应根据船舶惯性和回转角速度的大小,按经验提前回舵并可向反方向压一舵角,以防止船舶回转过头,这样船舶就能较快地进入并稳定在新航向上。当罗经基线偏在原定航向刻度的左边时,这表示船首已偏到原航向的左边,应操相反方向的小舵角(右舵,3°~5°即可),使船首(罗经基线)返回原航向。纠偏时要求反应快、用舵快和回舵快。

(3)按导标(参照物)操舵

近岸尤其是在狭水道或进出港航行时,明显的固定物体较多,此时可利用这些物体作为参照物进行操舵,即按导标(参照物)操舵。

（4）大风浪中操舵

船舶在风浪中航行应由有经验的人员操舵,操舵过程中应注意风流影响的综合结果,要提前回舵或压舵。

第四节 装卸设备

克令吊是外来词,英文是 crane,又称船用吊机、船用起重机,是船上的一种大甲板机械(图5.8)。它是一种船舶装卸货物的设备,液压克令吊是船舶上普遍使用的一种装卸货设备。液压克令吊的操作相对简便,其性能也较为稳定,被广泛地应用到远洋船舶上。在激烈的航运市场上,其工作性能在为船东争船期、抢效益上都发挥了重要的作用。

图5.8 船用克令吊

一、液压克令吊日常维护工作

为了保证液压克令吊能达到预计的生产能力和稳定可靠的技术性能,对液压设备必须做到熟练操作、合理调整、精心保养和视情况检修。液压克令吊的日常维护工作主要有下列几项。

（1）轮机管理人员必须熟悉本设备所用的主要液压元件的作用,熟悉液压系统的工作原理,掌握克令吊的动作顺序与各种保护措施。

（2）到港前应检查油位是否正常,放出油箱底部的残液,并开机进行全面检查克令吊的状况,观察工作压力,运行速度以及各种保护装置的工作是否正常,制动器的动作是否符合要求,制动带的磨损量是否在允许的范围内。

（3）按使用说明书上规定的负载要求,合理调节液压系统的工作压力和工作速度(起升、变幅),当压力阀(压力继电器)和变量泵(调速阀)调节到所要求的数值后,应将螺栓紧固牢靠,以防松动。

（4）按使用说明书上规定的油液品种选用液压油。在加油时,油液必须经滤油车过滤后注充,平时要定期(200~500工作小时)清洗或更换滤芯。

（5）克令吊液压系统的工作温度不得超过85 ℃(主回油管内油液温度)。一般要求当油温大于35 ℃时,应开启冷却器风扇对油液进行冷却。在正常运行时需定期检查冷却器工作是否正常,冷却器进出口是否有明显的温差。油温低于10 ℃时不易直接启动泵运行。

在低温航区航行时要做好液压设备的保温与启动前的预热。

(6)在克令吊停用期间,要做好克令吊内的保温工作,要检查电加热器是否在正常工作,并定期检查电器设备的绝缘情况。

(7)当液压系统某部位有故障时(例如控制油压偏低、工作速度达不到要求值、油液温升过高、制动器动作不正常、吊重能力下降等),要及时分析原因并进行处理,不要勉强运行,造成机损事故。

(8)要经常检查和定期紧固接头、法兰盘等,以防松动。对高压软管要经常检查,发现开裂、渗油时应及时换新。对各种油封发现有不正常泄露,应及时换新。

(9)对蓄压器要定期检查其工作性能,发现气压不足或油路油压波动过大时,要及时对蓄压器进行充气或换新。

(10)定期检查克令吊的驱动电源与控制电源是否正常,为保证电磁阀的正常工作,控制电压波动值不应超过额定电压的15%。所有的电气控制箱均应做好防潮、防油、防灰尘的措施。

(11)做好克令吊机械部件(滑轮组、齿轮、轴承)的润滑,确保润滑脂不受污染,定期做好润滑脂更换。

(12)定期做好水密门的养护工作,确保克令吊各水密门的水密与起闭灵活,防止海水、雨水侵入机内。平时要做好机房内的清洁工作。

(13)做好索具、梯子的养护工作,确保安全生产与港口国检查。

(14)对系统中各种安全保护装置要定期进行检查,其参数要严格按说明书的要求设定,未经主管部门或轮机长的同意,任何人不得对系统中各种保护装置的设定值进行人为改动。

(15)定期(3~6个月)定点(主系统回油管测压点处)做好液压油的取样检查,根据检查结果做好液压油的防污染与净化工作。在正常情况下每500工作小时左右用滤油车将油渣中的油液过滤一遍,每年清洗一次油箱。并按检查结果视情换油。

二、克令吊的日常检查工作

液压克令吊的日常检查工作主要是指到港前的检查与装卸货期间的日常检查,为便于做好克令吊的修理工作,还应对其进行离港后(航行中)的检查。

日常检查工作的主要内容有以下几点:

(1)系统中各液压元件是否有不正常的泄漏;

(2)各机械制动器制动性能是否良好;

(3)液压泵、液压马达运转时是否有异常噪声、过热等现象;

(4)控制油压是否在正常范围内,操纵时是否有压力冲击或波动;

(5)主油路各测压处的压力是否在正常值范围内;

(6)克令吊的运行速度是否正常;

(7)克令吊的起重能力是否下降;

(8)液压系统的油温是否正常;

(9)油箱油位是否在正常范围内;

(10)油箱底部是否有过多的残水或杂质;

(11)系统中滤油器油压差指示器是否在正常范围内;

（12）各种限位与保护装置的动作是否正常；

（13）克令吊在工作过程中是否有异常的机械噪声与振动；

（14）各机械运动副内（或润滑点）是否有足够的润滑脂；

（15）克令吊操纵是否自如；

（16）双克令吊并吊工作时是否能同步；

（17）电源电压是否在正常范围内；

（18）控制板上是否有故障灯在闪亮。

三、备件、专用工具与技术文件的管理

为提高克令吊的自修能力，除配好主管轮机管理人员以外，做好备件、专用工具、对技术文件的管理也是管好、用好克令吊的一项日常工作。保持在船有确保自修目的的最低备件保存量。最低保存量的确定，各船可根据实际情况来确定。常用备件与备品主要有各种密封件（各种规格的管连接处组合密封圈、O形圈、液压泵、液压马达、液压缸的油封）、各种规格的软管，无缝钢管、连接用高强度螺栓、制动阀、蓄压器、压力表、制动带、滤芯、换向阀电磁铁、电气设备等，对有些船舶也可按备有副泵总成，主泵的易损部件，操纵阀以及控制系统中的插板等。

第五节　货物系固设备

一、相关定义

1. 货物单元

货物单元系指车辆（如公路车辆、滚装拖车）、铁路车辆、集装箱、板材、托盘、便携式容器、可拆集装箱构件、包装单元、成组货，其他货物运输单元如船运箱盒，件杂货如线材卷，重货如火车头和变压器。不是永久固定在船上的船舶自带装载设备或其他部件，也视作货物单元。

2. 标准货

标准货系指已根据货物单元的特定形式在船上设置了经批准的系固系统的货物（如集装箱）。

3. 半标准货

半标准货系指在船上设置的系固系统仅适应货物单元的有限变化，如普通车辆（包括滚装拖车）及铁路车辆等。

4. 非标准货

非标准货系指需要专门积载和系固安排的货物，如普通件杂货等。

5. 货物系固设备

货物系固设备系指所有用于系固和支持货物单元的设备，有固定式和便携式两种。

6. 最大系固负荷

最大系固负荷系指船上系固设备的许用负荷。当能提供等同或较高的强度时，安全工作负荷可代替最大系固负荷。

7. 固定式系固设备

固定式系固设备系指焊接在船体结构内部(主要指货舱)及外部甲板、舱盖与支柱上的货物系固点及其支撑结构。

8. 便携式系固设备

便携式系固设备系指用于货物单元系固和支撑的移动式设备。

二、非标准与半标准货物系固设备

1. 非标准货物系固设备

(1)固定式系固设备

固定式系固设备直接焊接在舱壁、舷侧强肋骨、支柱及甲板上,必要时也可直接焊接在舱底及舱盖上。其主要结构有:

①眼板,为一带眼的钢板。

②眼环,由一固定眼环和一活动眼环组成。

③地令,为一固定焊接眼环。

(2)便携式系固设备

其主要结构有:

①系固链条及紧链器;

②钢丝绳;

③系固钢带;

④卸扣;

⑤花篮螺丝;

⑥紧索夹。

(3)便携式系固设备的配套使用

钢丝绳必须与紧索夹、花篮螺丝配套,或与紧索夹、花篮螺丝及卸扣配套;系固链条与紧链器配套。

2. 半标准货物系固设备

半标准货物系固设备用于固定滚装船在装载车辆(包括公路车辆、滚装拖车)及铁路车辆时所用的设备。

(1)固定式系固设备

其主要结构有:

①系固槽座;

②可折地令。

(2)便携式系固设备

其主要结构有:

①系固链条及紧链器;

②绑扎带,系固车辆及滚装拖车专用设备;

③象脚,插入槽座并通过其与其他便携式系固设备相连;

④拖车支架,作拖车支架并固定拖车;

⑤拖车千斤顶;

⑥轮楔,固定车轮用,以增大摩擦力;

⑦系固钢丝;

⑧快速释放紧索器,用于收紧并可快速释放系固钢丝。

⑨花篮螺丝,用于收紧系固钢丝或系固链条。

(3)便携式系固设备的配套使用方法与系固

系固链条、紧链器及象脚配套使用,并利用紧链器收紧系固链条;

系固钢丝、花篮螺丝与象脚配套使用;

系固链条、花篮螺丝与象脚配套使用;

系固钢丝与快速释放紧索器及象脚配套使用,并利用快速释放紧索器收紧系固钢丝。

三、标准货系固设备

标准货系固设备用于固定专用集装箱船及多用途船(适用时)在装载集装箱时所用的设备。

1.固定式系固设备

(1)底座

直接焊接在舱底、甲板、支柱及舱盖上,相互之间的间距按集装箱四角角件孔的尺寸设计,并通过安放在其上的扭锁、底座扭锁或定位锥来对集装箱进行定位和固定。

底座的种类主要有以下几种:

①突出式底座,主要用在舱盖、支柱及甲板上,用于安放并固定扭锁。有单式、横向双式及纵向双式三种形式。

②突出式滑移底座,焊接位置同突出式底座,有单滑移式、横向双连单滑移式、纵向双滑移式三种形式。滑移式底座允许适当调整底座间的间距。

③埋入式底座,主要用在舱底,也有用于舱盖上,结构表面略高于前述结构表面。有单式、横向双式、纵向双式及四连式四种。

④燕尾底座,又称燕尾槽,主要用在舱盖及甲板支柱上,并专用于固定底座扭锁,有单式与横向双式两种。

⑤板式底座,主要用在舱底上,并与堆锥配套使用。

⑥插座,一般用于舱内,并与底座堆锥配套使用。

(2)固定锥

通过一覆板直接焊接在舱底前后端导轨底脚处,用于固定舱内最底层集装箱(固定锥插入集装箱的角件孔内)。

(3)可折地令

又称 D 形环,主要用于舱盖、甲板、集装箱支柱及绑扎桥上,多用途船也将其用于舱底。主要作用是作为一个系固点与花篮螺丝、绑扎杆等组成一系固系统固定集装箱。

(4)眼板

使用位置与作用同地令,但一般不用于舱内。有单眼、双眼、三眼及四眼等几种。

(5)箱格导轨系统

设置于舱内,也有在甲板上无舱口的位置处设置该系统的。

组成:由钢板和型钢构成,组成部分主要有导轨、横撑材、导箱构件等。导轨从内底延伸至导箱构件的下缘。

作用:控制集装箱的歪斜、倾覆与滑移。其中导箱构件又是引导集装箱进入导轨系统的重要构件,一般安装在导轨的顶部。

专用集装箱船箱格导轨系统应满足:

①不应与船体构件形成整体结构,且应不受船体主应力的影响;

②能将因船舶运动时产生的集装箱负荷传递到船体结构,并能承受由集装箱装卸时产生的负荷及阻止集装箱移动;

③集装箱与导轨之间的横向间隙之和$\geqslant$25 mm,纵向间隙之和$\geqslant$40 mm;

(6)横向支撑底座

位置:一般设置于多用途船舱内两舷舷侧。

作用:与横向支撑装置组成一支撑系统,以控制舱内上层集装箱因船舶运动可能产生的横向歪斜、倾覆、移动。

(7)集装箱绑扎桥

设置于大型集装箱专用船甲板,其上设有眼板、D形环或可左右转动的眼板,用于系固高层集装箱。

2. 便携式系固设备

(1)扭锁

主要用于甲板上上下层集装箱之间的联结锁紧或底层集装箱与突出式底座之间的连接锁紧,以防集装箱的倾覆及滑移。有左旋锁和右旋锁两种。

左旋锁操作特点与使用方法:应首先将操作手柄置于非锁紧状态并将其置放到下层集装箱顶部的角件孔或突出式底座内,待上层集装箱堆放妥后,转动操作手柄,即可将箱与箱或箱与底座连接起来。卸箱时应首先用扭锁操作杆将操作手柄转至扭锁非锁紧位置方可卸箱。

(2)半自动扭锁

作用:同扭锁。

特点:无需装卸工人爬到集装箱上将其安装和取下的过程,能最大限度地减少工人上高作业的危险,从而保证安全。

应用:广泛应用,一些国家港口当局强制使用(如美国)。

使用方法:装箱时,在码头上当桥吊将集箱吊起至人手臂举起的高度时,从下向上将其插入集装箱角件孔内,待吊上船并对准突出式底座或另一集装箱角件孔时放下,该锁的自动装置即起作用并转动锁锥将箱与底座或箱与箱连接锁紧。卸箱时,应首先用操作杆将锁销拉出,从而打开扭锁与突出式底座或另一集装箱顶部角件孔的连接,吊起集装箱至码头,用人工将其卸下。

(3)底座扭锁

底座扭锁仅与燕尾底座配套使用。其作用与操作使用方法同扭锁。

(4)堆锥

按堆锥使用位置及功能的不同,主要有以下几种。

①中间堆锥

中间堆锥上下锥头固定,垂向方向无锁紧功能,仅用于舱内箱与箱之间的连接。有单头与双头堆锥两种。

②底座堆锥

底座堆锥之一又称可移动锥板,其结构特点是上为锥头下为插杆,仅与插座配套使用。

有单头、横向双头、纵向双头及四连四种。另一种底座堆锥为单头,但上下均为锥头,这种堆锥与板式底座配套使用。

③自动定位锥

作用:用于固定甲板上40英尺箱位处在装20英尺集装箱时处于中间的箱脚,并与半自动扭锁配合使用,即40英尺箱位的前后两端用半自动扭锁,中间(20英尺处)用自动定位锥,这样不仅可起到半自动扭锁的作用,同时也克服了40英尺中间狭窄空间处无法操作的缺陷。

应用:已得到较广泛的应用,美国等少数发达国家强制要求。

使用方法:使用方法与半自动扭锁相似,不同点是它不存在在卸箱时必须先由人工将锁销拉出这一过程,而是靠锁紧装置自动将定位锥转换成非锁紧状态。即首先将20英尺集装箱一端的半自动扭锁由人工将锁销拉出,使之转为非锁紧状态,桥吊缓慢起吊,此时自动定位锥将会在桥吊的拉力作用下,锁紧装置动作并解锁,从而完成卸箱工作。

④调整堆锥,又称高度补偿锥

作用:用于在装载某些非标准高度的集装箱时调整其高度至标准状态。

(5)桥锁

作用:用于对相邻两列最上层的集装箱进行横向连接,以分散主绑扎设备的负荷。

使用方法:将桥锁的两个锁钩(头)分别插入相邻两集装箱的角件孔中,再旋转调节螺母,即可把集装箱连接拉紧。

(6)花篮螺丝(松紧螺旋扣)与绑扎杆(绑扎棒)

作用:用于组合后系固集装箱。

使用方法:首先将绑扎杆的一头插入集装箱的角件孔中,另一头与花篮螺丝相连,再通过花篮螺丝与地令或眼板相连,最后调整花篮螺丝,使整个系固系统紧固。

(7)横向撑柱

作用:用于舱内无箱格导轨或多用途船舱内装载集装箱时,对舱内紧靠两舷舷侧的最上层集装箱进行支撑,以防集装箱歪斜、倾覆或横移。

使用方法:将横向撑柱的一端插入其专用底座,另一端插入紧邻的集装箱角件孔内,再利用调整装置使其拉紧受力。

(8)辅助工具

种类(两类):一类是扭锁操作杆;另一类是花篮螺丝操作工具。

扭锁操作杆作用:控制扭锁的手柄或锁销,达到解锁的目的。

花篮螺丝操作工具作用:将花篮螺丝收紧或松开。

四、系固设备的检查、维护保养和使用注意事项

1. 系固设备的检查与维护保养

在船长负责下进行,检查和维修保养至少应包括以下内容。

(1)对所有零部件的日常外观检查和保养:

①所有固定式系固设备在使用完以后,应立即进行受损检查。重新使用前,对已损坏或怀疑受损部件应进行修复并进行适当的强度测试。

②所有便携式系固设备在使用完以后及再次使用前应由专门人员负责损坏检查。种类不同的设备、已检查和尚未检查过的设备、常用和备用的设备均应分类整齐地存放。每

隔3个月应对所有可移动系固设备进行一次详细检查和加油活络。

③在经历了恶劣天气、海况以后和特别加固用途以前应更加严格。

（2）按要求接受各项检查和测试。

（3）备品数量足够（一般规定为总数的10%）。

（4）具体的检查和维修保养要求如下：

①各种底座、系固眼板、地令、固定锥、槽座及箱格导轨系统；

②花篮螺丝与绑扎杆；

③扭锁、桥锁、堆锥（包括自动定位锥）及横向撑柱；

④系固钢丝、系固链条、快速释放紧索器及紧链器；

⑤卸扣和紧索夹。

（5）船上应有系固设备检查和维修保养的记录，以证明船舶对系固设备进行检查和维修保养所采取的行动。

（6）船舶《系固设备记录簿》应由大副记录和保管。

2.系固设备的使用注意事项

（1）所有系固设备必须具有由主管机关签发的证书。对正在使用但又无相应主管机关签发证书的现有系固设备，使用前务必确认其系固的可靠性，如无法确认，则应弃之不用。

（2）配套使用系固设备时，必须注重考虑各自最大系固负荷（MSL）的协调性，且应以系固系统中最小的 MSL 作为整个系固系统的 MSL。

（3）补充或更新普通扭锁时，应注意新上扭锁与现有扭锁的转锁方向，必须保持一致，否则将会给装箱后的系固带来极大麻烦。

第六章　船舶安全设备

第一节　船舶堵漏设备与船体水密装置

一、船舶堵漏设备

当船舶发生海损事故造成船体破损进水时,及时采取正确的抢险措施和进行堵漏,才能避免沉没,把利用船舶专用器材堵塞破损漏洞的各种应急措施,称为船舶堵漏。

内河船舶由于尺度小、隔舱少、储备浮力不大,一旦破舱进水来不及堵漏即会沉没。因此,根据内河航道的特点,多采取就近冲滩搁浅的原则,以挽救船舶完全沉没水中或倾覆。船舶堵漏工作亦称进水抢险工作,进水抢险的任务由驾驶人员和轮机人员共同来承担。

根据船舶破损情况及堵漏方法的不同,船舶堵漏器材也不一样,内河船舶常用的堵漏器材有堵漏毯、堵漏板、水泥、黄沙、木板、木撑、木塞、铁钉、棉絮等。

1. 堵漏器材的种类

(1)堵漏毯

堵漏毯又称防水席。船舶破损时,用以从舷外遮挡破洞,限制进水流量,是为进一步采取堵漏措施的临时应急器材。堵漏毯有轻型和重型两类。尺度规格一般有 2 m×2 m, 2.5 m×2.5 m,3 m×3 m 等。轻型堵漏毯,是由三层 2 号帆布重叠,按经纬缝法制成。四周有白棕绳,并嵌有眼圈供连接绳索用。备有四根钢管,必要时可插入堵漏毯中特制的夹袋内,使用时防止堵漏毯被压吸入破洞。重型堵漏毯是用钢丝编制成的正方形网,两面都用帆布缝牢,其中一面有绳绒附着物,四周有钢丝绳。使用时以绳绒一面紧贴漏洞用以增加水密程度。重型堵漏毯大而重,操作不便。一般船上多备 2.5 m×2.5 m 的轻型堵漏毯,如图6.1 所示。

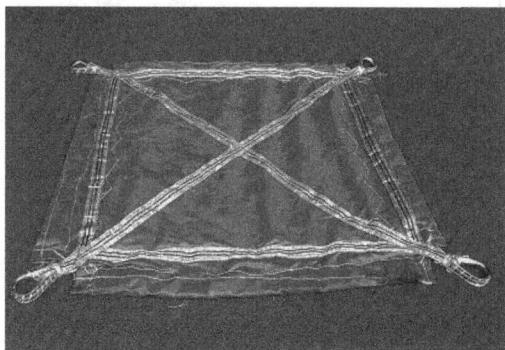

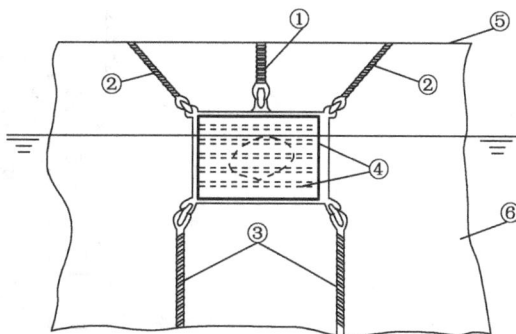

图 6.1　堵漏毯
①顶索;②张索;③底索;④钢管;⑤甲板;⑥船壳

（2）堵漏板

堵漏板是用以堵挡周围平整的中小型破洞、裂口的各种板件。由两层木板以纹理纵横交叉的方式重叠钉成。规格大小不一,但宽度须小于肋骨间距,厚度应随规格的增大而增厚,一般船舶备有 300 mm × 300 mm × 10 mm 以下的木板制成的堵漏板。堵漏时,应在板和破洞间放置软垫,以增加水密程度。也可在板中先钻好孔,然后用堵漏螺丝杆扣紧在破损部位。因结构不同,有软边堵漏板、活页堵漏板等。如图 6.2、图 6.3 和 6.4 所示。

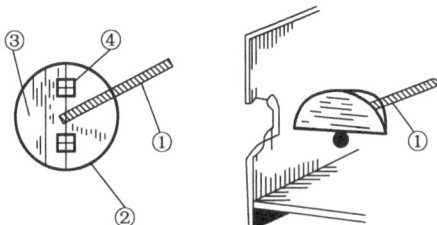

图 6.2　圆形折叠式堵漏板
①拉索;②橡皮;③两折式铁板;④铰链

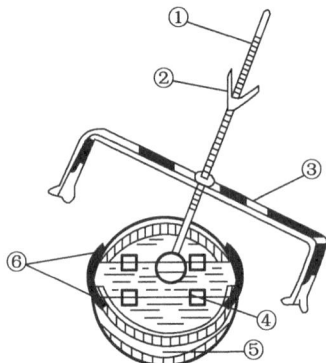

图 6.3　螺杆折叠式堵漏板
①螺杆;②螺母;③支架;④铰链;⑤三折式铁板;⑥橡皮

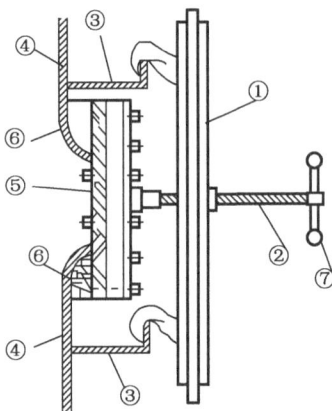

图 6.4　堵漏板
①肋骨撑架;②螺杆;③肋骨;④船壳板;⑤堵漏板;⑥橡皮

（3）堵漏盒

堵漏盒是用木材或钢板制成的无底方盒,如图6.5所示。开口的四周镶有橡皮垫,上盖板中间开有小孔以便与螺丝杆连接。适用于船舶破洞向舱内翻卷的洞口。使用时将堵漏盒盖住洞口,并用支柱或螺丝杆固定。钢板堵漏盒必要时可用角铁焊牢在船体上。从船内进行堵漏,主要用于覆罩有较大向内卷边的洞口,或有一些小型突出物的船壳裂口,或以木塞、木楔塞漏后四周仍不规则的缝孔等。其结构为一只 400 mm × 400 mm 面积、高为300 mm 的无盖铁盒,两侧装有拎攀,箱口四周嵌有橡皮垫。

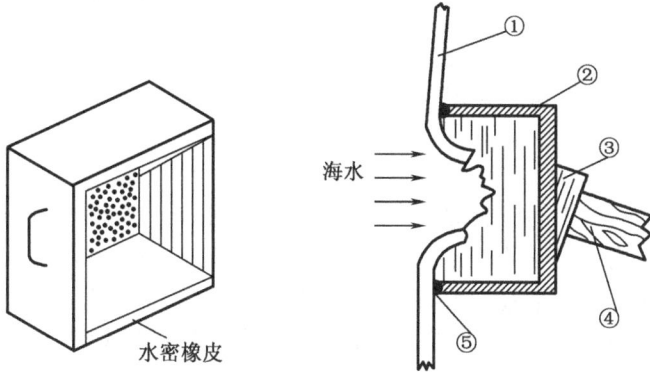

图6.5 堵漏盒
①船壳板;②堵漏箱;③木楔;④撑柱;⑤橡皮垫

（4）堵漏螺丝杆

堵漏螺丝杆是在船舶破损堵漏时,用以固定和扣紧堵漏板或堵漏盒的螺杆夹紧器,有下列几种。

①活动堵漏螺丝杆

在螺杆一端装设活动横杆。使用时,可以折合后插进不同形状的破洞。一般螺丝杆与横杆的长度均为 600 mm。特点是操作方便。

②T 形堵漏螺丝杆

其用途与活动螺丝杆相似。横杆固定垂直于螺杆。一般长度仅 5.0 mm。缺点是横杆不能活动,操作不便,堵塞漏洞的大小亦受限制。如图6.6所示。

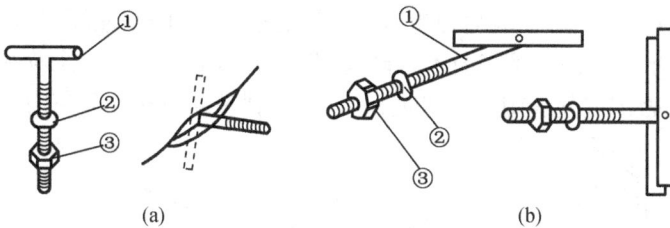

(a)　　　　(b)

图6.6 T 形固定式螺丝杆
①T 形螺杆;②垫圈;③螺母

③J 形堵漏螺丝杆

J 形堵漏螺丝杆螺杆前端弯成钩形。使用时,先用结实木板或铁板,并垫上软垫子,选几个适当的位置钻孔,将钩头穿出孔外,钩在漏洞外周围的船壳钢板上,拧紧蝶形螺帽。特点是便于堵塞卷边向舷外的漏洞。

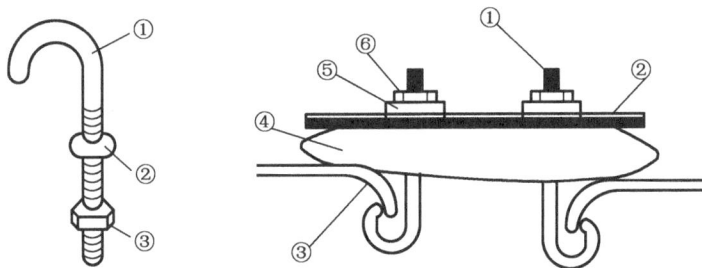

图 6.7　J 形堵漏螺丝杆

①钩头螺杆；②垫板或垫木；③船壳板；④软垫；⑤垫圈；⑥螺母

（5）堵漏木塞

堵漏木塞是以质软、不易劈裂的橡木或杉木制成，用来堵塞 5 ~ 150 mrn 的圆形或近似圆形的破洞、铆钉孔或破损管的器材，如图 6.8 所示。使用时便于打紧，被水浸泡膨胀后将卡得更紧，不易滑脱。堵漏木塞分平头和尖头两种。木塞顶角不得超过 5° 为宜。适中的近圆形破洞也可用大木塞从舷外塞住堵漏。操作方法是首先在木塞两端各旋上一个螺丝环，环上各系一根绳索，大端为吊索，小端为拉索，使用时用吊索将木塞吊到破洞处，再由船内用带钩艇篙经破钩入拉索拉紧系牢。

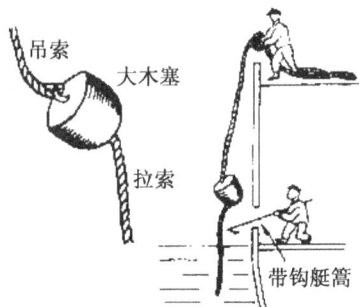

图 6.8　堵漏木塞

（6）堵漏木楔

堵漏木楔是以垫塞支撑柱两端和船体结构间的空隙，加固堵漏器材或堵塞船体裂缝的木楔，如图 6.9 所示。用松木等轻质木料制成，分尖头和平头两种。木楔角度不宜过大，一般以 5° 左右为宜，否则能使缝隙继续扩展，并且在受到震动或在水的压力下容易发生松脱。

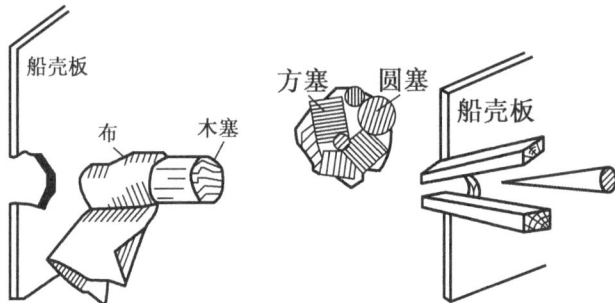

图 6.9　堵漏木楔

（7）支撑柱

支撑柱是用于临时支撑堵漏器材的木柱，图 6.10 所示。一般与堵漏垫木、堵漏木楔等配合使用。支撑柱一般选用松木制成圆形或方形的长条木材。要求干燥、无裂缝、无虫伤、端部平整。

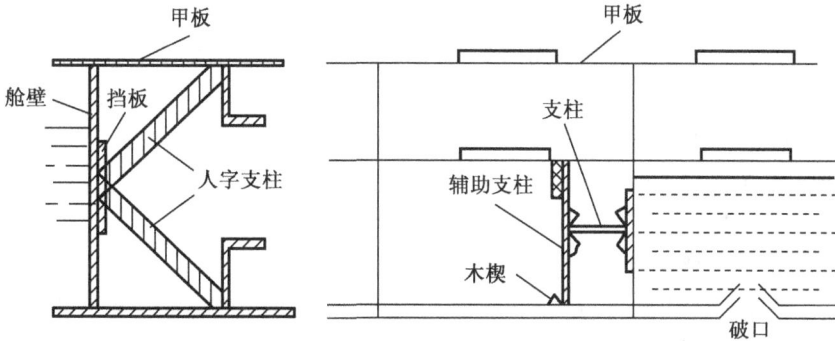

图 6.10　支撑柱

（8）堵漏垫板

堵漏垫板是垫在堵漏器材背面或下面的木板。一般厚为 25～50 mm。其作用是加强堵漏用具的强度，并使支撑柱顶端的力平均分布在堵漏用具上；或使支撑柱底端力平均分布在甲板及其他支撑结构上。

丁字形堵漏垫（图 6.11），使用时先把丁字形螺杆扳直，从破洞舱内一边伸出后，再恢复丁字形，旋紧螺母利用木垫板把棕垫压紧在破洞上。适用于堵直径在 300 mm 左右的圆形或近似圆形的漏洞，且该处卷边向外。

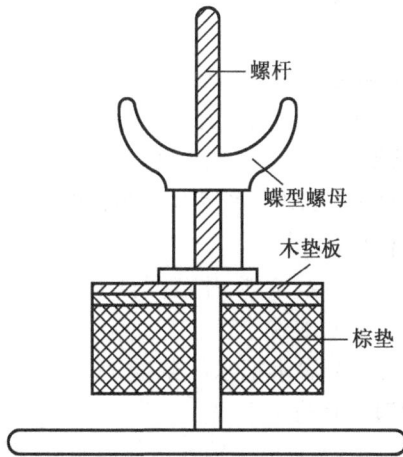

图 6.11　丁字形堵漏垫板

2.堵漏器材的保管要求

船舶配备的堵漏器材必须妥善保管，即使"备而不用"，也必须"常备不懈"。其保管要求如下：

（1）对堵漏器材的保管实行"三专"，即指定专人负责保管和保养各种堵漏器材；堵漏器材存放在专门规定的地点；任何堵漏器材专用于船舶堵漏，平时不准移作他用。

（2）对铁制堵漏器材,应经常保养,不使生锈,活动部分应经常加润滑油,以保持灵活。

（3）所有纤维材料,如堵漏毯、帆布、麻絮、棉絮、破布等要经常暴晒、通风,保持干燥,不使霉烂。

（4）木质器材,如木楔、木塞、木支柱等,不可存放在高温或潮湿的地方,以防烘脆和霉烂。

（5）水泥应放在空气畅通的干燥地方,以防受潮变质。每 6 个月检查一次,发现变质应立即更换。

（6）橡胶部分不可涂油。

3. 常见的船舶堵漏方法

（1）各种舱内堵漏法的要点

①用 T 形堵漏器堵漏

T 形堵漏器由活动 T 形杆(螺杆和横杆)、软垫、垫板、垫圈、蝶形螺帽等组成。使用时,将 T 形杆并拢成一直线,伸出洞外,张开横杆,使它贴靠在洞口外侧的船体板上,再于螺杆上套上软垫、垫板、垫圈,并旋紧蝶帽,使软垫紧贴在漏洞内侧的船体板上。

②支撑堵漏法

支撑堵漏法是内河船舶常用的堵漏方法,也是较简便的堵漏方法。当发现破损时,首先用棉絮或其他软垫物品将洞堵住,再压以垫板,然后用支撑柱将垫板和软垫撑紧。支撑方式根据漏洞位置及舱内构件分布等具体情况确定。

③活页堵漏板堵漏法

活页堵漏板可用来堵塞卷边向内的破洞。先将堵漏板折叠起来送出漏洞外,然后打开堵漏板拉紧,并将螺丝杆套上撑架,旋紧蝶形螺丝帽即可将漏洞堵塞。一般用于直径300 mn以下的圆形或近似圆形的漏洞。

④水泥堵漏法

水泥堵漏是广泛采用的堵漏方法,可与其他方法配合使用,以达到水密牢固。对舱角等不易堵漏的位置也能使用,其操作方法如下:

a. 用堵漏器或支撑方法将漏洞堵塞,并排除积水。

b. 根据漏洞处船体构件的状况,制作水泥堵漏箱,亦称水泥模板框。一般是无底无盖的长方形木框,或由三面构成框架。

c. 调配水泥。其调配比例为水泥:黄沙:盐或苏打 1:1:1%。黄沙的作用是使水泥凝固后结实不裂,盐或苏打的作用是使水泥快干。

d. 倒入水泥。为防止漏洞尚有渗水把水泥浆冲走,可择水势弱处先填,逐步包围成一两股水,并于堵漏箱下部安置泄水管将水引出。

e. 待水泥凝固后(约 24 h),用水塞裹上棉絮堵住泄水管,漏洞则全部堵住。

⑤各种小型漏洞的堵塞法

a. 用布或棉絮包住木塞,塞住洞,用木槌把打紧。在敲打时,不能用力过大,以防把木塞打碎。

b. 用浸过油漆的小块棉絮塞入洞内,再配以大小适宜的堵漏盒箱,紧贴漏洞处,然后用撑木支紧固定好。

c. 遇洞孔不规则,可先将适当木塞塞牢,再用大、小不同裹上浸过油的布或棉絮,一一塞满空隙。

⑥裂缝堵塞法

先在裂缝两端各钻一个小孔,用浸过油漆的破布或棉絮包裹木楔,然后用锤子一个一个地顺次打入裂缝,直到全部漏水现象消失为止。

(2)各种舷外堵漏法的操作方法

①堵漏毯堵漏法

先将堵漏毯的正而朝上铺在破口上方的甲板上,将堵漏毯底索(附有链条)自船首套到船底,沿两舷拉到破洞处。前后张索由舷侧绕过船首与船尾并固定在船首尾的甲板上。将底索的一端和堵漏毯一角的眼环相连,收底索的另一端,使堵漏毯沿船舷缓缓沉入水中。此时堵漏毯另一角的管制索控制毯的下沉深度,直到盖住破洞处,然后固牢管制索,并收紧底索和前后张索即可阻止水进舱内。

②空气袋堵漏法

船舶破损时,用以堵漏水线附近漏洞的充气袋形堵漏用具叫空气袋。空气袋用坚固的橡胶帆布或等效材料制成,有球形和圆柱形两种。袋面有突出的大气嘴,使用时把袋塞入漏洞,利用潜水空气装置将空气打入袋内,空气袋膨胀后即将漏洞口严密地堵住。空气袋可以抵挡浪涌冲击力,减少进水量。

4.船舶破舱进水后的措施

船舶在破损进水后,应根据损漏程度和位置,采取正确有效的抢险措施。

首先,发出堵漏警报信号(两长一短声,连续1分钟),按应变部署表要求立即采取堵漏行动。停车并将漏损部位置于下风。迅速关闭水密门、窗和开口以防止进水的蔓延,开启全部排水泵排水。检查吃水和船舶倾斜的变化,掌握干舷和稳性等情况。测定漏损部位,测定方法有根据部位判断、根据横倾斜方向判断、观察舷外四周有无油污泛出、静听各空气管的排气、用榔头敲击相邻舱壁听其声音有无变化、自制简易探测器(用刻有标记的一长竹竿和一直径0.5~1.0 m并缝上帆布的铁丝圈制成)在舷外水线下船壳板处移动时吸力情况来判断等方法。把救生艇放出舷外,以免横倾后不易放艇。向上级机关报告,与附近港口以及过往船只保持联系,以便救援。

(1)破损部位的测定方法

当船体破损进水时,首先应了解损漏的位置,以便及时进行排水和堵漏。损漏位置可通过听、看、测来判断。具体可采用以下方法:

①倾听测量管或空气管有无出气声或流水声。如双层底或其他密闭舱室进水,可听到出气声和流水声。船舱进水也可听到流水声。邻舱进水与否可根据敲击隔舱壁发出的声音来判断。

②用泵抽水,看水源的大小和动向,若某舱抽水不竭,可判定该舱进水。当进水水位超过破口高度时,水面会冒出气泡或水泡。可从水泡或气泡的位置和大小推测破洞的位置和大小。

③测量舱底水和压载水的水位,与正常情况的水位比较判定。若某舱水位突然增高,可判定该舱进水。还可根据水位增高的速度,大略估计进水量及漏洞的大小。

④采用寻漏网探测破口位置,如舱内装满了货物,无法测定破口的确切位置,可用此法。使用时,从甲板上顺着船舷板漏洞探测器置于舷外水面上,紧贴船壳上下左右移动,感觉有吸挠现象时,即为漏洞所在。察看杆上深度标记及该处肋骨号数,便是漏洞准确位置。

（2）排水、隔离和保持船舶平衡的方法

①排水

发现船体破损进水后,应立即通知机舱对破损舱室进行排水。一般船舶的舱底水系统的排水能力,可根据其设置的舱底水泵的台数及每台舱底水泵的排量来确定。

②堵漏

在排水的同时,应迅速关闭主甲板以下的全部水密门窗,并根据破口的位置、大小等具体情况采用适当的堵漏方法进行堵漏。在堵漏过程中,首先要统一思想,统一指挥,避免慌乱,使用合适的器材和方法进行堵漏。漏洞不大时,一个人或几个人用简易的堵漏工具顶上去即能堵漏。

a. 水线以下船壳破洞的堵法

水线以下直径小于 76 mm 的小孔,可用吸水发胀的软木塞堵。孔大时,圆形和方形混用或用布包卷木塞堵漏。如要进一步水密,还可用麻丝填塞。

小于堵漏板的洞可用堵漏板堵住,大于堵漏板的洞先用堵漏毯堵住,排水后再用水泥箱堵漏。其方法是根据破洞大小,用木板制成型箱,先消除破口四周的油污,最好还在破口上敷设钢筋或粗铁丝网,再将型箱架设在破洞上,灌进调拌好的水泥浆。为防止水泥浆被渗进的水冲走,可在型箱侧壁上装一排水管,等水泥凝固后再把水管塞住。

水泥浆如需灌入浸水部位,应使用一漏斗和槽管,以免水泥浆被冲走。灌时要一面移动槽管下端,一面用铁条将水泥浆捣下去。槽管里要保持高于水面的水泥浆,以防海水浸入。如图 6.12 所示。

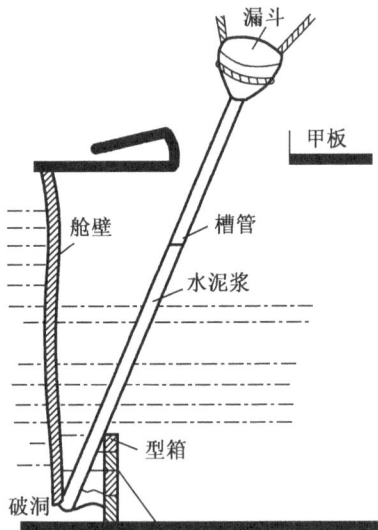

图 6.12　水下灌水泥浆

b. 水线以上船壳破洞的堵法

水线以上破洞在舷内舷外都可以堵塞,但从外向里堵比较可靠。小的破洞,各种堵漏器材均可使用。如用木塞堵,可使用吊索及拉索由舷外堵塞。大的破洞,可用床垫和撑柱进行撑堵。如图 6.13 所示。

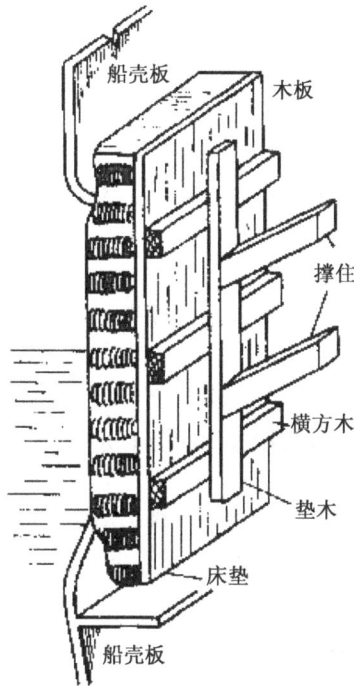

图 6.13　床垫和撑柱堵漏

c. 裂缝的堵法

裂缝不能直接用木塞打入,应先在裂缝两端钻小孔止裂,用麻丝、破布或木塞将裂缝堵塞之后,再用螺丝旋入小孔堵塞。

③船体加强

船舶进水后,不进水一侧的舱壁压力很大,为防舱壁被压破和水的蔓延,应用木柱等支撑物对舱壁加以支撑加强。支撑要点如下:

a. 支撑点的位置应位于距进水水位高度的 1/2 或 1/3 ~ 2/3 高度处,即水侧压力中点附近。撑脚应选择在船体的骨架处。

b. 支撑点应加木垫以分散应力。

c. 支柱与舱壁应尽可能保持垂直,用人字支撑法时,其合力应垂直于舱壁。支柱应结实,其横截面应不少于 100 mm × 100 mm。支柱应用木楔打紧,并用马钉将其固定。

d. 若舱壁已变形,不能用千斤顶进行矫正,以防破裂。

④保持平衡和搁浅定位

船体破损进水后如发生过大的横倾或纵倾,易使船舶丧失稳性发生倾覆的危险,通常采用移载法或对称压载法,保持船舶平衡。

移载法是利用燃料和水来调整纵倾或横倾,即将油水拨到破损舱的相反一侧。对称压载法是向与破损舱室对称位置的压载舱灌水压载。如艏尖舱破损进水,船舶出现严重艏纵倾,这时可在艉尖舱灌水压载,以保持船舶平衡。两种方法可先后使用或同时使用,当船舶处于紧急状况有倾覆危险时,宁可消耗船舶储备浮力以换取稳性来赢得时间,以挽救财产和人命安全。

在破损情况严重,船舶大量进水,而船舶的排水能力又不能满足排水需要的情况下,船舶应及时开至附近的浅滩搁浅、避免沉没。在搁浅定位后,继续进行排水、堵漏、抢救客、货等工作。

二、船体水密装置

船体水密结构和装置主要有水密舱壁、双层底、双层壳、水密门、水密舷窗、水密舱盖及排水设备等。

1. 水密舱壁

水密舱壁是一种在规定水压下不渗透水的舱壁,其将船体内部空间划分成若干个水密舱室。

水密舱壁是中国古代造船工艺上的一项重大发明,也是造船技术的一大突破。水密舱壁的出现,才产生了水密隔舱,使船舶在破损时具有足够浮力和稳性。

(1)水密舱壁的作用

①能起到加固船体,增加船体构造强度的作用。由于舱壁跟船壳板紧密连接,起着加固船体的作用,不但增加了船舶整体的横向强度,而且取代了加设肋骨的工艺,使造船工艺简化。

②水密舱壁将舱与舱之间严密分开,在航行中,即使有一两个舱破损进水,水也不会流到其他舱。从船的整体来看,仍然保持有相当的浮力,不致沉没。如果进水太多,船支撑不住,只要抛弃货物,减轻载重量,也不至于很快沉入海底。如果船舶破损不严重,进水不多,只要把进水舱区里的货物搬走,就可以修复破损的地方,不会影响船舶继续航行。因此,水密舱壁既提高了船舶的抗沉性能,又增加了远航的安全性能。

③采用水密舱壁将船舱划分成许多舱室,货物的装卸和管理比较方便。不同的货主可以同时在个别的舱区中装货和取货,提高了装卸的效率,又便于进行管理。

(2)水密舱壁的类型

水密舱壁一般是指自船底(船底板或内底板)至舱壁甲板的主舱壁,它将船体分隔成若干个水密舱室。水密舱壁主要有两种。

①水密横舱壁

这种舱壁能保证船体因海损事故造成某舱破损进水时不会蔓延至其他相邻舱室,使船舶仍有一定的浮力和稳性,从而提高船舶的抗沉性能,其设置数量依据船长和船型不同而异。万吨级船按规定需设置6~7道,其中位于艏尖舱与货舱之间的艏尖舱舱壁即船舶最前的一道水密横舱壁又称防撞舱壁,也是最重要的一道水密横舱壁,其上不得开设任何门、人孔、通风管道或任何其他开口,并应通至干舷甲板。位于船尾的最后一道水密横舱壁即为尾尖舱舱壁,水密艉尖舱舱壁应通至舱壁甲板,但当艉尖舱水密平台甲板在水线以上时,可仅通至水密平台甲板为止。

②水密纵舱壁

水密纵舱壁一般仅见于液货船。

(3)水密舱壁设置的要求

①客船应设置艏尖舱舱壁或防撞舱壁,该舱壁应水密延伸到舱壁甲板。该舱壁应位于距艏垂线不小于船长的5%而不大于3 m加船长的5%处。

②货船应设置防撞舱壁,该舱壁应水密延伸到干舷甲板。该舱壁与艏垂线间的距离应不小于船长的5%或10 m,取较小者;但经允许,可不大于船长的8%。

③当船首设有长的上层建筑时,客船的艏尖舱舱壁或防撞舱壁应风雨密地延伸至舱壁

甲板的上一层完整甲板。货船的防撞舱壁应风雨密地延伸至干舷甲板上一层的甲板。货船的干舷甲板以上防撞舱壁延伸处的开口数量,应在适应船舶设计和正常作业的情况下减至最少。所有这类开口应能够风雨密关闭。

④客船应设置艉尖舱舱壁和将机器处所与前后客、货处所隔开的水密舱壁。这些舱壁应水密地延伸到舱壁甲板。货船应设置舱壁将机器处所与前后客、货处所隔开,该舱壁应水密延伸到干舷甲板。

⑤对于货船,穿过防撞舱壁的管子应装有能在干舷甲板以上操作的适当的阀,其阀体应安装在艏尖舱内的舱壁上。阀也可安装的防撞舱壁的后侧。防撞舱壁上不允许开门、人孔、通风管道或任何其他开口。

⑥舱壁布置应注意合理均匀。当舱长大于 30 m 时,应有保证船体横向强度的措施。

水密舱壁上开口的数量应在适应船舶设计及船舶正常作业的情况下减至最少,这些开口均应设有可靠的关闭设备。只是为了出入、管路、通风、电缆等需要而穿过水密壁舱和内部甲板时,须设有保持水密完整性的装置。

《钢质海船入级与建造规范》(以下简称《规范》)对船舶的水密舱壁一般要求不少于所列的数目,并规定船舶应设有通到舱壁甲板的水密防撞舱壁(艏尖舱舱壁)。货船的防撞舱壁距艏垂线的距离应不小于 0.05L,对船长 L 大于 200 m 的船舶,应不小于 10 m;并且均应不大于 0.08L。对具有球鼻艏的船舶,防撞舱壁距艏垂线的距离可减小球鼻艏在艏垂线前方夏季载重水线上投影长度的一半,但 $L \leqslant 200$ m 时减小值应不大于 0.015 L;$L > 200$ m 时减小值应不大于 3 m。

客船防撞舱壁距艏垂线的距离不小于 0.05L,但不大于 3 m + 0.05L。对具有球鼻艏的客船防撞舱壁距艏垂线的距离可减小球鼻艏在艏垂线前方最深分舱载重线上投影长度的一半,但减小值应不大于:$L \leqslant 200$ m 时为 0.015L;$L > 200$ m 时为 3 m。对具有长艏楼的客船,其防撞舱壁应延伸至舱壁甲板的上一层甲板;如延伸部分不在同一平面内,而成台阶形时,此延伸部分距艏垂线至少为 0.05L。

机舱端壁应水密;水密舱壁除艉尖舱舱壁外,均应通至舱壁甲板。有关资料指出,水密舱的长度不宜超过 30 m,否则应采取措施保证船体的横向强度。

另外要提及的是防撞舱壁位置的设定,还应考虑到锚链舱和艏尖舱的容积,在保证安全的前提下,尽量保证它们的要求。

2. 双层底

船底可分为双层底和单层底(图 6.14),底部骨架形式有横骨架式和纵骨架式。船底是保证船体总强度和局部强度的重要板架结构。

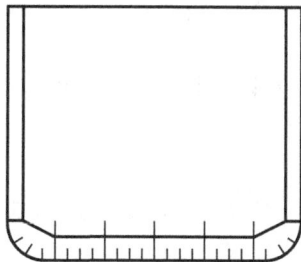

图 6.14　单层底结构

双层底结构是指由船底板、内底板及其骨架围成的水密空间结构,其作用是增强船体的总纵强度和船底的局部强度。双层底结构提高了船舶的抗沉性和船体的抗泄漏性。

双层底结构中的主要构件在本教材第三章中有所陈述,在此不再展开。

3. 双层壳

1989 年 3 月"Exxon Valdez"号油船在美国阿拉斯加航道因操舵失误触礁,造成船底和舱壁严重破损,3 500 t 原油外流,致使几千头海洋哺乳动物和 25 万多只鸟死亡,清理外泄油费用高达 22 亿美元。为此,美国于 1990 年 8 月提出了防油污染法(The Oil Pollution Act of 1990,即 OPA'90)。1992 年 3 月 IMO 提出了双层壳体油船结构,以及与其等效的油船结构新规则。

船舶的双层壳,即双壳船,是指一种船底和舷侧为双层结构的货船,主要指的是油轮,其双层结构之间一般作为压载舱,其结构如图 6.15 所示。单壳船就是双底单壳的船,也就是底部是双壳的,侧面是单壳。所有的新造油轮都是采用完全的双壳设计,并且在欧洲的大多数国家已经禁止单壳油轮进入了。

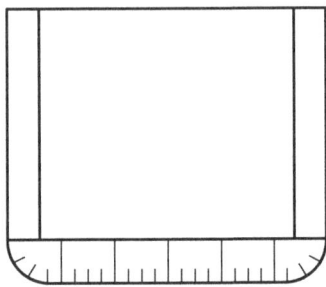

图 6.15　双层壳结构

国际规则中规定的双层壳体油船的双层底高度最小值为 2 m(取 $B/15$ 的小值,B 为船宽)。实际上,中型油船一般为 2~2.5 m,大型油船一般取为 3 m 左右。

双层底的高度及其结构作为主要构件,不但要满足必要的强度和刚性,而且必须考虑如何使触礁破损时的泄油量最小。此外,双层底高度如果太小的话,可能导致双层底内通道和压载管系布置困难。而过高的话,必然增加双层底焊接和涂装的工作量,对造价和维修费用都有一定的影响。因此,双层底的高度不仅要满足规则要求,而且必须考虑其结构强度、破损时的泄流量、工作和维修等因素后决定。

由于压载舱的总容积是必须确保的,因此当双层底高度决定后,双层舷侧的深度也就不难确定了。双层舷侧的深度,中型油船一般为 2~2.5 m,大型油船一般为 3~4 m。

4. 水密门

水密门是指船内水密舱壁和围壁上所装的不透水金属门,如图 6.16 所示为铰链式水密门结构。

船舶舱壁甲板以下的水密舱壁上的出入口需设置水密门,其形式有滑动式、铰链式和滚动式。

(1)铰链式水密门

如图 6.16 所示,铰链式水密门要求在门的两侧均能迅速开启和关闭。

(2)滑动式水密门

滑动式水密门用钢板制成。按滑动方向分,有横动式和竖动式两种;按操纵方式分有手动操纵和动力操纵两种。(手动关门的时间不超过 90 s,动力关门的时间不超过 60 s。)

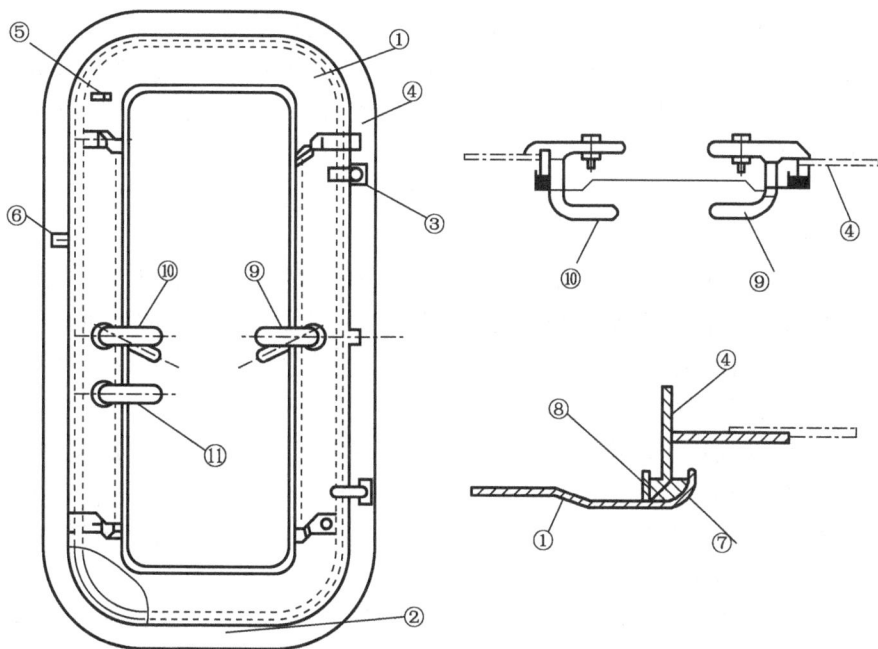

图6.16 铰链式水密门结构
①门板;②门槛;③铰链;④门框;⑤门钩;⑥锁扣;⑦橡胶填料;⑧加强筋;⑨⑩右、左联动把手;⑪弹簧联动把手

①手动滑动式水密门

目前,常用的手动滑动式水密门有两种形式,A型水平滑动式水密门;B型垂直滑动式水密门。这两种门均为手动机械传动,但只能在门的一侧用手摇动扳手,经传动轴带动齿条来操纵门的开启和关闭。该门的门板、门框、门框座、导向板及传动装置等主要零件采用钢质材料,其中门框可以采用铸钢或钢材焊接,门滑条则采用黄铜。该门主要用于甲板间分隔货舱的水密舱壁上。

②液压滑动式水密门

常用的液压滑动水密门有两种,一种为手动液压滑动式水密门;另一种为电动液压控制的动力滑动式水密门。

手动液压滑动式水密门为水平滑动式门,一般该门的液压系统配有三套手动操纵装置,可以在门的两侧及上甲板某一位置分别各自操纵门的开启和关闭。每套手动操纵装置均有手摇泵和手动换向阀。该门的门板、门框座板、导向板等为钢质焊接件,门框为铸钢件。该门可用于甲板间分隔货舱的水密舱壁上。

动力滑动式水密门的结构与手滑动式水密门相似,但门的操纵系统有明显的区别。动力滑动式水密门设有独立的液压泵组、蓄压器及油箱等设备。操纵系统内设有电磁换向阀,因此可以由设置在门两侧的按钮操纵门的开启和关闭,而在驾驶室只能遥控操纵门的关闭,同时在操纵系统内配有三套手动操纵装置,每套手动操纵装置均有手摇泵和手动换向阀,并分别设置于门的两侧和上甲板上,用于操纵门的开启和关闭。

(3)水密门的设置要求

无论是动力式还是手动式滑动水密门,均应能在船舶向任一舷横倾至15°的情况下将门关闭。

动力滑动水密门应既能从驾驶室遥控关闭,也能就地操纵。在控制位置应装设门所在位置指示器,并且在门关闭时发出声响报警。在主动力失灵时,动力、控制和指示器应能工作。每一动力操纵的滑动水密门应有一个独立的手动机械操纵装置,该装置应能从门的任一边用手开、关该门。

除所规定的航行中可以开启的门外,所有水密门在航行中应保持关闭。

①客船上的水密门

a.结构要求:每一动力滑动水密门,应为竖动式或横动式,动力系统独立。最大净开口宽度一般限制为1.2 m。遥控操纵位置设在驾驶室内或舱壁甲板以上的手动操纵处。

b.在船舶正浮时的关门时间要求:ⓐ手动机械装置关门的时间应不超过90 s;ⓑ驾驶室集控室遥控关所有门的时间应不超过60 s;ⓒ遥控关单个门的时间应为20～40 s。

c.操作位置:ⓐ现场手动机械装置开、关门;ⓑ驾驶室集控室集中遥控关所有门;ⓒ舱壁甲板可到达之处用全周旋摇柄转动关门。

d.报警器:特别的声响警报器应在门开始移动前至少5 s但不超过10 s发出声响,且连续发声报警直至该门完全关闭。

e.信号显示:红灯表示门完全开启、绿灯表示门完全关闭。遥控关门时,以红灯闪烁表示关闭过程中。

f.客船分隔货舱水密舱壁上装设的水密门可为铰链式、滚动式或滑动式,但不必是遥控的。不要求符合60 s内关闭的要求。

②货船上的水密门和舱盖

a.保证内部开口水密完整性的出入门和舱盖,应装设显示这些门或舱盖是开启还是关闭的设施。这类门或舱盖的使用应经值班驾驶员批准。

b.门可以是铰链的、滚动的或滑动的,但不应是遥控操纵的。此类门应在开航前关妥,并应在航行中保持关闭;在港内开启的时间和船舶离港前关闭的时间应记入航海日志中。

5. 水密舷窗

如图6.17所示为水密舷窗结构。

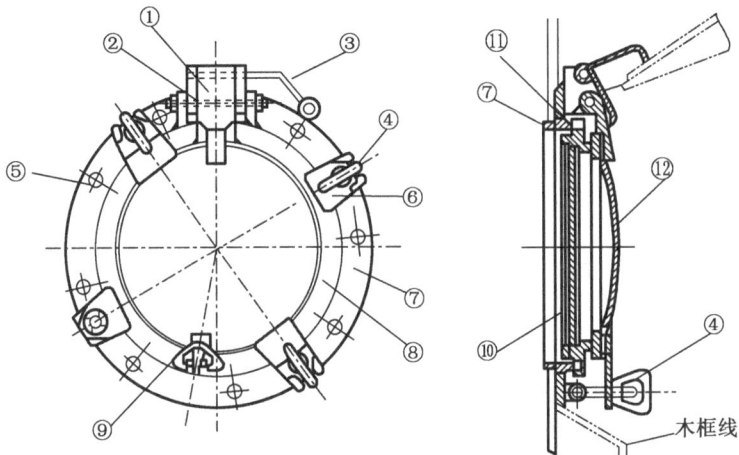

图6.17　水密舷窗结构

①风暴盖的尾板;②铰链;③限止销;④蝶形螺帽;⑤舷窗框固定螺钉;⑥舷窗夹扣;⑦舷窗框;
⑧风暴盖边框;⑨风暴盖开启拉手;⑩舷窗;⑪橡皮填圈;⑫风暴盖

6.水密舱盖

根据不同的功能,水密舱盖有很多种,例如常见的人孔盖,如图 6.18 所示。

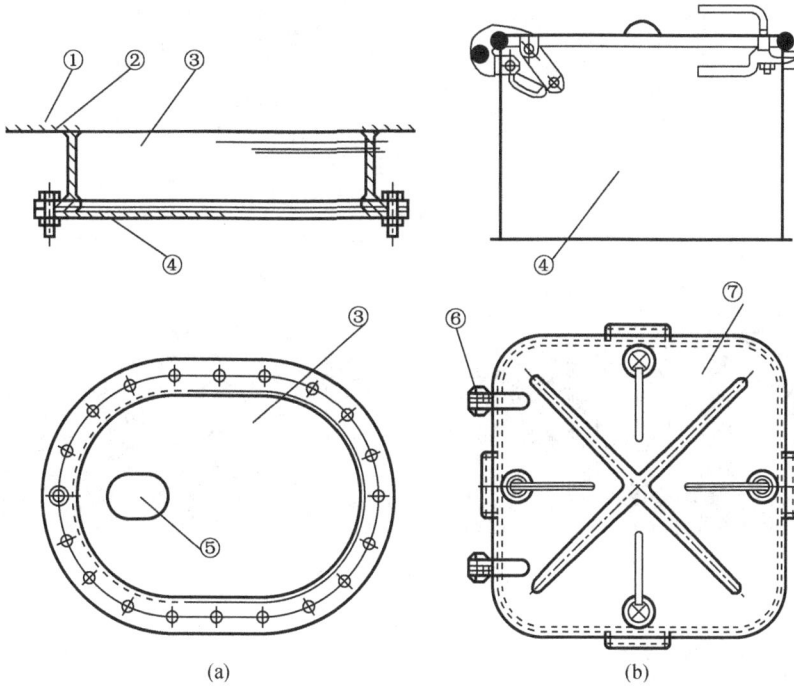

(a)   (b)

图 6.18　人孔盖结构
①螺栓;②螺母和垫圈;③固定式盖板;④围板;⑤标志;⑥铰链;⑦铰链式盖板

第二节　船舶防污染设备

随着海运事业的不断变化和发展,航运市场日趋繁荣,使得海运船舶越来越多,船舶吨位和尺度越来越大,但海洋污染问题也越来越严重,船舶在营运的过程中,不可避免地直接或间接使一些物质和能量进入海洋环境中,从而产生了损害海洋环境,危害人类健康的海洋污染。对这种污染,如不能实施有效的管理,切实做好加强船员防污染意识的工作,则将会使进入海水中的污染物质越来越多,并对海洋环境产生越来越不利的影响,进而影响到整个海洋环境乃至全球环境。有资料显示,海洋环境的污染有很大一部分来自船舶,船舶所排出的污染物质占所有海洋污染物质的一半左右。特别严重的是,有些靠泊或坞修船舶在港区和江河水道造成的污染,使得污染物质滞留在港区和狭窄的江河水道,这些污染物质将会对船舶和港口停泊设施产生腐蚀破坏作用,缩短其使用寿命。甚至有可能直接进入城市的饮用水源中,对饮用水水质产生不利的影响,直接影响人类的生命健康。随着海洋污染的日趋严重和公众环保意识的不断增强,防止船舶污染的国际公约、国内法律法规日趋完善,标准越来越高,执行越来越严格,有关方面也采取了一系列科学有效的措施,限制船舶对海洋环境的污染。可见船舶和环境具有相互作用、密不可分的关系。因此,必须加强船舶防污染管理,高度重视保护海洋环境,使人类社会可持续发展。

图 6.19　海洋原油污染

一、船舶对海洋污染的特点

1. 污染源多而复杂

污染物种类繁多而且成分复杂。石油及其制品、生活污水、有毒化学品、船上垃圾、有害排气、带有有害生物和病原体的压载水等为船舶的主要污染物。国际公约中指定的对海洋直接造成污染的物质可达近千种。图 6.20 为海洋塑料污染物。

2. 污染的持续性强、危害性大

海洋是各地污染物的最后归宿。污染物进入海洋后,很难转移出去。不能溶解和不易分解的污染物,以及有些有机物质可持续存在几十年甚至上百年。这些污染物在海洋中积累,不仅数量逐年增多,而且还能通过迁移转化而扩大危害。

3. 污染范围广

由于世界上各个海域相连,海水也在不停的运动,不易分解的污染物在海洋中可以扩散到很大的范围,一个国家或地区海域发生的污染,将会影响到邻近国家及地区乃至造成全球的海洋污染。

图 6.20　海洋塑料污染

二、船舶油污染来源

1. 机舱含油舱底水

船舶在航行过程中,机舱中运转机械设备的燃油、滑油的渗漏,设备保养检修和更换滑油、清洗滤器时的少量漏油和偶尔跑油,以及擦洗机器的抹布、棉纱等携带的污油都会落入机舱的舱底水而形成油污水。机舱舱底含油浓度达 50～150 ppm[①]。

2. 事故性溢油

船舶航行中由于各种原因而发生的搁浅、触礁、碰撞、失火、爆炸等意外事故,使货油舱、燃油舱柜破损引起大量的溢油,造成海域污染。

三、船舶非油污染来源

1. 生活污水

生活污水是船舶灰水(厨房、盥洗室等处的污水)和黑水(厕所、医务室)的统称。生活污水中的有机物在水中微生物的作用下消耗大量的溶解氧,并使水质腐坏。固体悬浮物则悬浮于水中,影响水的透光性,从而影响水生植物进行光合作用,而污水中的病原微生物,如不进行处理直接排入海洋中,就容易引起疾病的传播。例如大肠杆菌、肝炎病毒等,都有可能引发人类大的瘟疫和灾难。

2. 国际船舶压载水和沉积物

船舶压载水带进外来有机物而造成环境问题。根据《国际船舶压载水及沉积物控制和管理公约》要求与规定,通过船舶压载水和沉积物控制与管理来防止,尽量减少和最终消除有害水生物和病原体的转移。

3. 垃圾

船舶垃圾主要来自船舶保养维修产生的废液废料,船上人员的生活食品废料及日常生产垃圾和各种废弃物。根据垃圾对海洋及海洋生物的影响将其分为如下几类。

(1)对自然环境无直接损坏作用的中性垃圾(如玻璃、瓷器、陶器、无热材料制品等)。

(2)可长期保持外形,对物化和生化过程影响很小的废弃物(如木材、某种塑料和橡胶制品、薄铁制品等)。

(3)变形很快但本身对生化过程影响较小的垃圾(如纸品、纺织品物等)。

(4)有中等氧化强度垃圾(如部分有机废弃物、钢铁物品等)。

(5)在水中迅速氧化并耗氧的物品(如脂肪、肉类等食品残渣)。

(6)对海洋生物有毒害作用的物品(如洗涤剂、油漆残渣、化学试剂残液等)。

4. 动力装置的有害排气

船舶柴油机排出的废气中含有二氧化碳、一氧化碳、氮氢化合物、硫氧化物、未燃碳氢等物,这些排放物不同程度地对人体和生物构成毒害。

四、船舶防污染技术与设备

1. 防污染法规

海洋和沿岸不仅可被航行在此海域的船舶排放污染物所污染,而且也可能被此领海外

---

① 　1 ppm = 1×10^{-6}

的船舶排放物由于扩散和漂移等方式而造成污染。显然,海洋污染是不分国界的,是一种国际性的危害。为了保护海洋环境,防止污染损害,一系列国际性、区域性和各沿海国关于防止船舶污染海洋的公约、协议和法规相继制定、修订、生效和实施,且随着海洋污染的日趋严重和公众环保意识的不断增强,这些强制性防污法规越来越齐全,标准越来越高,执行也越来越严格。

(1)《MARPOL 公约》及其附则

随着现代工业飞速发展,在海上航行的船舶数量和种类越来越多,特别是 10 万吨级以上大型油船及散装化学品船大量建造并投入营运,除了油类,其他一些有毒有害物质、船舶生活污水、船舶垃圾等对海洋的污染也日趋严重。因此,1973 年 IMO 在伦敦召开国际海洋防污染会议,审议通过了第一个不限于油污染的"1973 年国际防止船舶造成污染公约"(简称"MARPOL73")。"MARPOL73"共有 20 条,另附有两个议定书和五个附则。

现行的 MARPOL 公约包括:

1973 年国际防止船舶造成污染公约;

关于 1973 年国际防止船舶造成污染公约的 1978 年议定书;

议定书 I——关于涉及有害物质事故报告的规定;

议定书 II——仲裁;

经 1978 年议定书修订的 1973 年国际防止船舶造成污染公约的 1997 年议定书;

附则 I——防止油污染规则;

附则 II——防止散装有毒液体物质污染规则;

附则 III——防止海运包装形式的有害物质污染规则;

附则 IV——防止船舶生活污水污染规则;

附则 V——防止船舶垃圾污染规则;

附则 VI——防止船舶造成大气污染规则。

①MARPOL73/78 附则 I——与防止油污染规则的有关规定

附则 I 共有 7 章 39 条和 3 个附录:第 1 章—总则;第 2 章—检验和发证;第 3 章—对所有船舶机器处所的要求;第 4 章—对油船货物区域的要求;第 5 章—防止油污事故造成的污染;第 6 章—接收设备;第 7 章—对固定或浮动平台的特殊要求。附录 I—油类清单;附录 II—IOPP 证书和附件格式;附录 III—《油类记录簿》格式。

除另有明文规定外,本附则的规定适用于所有船舶。

②MARPOL73/78 附则 II——控制散装有毒液体物质污染规则的有关规定

附则 II 于 1987 年 4 月 6 日生效,我国 1983 年 7 月 1 日加入,对我国生效时间为 1987 年 4 月 6 日。

附则 II 共 8 章 18 条和 7 个附录:第 1 章—总则;第 2 章—有毒液体物质的分类;第 3 章—检验与发证;第 4 章—设计、构造、布置和设备;第 5 章—有毒液体物质残余物作业排放;第 6 章—港口国控制措施;第 7 章—防止有毒液体物质事故造成的污染;第 8 章—接收设备。附录 I—有毒液体物质的分类准则;附录 II—散装运输有毒液体物质船舶货物记录簿格式;附录 III—国际防止散装运输有毒液体物质污染证书格式;附录 IV—程序和布置手册的标准格式;附录 V—液货舱、泵及相关管路内残余物量的评定;附录 VI—预清洗程序;附录 VII—通风程序。

除另有明文规定者外,本附则的规定适用于所有核准散装运输有毒液体物质的船舶。

③MARPOL73/78 附则Ⅲ——防止海运包装形式有害物质污染规则的有关规定

该附则于 1992 年 7 月 1 日生效,我国 1994 年 9 月 13 日加入。

附则Ⅲ共有 8 条和 1 个附录:第 1 条—适用范围;第 2 条—包装;第 3 条—标志和标签;第 4 条—单证;第 5 条—积载;第 6 条—限量;第 7 条—例外;第 8 条—关于操作要求的港口国监督。附录—包装形式有害物质的识别指南。

④MARPOL73/78 附则Ⅳ——防止船舶生活污水污染规则的有关规定

附则Ⅳ于 2003 年 9 月 27 日生效(2004 年附则Ⅳ修正案已于 2005 年 8 月 1 日生效);我国于 2006 年 11 月 2 日加入,2007 年 2 月 2 日对我国生效。

附则Ⅳ共有 4 章 12 条和 1 个附录:第 1 章—总则;第 2 章—检验与发证;第 3 章—设备与排放控制;第 4 章—接收设备。附录—证书格式。

⑤MARPOL73/78 附则Ⅴ——防止船舶垃圾污染规则的有关规定

附则Ⅴ于 1988 年 12 月 31 日生效,我国 1988 年 11 月 21 日加入,1989 年 2 月 21 日对我国生效。

附则Ⅴ共有 9 条和 1 个附录:第 1 条—定义;第 2 条—适用范围;第 3 条—在特殊区域外处理垃圾;第 4 条—对处理垃圾的特殊要求;第 5 条—在特殊区域内处理垃圾;第 6 条—例外;第 7 条—接收设备;第 8 条—关于操作要求的港口国控制;第 9 条—告示、垃圾管理计划和垃圾记录保存。附录—垃圾记录簿格式。

除另有明文规定者外,本附则适用于所有船舶。

⑥MARPOL73/78 附则Ⅵ——防止船舶造成大气污染规则的有关规定

附则Ⅵ于 2005 年 5 月 19 日生效,我国于 2006 年 3 月 15 日加入,2006 年 8 月 23 日对我国生效。附则Ⅵ生效表明 MARPOL73/78 六个附则已全部生效,并且对我国也已全部生效。

附则Ⅵ共有 3 章 19 条和 5 个附录:第Ⅰ章—总则;第Ⅱ章—检验、发证和控制手段;第Ⅲ章—船舶排放控制要求。附录Ⅰ—国际防止空气污染证书;附录Ⅱ—试验循环和加权因数;附录Ⅲ—指定 SOx 排放控制区的标准和程序;附录Ⅳ—船上焚烧炉的形式认可和操作限制;附录Ⅴ—加油记录单中包括的资料。

除另有规定者外,本附则适用于所有船舶。

(2)国际船舶压载水和沉积物控制与管理公约

IMO 海上环境保护委员会(MEPC)第 27 届会议(1989 年 3 月)起开始讨论船舶压载水带进外来有机物而造成的环境问题。几经修改,1997 年 9 月,MEPC 第 40 届会议又通过了A.868(20)决议《关于对船舶压载水进行控制管理,减少有害水生物和病原体传播的指南》。2004 年 2 月 9 日至 13 日 IMO 在伦敦总部召开国际压载水管理大会,通过了一个新公约,即《2004 年国际船舶压载水及沉积物控制和管理公约》。制定该公约的目的是通过船舶压载水和沉积物控制与管理来防止、尽量减少和最终消除有害水生物和病原体的转移。

《2004 年国际船舶压载水和沉积物控制与管理公约》(简称《BWM Convention 2004》或《压载水管理公约》)由公约正文、1 个附则(船舶压载水和沉积物控制与管理规则)和 2 个附录组成。正文共 22 条,包括公约的定义,一般义务,适用范围,控制有害水生物和病原体通过船舶压载水和沉积物转移,沉积物接收设施,科学技术研究和监测,检验和发证,违犯事件,船舶检查,对违犯事件的侦查和对船舶的监督,监督行动的通知,对船舶的不当延误,技术援助、合作与区域合作,信息交流,争端解决,与国际法和其他协议的关系,签署、批准、接受、核准和加入,生效,修正,退出,保存人,文字等一般性条款和控制船舶压载水和沉积物传播有害水生物和病原体的原则要求。正文部分大致沿用了 IMO 其他公约的思路,表述也基本类似。

公约的附则——"船舶压载水和沉积物控制与管理规则"由 A 部分(总则)、B 部分(船舶的管理和控制要求)、C 部分(某些区域的特殊要求)、D 部分(压载水管理标准)和 E 部分(压载水管理的检验和发证要求)等五部分内容构成。附录Ⅰ—国际压载水管理证书格式;附录Ⅱ—压载水记录簿格式。

根据生效条款,该公约采用明示接受程序,即公约将在合计商船总吨位不少于世界商船总吨位 35% 的至少 30 个国家签署并对批准、接受或核准无保留,或按第十七条交存了必要的批准、接受、核准或加入文件之日起 12 个月后生效。公约从 2004 年 6 月 1 日起至 2005 年 5 月 31 日在 IMO 总部开放供任何国家签署,此后仍开放供任何国家加入。

2.船舶防污染技术与设备

(1)防止船舶油污染措施

①岸上接收设备处理

船上设有容积足够大的污油舱和污水舱,并设有防污公约规定的油类排放标准接头,将储存的污油、污水排至岸上接收设备或污油接收船。含油污水处理手段有两种,其一是船上自行处理,其二是集中储存排至岸上接收设备。

②船上自行处理

充分利用船上装设的被认可的污油过滤设备、排油监控系统、混合器等,在船上对污油、污水进行完善的处理,使污水的排放符合公约的规定。船上油污水处理方法很多,但基本上可分为物理分离法、化学分离法和电气分离法三种。在船上油水分离器中用得最多的是物理分离法,物理分离法又以重力分离、过滤分离、吸附分离为主。关于油水分离器的详细介绍参看本教材第四章第七节的内容。在此不再赘述。

(2)船用污水处理装置简介

船舶生活污水处理装置按污水的排放方式可分为无排放型生活污水处理装置和排放型生活污水处理装置。无排放型生活污水处理装置通常包含船上储存方式和再循环处理方式;排放型生活污水处理装置必须按照国际公约和相关规定的排放要求,对生活污水进行相应处理后再排放。船上一般选用的都是排放型生活污水处理方式,并按其净化方式的不同有生化处理、物理化学处理等方式。

①无排放型生活污水处理方式

能满足 MARPOL73/78 要求的简单常用的方法就是船上安装生活污水储存柜。该储存柜系统将船舶日常产生的生活污水收集、储存起来,当船舶航行到允许排放海域时将储存的生活污水排出舷外或条件允许时排入岸上的接收设备。其简单流程图如图 6.21 所示。

该系统包括生活污水的收集储存和排放两部分,主要设备有储存柜和排出泵。储存柜通常设置两个,两套排出泵、管系采用为相互备用的并联方式,以备必要时的调换使用。由于排出泵易被坚硬的粪便和碎纸片等固体物质堵塞,影响其正常运转而产生臭味,因此,在储存柜的出口专门装设了粉碎机、充气风机和通风管,以维持固体物的漂浮、减少气味和可燃性气体。柜内与外界保持密封,并装有冲洗设备。为了引出柜内产生的可燃气体,要装有带防火罩的透气管。另外,该装置在甲板上装有便于生活污水排往岸上接收设备的管路和标准排放接头。

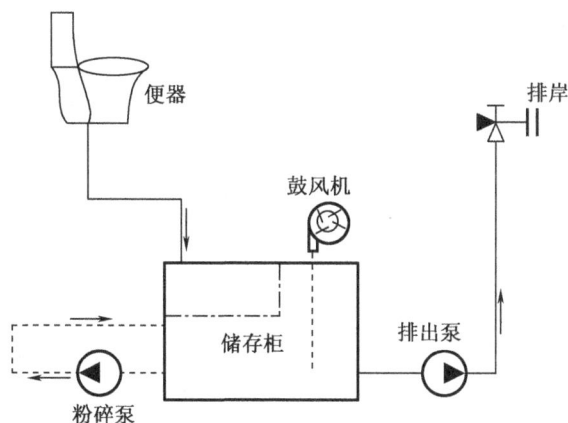

图6.21 简单储存方式系统流程图

该方式结构简单,操作管理容易,且对水环境几乎无任何损害。其主要缺点是储存舱柜的容积较大,特别是在限制海域长期航行或停泊的船舶,必然造成船舶有效装载容积或机舱工作空间的减少;为了方式系统中在工作中散发臭味,需适时的进行投药处理,从而使药品的使用费增加;船舶过驳生活污水增加了停港或抛锚时间,降低了船舶的营运效率。

②排放型生活污水处理方式

a. 生化处理方式

该方法通过建立和保持微生物(细菌)生长的适宜条件,利用该微生物群体来消化分解污水中的有机物,使之生成对环境无害的二氧化碳和水,而微生物在此过程中得以繁殖。生物处理法有好氧生物法和厌氧生物法两大类,好氧生物法又分为活性污泥法和生物膜法两种。船上常以好氧菌为主的活性污泥对污水中的有机物质进行分解处理。

图6.22是活性污泥法处理生活污水的工作流程图。污水进入曝气池,在不断通入空气的情况下,活性污泥在此消化分解有机物,离开曝气池后的混合液进入沉淀池。在沉淀池中活性污泥沉淀分离,而澄清的水进入投有杀菌药剂的消毒池,经杀菌后的净水排出舷外。从沉淀池中沉淀分离的活性污泥一部分流回曝气池,多余部分定期排出舷外。

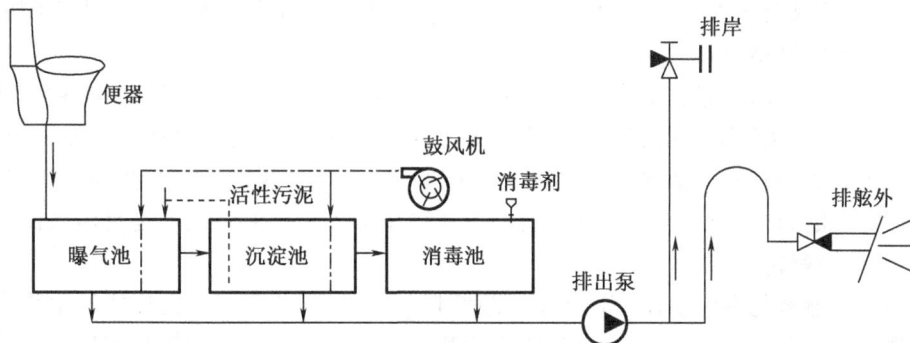

图6.22 生化处理方式系统流程图

生物膜法中的接触氧化法利用微生物群体附着在其他物体(填料)表面上呈膜状,让其与污水接触而使之净化的方法。生物膜法主要用来除去污水中溶解性和胶体性的有机物。

b. 物理化学处理方式

物理化学处理方式的原理是通过凝聚、沉淀、过滤等过程消除水中的固体物质,使之与可溶性有机物质相脱离来降低生活污水中的 BOD_5 值,然后让液体通过活性炭使之被消毒,最后将符合要求的处理后的生活污水排出舷外。图6.23为物理化学处理方式的典型系统流程图。

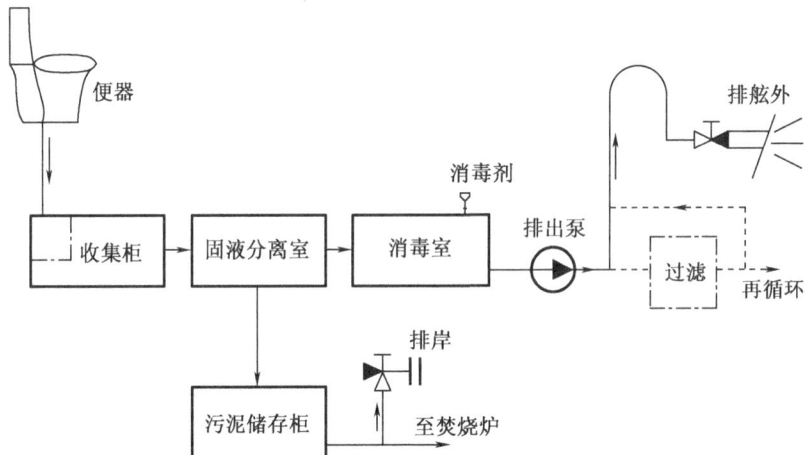

图 6.23　物理化学处理方式系统流程图

采用物理化学法处理污水的装置体积小,使用灵活,对污水量的变化适应性较强,工作过程可全面实现自动化。但是,该处理方式的药剂使用量较大,运行成本较高。船用污水处理装置是以生化法处理船舶和海上平台生活污水的装置。可以防止港口、沿海水域和内河水域的污染。本装置利用污水好氧细菌消解有机物的原理,进行污水净化,并加氯进行杀菌、消毒。因而其被普遍用于船舶,是最紧凑有效和灵活的防污染设备。装置能适用于海(淡)水作为厕所冲洗水,处理水无色、无味,对人体无害。装置还可适用于老船改装,必要时可将装置分成若干部分进行布置。

c. 典型装置——WCB 型生活污水生化处理装置

图6.24为某公司生产的WCB型生化法污水处理装置,利用活性污泥和生物膜的处理原理消解有机污染物质。

在一级曝气室内以好氧菌为主的活性污泥菌团形成像棉絮状带有黏性的絮体吸附有机物质,在充氧的条件下消解有机物质变成无害的二氧化碳和水,同时活性污泥得到繁殖,在作为菌团营养的有机污染物质减少时细菌呈饥饿状态以致死亡,死亡的细胞就成为附着在活性污泥中的原生物和后生动物的食物所吞噬,粪便污水中95%以上是易消解的有机物质,能够完全被氧化。

在二级接触氧化室内悬挂有软性生物膜填料,具有吸附消解有机物功能的生物膜在水中自由飘动,大部分原生动物寄居于纤维生物膜内,同样由于充氧的作用,有机物质进一步与生物膜接触氧化分解。污水在进入沉淀柜时其中污泥量已很少,在沉淀柜内累积的活性污泥沉淀物再被返送至一级曝气柜内为菌种繁殖。

如果停机一段时间再启动的话,由于生物膜中尚有细菌的孢子存活,因此比常规曝气法启动时间要快得多。

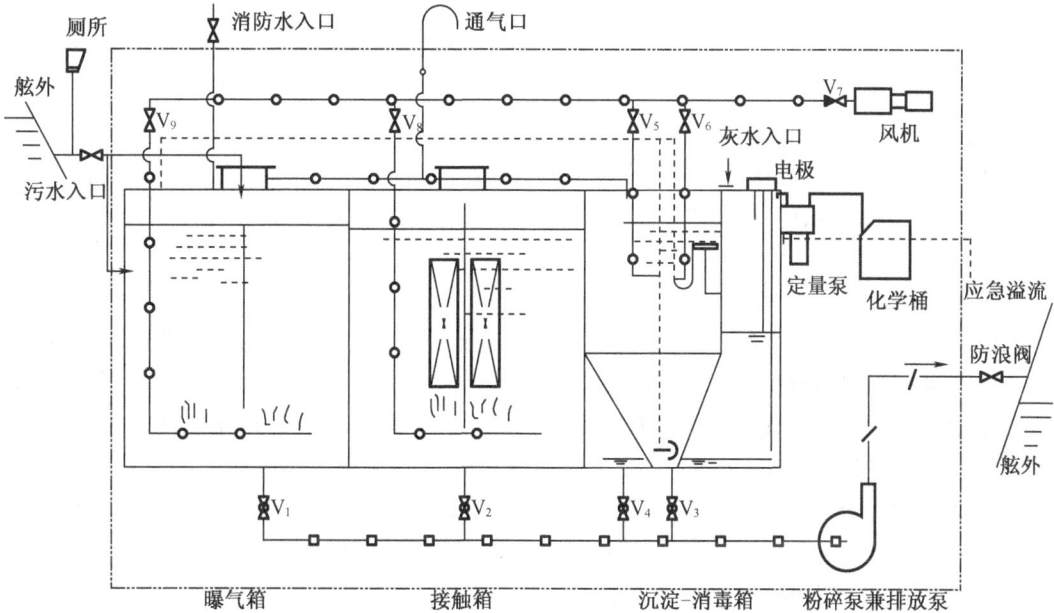

图 6.24　船用生活污水处理装置

经过沉淀的处理过的污水最后进入消毒柜用含氯药品杀菌,然后由排放泵排至舷外。

污泥排放周期视污水性质和负荷而定,一般 3 个月左右排放一次多余污泥是适当的。

如图 6.24 所示,设备箱体采用长方体钢结构,气泵、排放泵、循环泵、电控箱、阀件、膜组件等通过管路与箱体组成整体,结构紧凑。箱体分为曝气箱、沉淀箱、处理水箱等。

a. 曝气箱

曝气箱内设有曝气装置和填料。曝气装置装在箱体的底部,可通过箱体侧板上的人孔进行维修。空气不仅给细菌提供氧气,而且也把刚进入装置的污水和箱内的污水有效地混合起来。

b. 沉淀箱

沉淀箱呈漏斗形,表面撇渣和污泥回流采用空气提升器。漏斗形辐流式沉淀箱可防止沉淀污泥堆积,并且可直接进入空气提升管的吸入口。细菌(活性污泥)在沉淀箱内沉淀下来,并通过空气提升管返回到曝气箱。可通过透明返送管观察污泥返送情况。

c. 处理水箱

处理水箱用于暂时存储处理水,达到一定量时便由排放泵将合格处理水排至舷外。处理水箱装有溢流口。灰水如接进处理水箱,用户须选用紫外线消毒器对灰水进行消毒处理。

d. 排放泵

船用 50CPW – 10 – 15 型无堵塞排放泵是一种直接与电机轴相连的非自吸式离心泵,其排出压力为 0.15 MPa,10 m³/h。可手动/自动操作。当自动操作时,是通过处理水箱上的液位开关进行控制的。高位启动泵,低位停泵。

e. 空气泵

空气泵随机安装两台转叶片空气压缩机,1 台工作,1 台备用,手动切换。

f. 循环泵

循环泵可手动/自动操作。当自动操作时,通过初级处理水箱上的液位开关进行控制。高位启动泵,低位停泵。

g. 液位开关

初级处理水箱上高、中、低三个位置分别装有一个液位开关,通过电缆与控制箱相连。其中高液位用于报警;中液位用于启动循环泵;低液位用于停循环泵。

(3)压载水处理技术

①压载水置换

该方法以生态学和生物学原理作为其理论基础:第一,反向引入的可能性是不存在的。生活在淡水、河口以及绝大部分浅海中的生物不可能在深海环境中生存下来。同理,深海压载水中的生物在排入淡水、河口或浅海中时也不可能生存。第二,被排入深海中后,幸存下来的生物通过其他船舶的置换压载水操作被带到近海水域的可能性也非常小。根据这一原理,IMO A.868(20)号决议指出,压载水置换应该在深水、公海和尽可能远离海岸处进行。该方法被认为是目前减少压载水排放带来的外来物种入侵的最有效的方法之一。

目前主要采用以下两种置换方法:

a. 排空—注入法

此方法的基本原理是将压载舱的压载水全部排出,直到把压载水排空为止,然后用深海海水重新加满。

该方法中,压载水的排空和注入通过已有的压载水管系和压载泵就可以实现。IMO 规则推荐应在压载舱完全没有吸入时,才可以将压载水排出舱外。因此,在满负荷压载时,载荷大的变化将会影响到船舶的稳性、结构强度、吃水以及纵倾。

b. 径流法

此方法的基本原理是把深海海水从舱底泵入使压载水从舱顶连续不断地溢出,直到换掉足够量的压载水,以减少残留在舱中的微生物的数量。

巴西提出了一种新的置换压载水的方法——稀释法,即用 3 倍于舱容的水量从顶边舱注入,底部流出。此方法比底部注入、顶部流出产生的紊流大,有利于搅起沉积物,效果更好。

②过滤及旋流分离

过滤法处理压载水被认为是对环境最无害的方法,主要包括快速沙滤、筛漏、布质筛漏/过滤器和一系列的膜过滤器,可去除压载水中的微生物和病原体。但像病毒和细菌最小的直径只有 0.02 μm 和 0.1 μm,原生动物最小的直径是 2 μm。滤网数目越多,过滤需要的压力就越大,而且很快就需要反冲洗,不然的话过滤就无法进行下去。实际上海水本身含有许多悬浮物,会使过滤更加困难。

压载水中的许多微生物都具有特定的密度,并且与水的密度相近,其中的很多生物活动能力很强,在没有外力的情况下,这些微生物不会"安定"下来。因此要采用一定的技术对其进行分离。

旋流分离法就是利用水流在管路中高速流动产生的分离作用,将液体的水和固体的生物及病原体分离开。

③化学处理方法

该方法主要是采用杀虫剂来杀灭水生生物,所使用的杀虫剂分为氧化杀虫剂和非氧化杀虫剂。氧化杀虫剂广泛应用于废水处理中。强氧化杀虫剂能破坏生物结构,如细胞膜。目前所使用的氧化杀虫剂主要包括氯、二氧化氯、臭氧、过氧化氢、溴等。非氧化杀虫剂则是通过影响生物的繁殖、神经系统或新陈代谢功能来发挥作用。

④加热处理

目前看来,可以用于航行中水处理的方法是加热处理。加热方法从实用性、经济性两方面分析都是一种非常好的处理方法,其主要原理是利用高温杀死压载水中的有害生物。来自船舶冷却系统和排气装置的废热是可免费获得的能量,这使它在成本上与置换处理大致持平。目前加热压载水的方法有:

a. 压载水与发动机的冷却水回路接触;

b. 压载水在热交换系统里反复流动来加温;

c. 采用外加热源加热压载水。

⑤紫外线处理

波长在 240 ~ 260 nm 尤其是 253.7 nm 的紫外光对压载水中的微生物和病原体有杀灭作用。该方法应用的主要问题是,沿岸水中因含有大量的悬浮物质会阻挡紫外线对微生物和病原体的照射,含有的另一种溶解性有机物对波长为 254 nm 的紫外线有强烈的吸收作用,这两者都会影响处理效果。此外紫外线处理能耗很大。

⑥超声波处理

超声波通过各种间接反应对海洋生物有致命作用。它可以产生热量、压力波的偏向,形成半真空或半真空状态从而脱氧导致浮游生物的死亡。

在健康和安全方面,一些转换环节可能会产生噪声,可能还有一些目前未知的牵涉船舶结构完整性和人员频繁接触在超声波中引发的健康方面的问题。气蚀过程还会造成船舱表面或结构的破坏。这些限制条件,意味着超声波处理压载水并不是十分可行的方案。

⑦岸上处理

把压载水排放到岸上的污水处理厂进行处理,由于存在处理量大、时间长、占地面积大、设备利用低等问题,导致该方法运行成本大幅度提高。

⑧压载水不排放

压载水不排放就不会造成污染,但由于减少了船舶货物载运量,因此会使吨位运输成本增加。

第三节　船舶消防系统及设备

　　消防系统的用途是扑灭船上发生的火灾。船上发生火灾是十分危险的,它会给全船的生命财产带来巨大的损失。为此,一旦发现火情,就必须能及时扑灭。

　　船舶消防系统的设置是根据船舶的用途和动力装置的种类决定的。其中固定灭火系统的种类主要包括水基灭火系统(水灭火系统和压力水雾系统)、气体灭火系统(CO_2灭火系统(低压、高压))、泡沫灭火系统(固定甲板泡沫灭火系统、低倍泡沫灭火系统和高倍泡沫灭火系统)、化学干粉灭火系统和惰性气体保护系统等。

　　根据SOLAS公约相关要求,一般均要求船舶采用两种以上的消防系统。其中A类机器处所或机器处所内具有高度着火危险的区域应设置水灭火系统和CO_2灭火系统、压力水雾灭火系统或高倍泡沫灭火系统中任选一种。散货船的装货处所应设置水灭火系统和CO_2灭火系统。油船的货油舱及其甲板区域应设置水灭火系统、甲板泡沫灭火系统和惰性气体系统,泵舱内可设置CO_2灭火系统、高倍泡沫灭火系统或压力水雾灭火系统。液化气船的液货舱及其甲板区域应设置水灭火系统、压力水雾灭火系统和干粉灭火系统,液化气压缩机室和液货泵舱应设置水灭火系统和CO_2灭火系统。化学品船的液货舱及其甲板区域应设置水灭火系统和甲板泡沫灭火系统,液货泵舱应设置水灭火系统和CO_2灭火系统。所有货船的上层建筑区域可仅设置水灭火系统。

　　根据SOLAS公约的要求,国际航行船舶灭火设备和消防员设备的配备要有具体的要求,具体要求见表6.5和表6.6。

一、水灭火系统

　　水灭火的原理是降低燃烧的三个要素之一的燃烧温度。水与燃烧物接触时,蒸发成蒸汽,从而吸收大量的热量,使燃烧物温度降低以至熄灭。同时,水蒸气也有隔绝氧气的作用。压力大的水柱不仅能冷却燃烧物的外部,而且能穿透它,使之不会发生再燃烧的现象。水灭火系统用来扑灭机舱、干货舱、居住舱室和公共舱室内的火灾,扑灭甲板、平台、上层建筑等露天部分的火灾和扑灭其他船和码头建筑物的火灾。但水灭火系统不能扑灭油类的燃烧,因为油比水轻,油会在水的自由液面上蔓延,随着在水的流动使火势扩大。正在工作的电器设备舱室的灭火,也不宜用水,因为水能导电,可能导致短路。水灭火系统也可以用于冲洗甲板、舱室和洒水降温。

　　水灭火系的布置形式是由它的用途、区域以及对船舶生存力的作用来决定的。

　　水灭火系统的布置形式按总管布置形式分为直线形和环形两种。直线形总管适用于小型船舶或大型船舶的宽敞甲板上和机舱内,而环形总管适用于大型船舶或上层建筑区域。

　　1.水灭火系统组成

　　(1)环形布置

　　如图6.25所示,消防总管由机舱内的消防泵引至上甲板的上方(一般在货舱区域)或第一层舱室甲板的下面,随后沿舱口围或上层建筑组成环形总管。在总管上装有若干截止阀,以增加其生命力。而位于船艏艉两端的舱室,则由环形总管接出支管来照看。

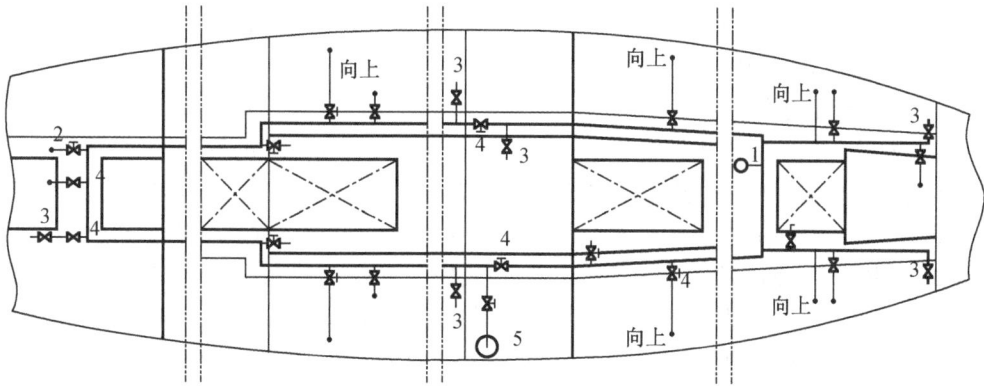

图 6.25 水灭火系统环形总管布置图

1—环形总管；2—支管；3—消防阀；4—截止阀；5—消防泵接出的总管

在客船和大型船舶上，为了提高系统的生命力，不仅要采用环形总管，而且还装有横向连通管，接通两舷的总管，并在总管上装若干截止阀，分成几个小的环形管路，甚至在船舶中央纵向引出一直线总管，再分出若干支管。

环形总管的优点是能增强系统的生命力。当某一段环形总管发生故障时，则可以通过关闭附近的截止阀，切断对该段管路的供水，而其他消防管路能继续发挥作用。它要求总管上配有足够的截止阀，因而阀件多、管路比较复杂，安装的工作量也大。

2. 直线布置

如图 6.26 所示，机舱内设有两台消防泵 1（其中一台可以为总用泵），机舱外设有一台应急消防泵 3，它们可分别从海水总管 2 和独立的海水门及通海阀 4 吸入海水；经消防总管 5 通往机舱、甲板及上层建筑等处。在需要的地方开出支管，设置消防阀，以便在火灾发生时与消防水管和水枪连接。

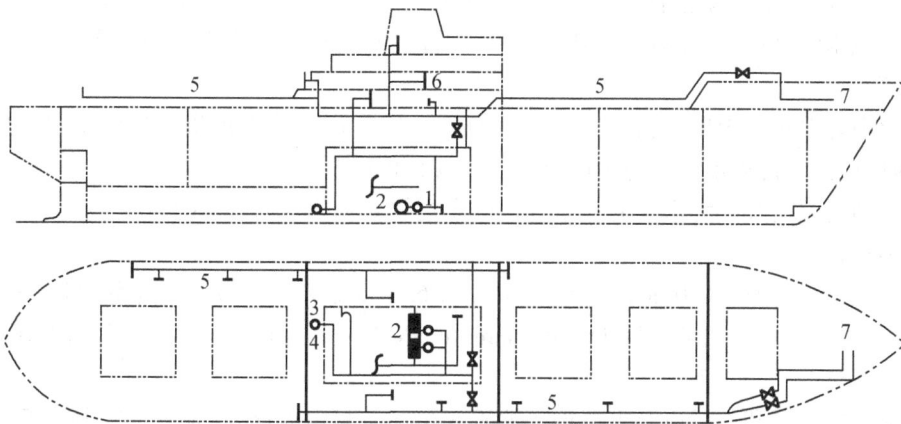

图 6.26 水灭火系统直线形总管布置图

1—消防泵；2—海水总管；3—应急消防泵；4—应急消防泵通海阀；5—消防总管；6—国际通岸上接头；7—锚链冲洗

其实，船舶上水消防系统的布置均采用混合布置的形式，既有环形布置也有直线形布置。一般货船的机舱或甲板上为直线形布置，而上层建筑为环形布置；客船采用环形布置。不管哪种布置，船上甲板的两舷各设有一只国际通岸接头 6，在发生火灾时，也可由其他船上或岸上的消防管通过消防水带与本船的接岸装置相连接供水作为灭火之用,或输出消防水供其他船舶或岸上使用。

2.水灭火系统的设备及要求

根据 SOLAS 公约的要求,消防安全目标应以防止火灾和爆炸的发生;减少火灾造成的生命危险;减少火灾对船舶、船上货物和环境的破坏危险;将火灾和爆炸抑制、控制和扑灭在火源舱室内;为乘客和船员提供充分和随时可用的脱险通道。而在功能要求上应以用耐热与结构性限界面,将船舶划分为若干主竖区和水平区;用耐热与结构性限界面,将起居处所与船舶其他处所隔开;限制可燃材料的使用;探知火源区域内的任何火灾;遏制和扑灭火源处所内的任何火灾;保护脱险通道和消防通道;灭火设备的随时可用性;将易燃货物蒸气着火的可能性减至最低。船舶灭火系统应符合国际海事组织海上安全委员会 MSC.98(73)决议通过的《国际消防安全系统规则》中对消防设备有关要求,具体如下。

(1)主要消防设备

①消防泵

每艘船均应按要求配置独立驱动的消防泵,消防泵一般为离心泵或往复泵。卫生水泵、压载泵、舱底泵或总用泵如符合消防泵的有关要求,均可兼作消防泵。

对于 6 000 总吨以上的货船或油船,消防泵的压力应确保在两台消防泵同时工作,经消防总管通过规定的水枪,从任何两只相邻的消火栓(消防阀)输送确定的水量时,在所有消火栓上都应维持 $\geqslant 0.27$ MPa 的压力。

消防泵的排量按规范要求计算,但货船、油船的消防泵总排量不必超过 180 m^3/h。任何船舶的每一台消防泵的排量均不得小于 25 m^3/h。但油船设有甲板泡沫灭火系统时,其由消防泵供的水量应另外加入。

②应急消防泵

船舶均需设置一台固定式独立驱动的应急消防泵。应急消防泵应有自吸能力,设有独立的海底阀、海水箱。应急消防泵安装在机舱外的安全处所,并尽可能设在轻载水线以下,若高于轻载水线,则泵应能有效地吸水。大型船舶还设有专门的应急消防泵室,且应与机舱相隔离。

应急消防泵可以由柴油机、电动机或液压驱动,常用的为电动机。当应急状态电流切断时,能由应急电源供电。应急消防泵的排量应 $\geqslant$ 消防泵总排量的 40% 和 25 m^3/h。

应急消防泵的吸入海水阀的操纵应根据规范的要求延伸到一定的高度。

③消火栓

消火栓的规格有 DN40 mm、DN50 mm 和 DN65 mm 三种。一般居住舱室为 DN40 mm 和 DN50 mm,外部空间或机舱处所为 DN50 mm 和 DN65 mm。消火栓由截止阀、内扣式接头和保护盖组成。

消火栓的数量和位置应至少能将 2 股不是由同一只消火栓射出的水柱,其中有 1 股仅使用一根消防水带,射至人员经常到达的任何部分或装货处所。特种处所每股都只能用一根水带就能达到。

④消防水带和水枪

消防水带应由不易腐烂的材料制成,一般为帆布。并具有足够的长度射出一股水柱至可能需要使用的任一处所。但最大长度应取得船级社的认可。例如 CCS 船级社没有规定具体的长度,而 ABS 船级社要求 $\leqslant 23$ m、LR、DNV 船级社要求 $\leqslant 18$ m、GL 船级社要求

≤20 m,机器处所和锅炉舱应≤15 m。

每根水带应配有一支水枪和必要的接头,并一起放于消火栓附近的水龙带箱内。对于客船,每只消火栓应至少备有一根消防水带。

所有的水枪应为认可的设有关闭装置的两用型水枪(水雾和水柱)。标准水枪的口径为 12 mm、16 mm 和 19 mm 或尽可能与之相接近。水枪、水带和消火栓的配合要求见表 6.1。水枪的射程达 12 m 时,对应的各种口径水枪前端压力见表 6.2。

表 6.1　水枪、水带和消防栓的配合

消火栓口径/水带直径/mm	40		50		65
水枪口径/mm	12	12	16	16	19

表 6.2　各种口径水枪前端压力

水枪口径 d/mm	19	16	12
水枪前端的压力 P/kPa	108	118	127

⑤国际通岸接头

任何远洋船舶均应备有国际通岸接头,并能用于船舶的任何一舷。国际通岸接头一端为符合图 6.27 所示的平面法兰,另一端为配合船上消火栓和消防水带的接口,并能承受 1.0 MPa 的工作压力。除了通岸接头外,船上应将能承受 1.0 MPa 压力的任何材料(除石棉外)的垫片 1 只,以及长度为 50 mm,直径为 16 mm 的螺栓,螺母各 4 只和垫圈 8 只与接头放在一起。

(2)水灭火系统的布置安装要求

①水灭火系统的工作压力一般为 0.8 MPa,靠近泵的附近必须装有截止阀和安全阀。

②水灭火系统管路在通过容易被碰坏的地方,应加以保护。在居住舱室、厕所及潮湿地方的管路,需做绝缘包扎,防止凝水及腐蚀。

③消火栓均须涂以红漆,管子垫片必须用耐火的材料(不燃材料)制成。

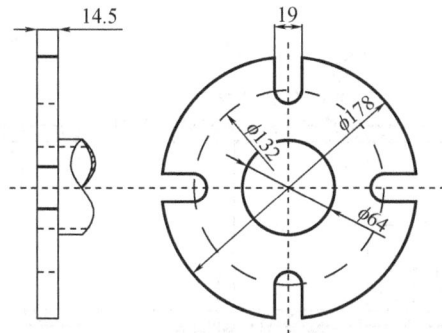

图 6.27　国际通岸接头

④对于油船应在艉楼前端有保护的位置和油舱甲板上相隔不大于 40 m 的消防总管上设置隔离阀,以便在失火或爆炸时能保持水灭火系统的完整性。

⑤对机舱处于艉部的船舶,消防总管上应设有截止阀。使艏、艉消防总管能分别供水

或同时供水。

⑥消防总管如敷设在上甲板上,则应考虑配有膨胀接头,接头的填料应能承受热的影响。在管路适当位置上应设置放泄管路内残水的阀。

⑦消防泵为离心泵时其出口应设截止止回阀后并联。

⑧消防管应采用内外镀锌的钢管,一般为无缝钢管,不能使用铸铁等易损或不抗热的材料。

⑨在机器处所内设有 1 台或数台消防泵时,则应在机器处所之外易于到达的适当位置装设隔离阀,使机器处所内的消防水管能与机器处所外的消防总管隔断。消防总管应布置成当隔离阀关闭时,船上的所有消火栓(上述机器处所内的除外)能由置于该机器处所外的一台消防泵通过不进入该处所的管子供给消防水。若不能安排管路布置在机器处所之外,允许一短段应急消防泵的吸入管和排出管穿入机器处所,并用坚固的钢质罩壳覆盖管子,以便维持总管的完整性。

(3)水灭火系统的管理要点

①启动离心式消防泵供水前应检查、注油、盘车,采用封闭启动;启动后供水压力可用旁通阀调节。

②停止供水后,应将全船所有消防干管上的残水阀全部打开以防管系遭受海水腐蚀而锈穿或冬季冻裂管子和消防阀。

③定期清洗海水滤器和保养消防泵。

④定期检查启动应急消防泵(周检)。

⑤定期进行消防演习以检查系统的工作情况是否良好和提高船员的应变能力。

(4)钢管套管使用标准

管子通径 DN < 15 mm,应优先选用卡套接头或螺纹接头连接;管子通径 DN ≥ 15 mm 时,一般应采用法兰或套管连接。

通舱管件也可采用承插式(套管式),其形式见图 6.28、图 6.29。套管规格尺寸见表 6.3、表 6.4。

以上通舱管件的座板、复板的厚度均应大于或等于船体结构板厚度,套管的厚度应大于连接管的 1.1 倍。

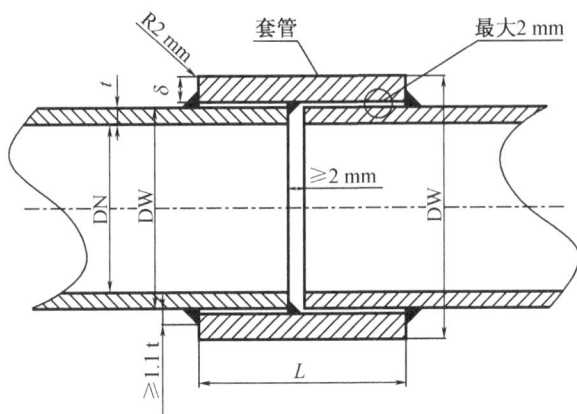

图 6.28　单套管结构

表6.3 单套管基本尺寸

通径 DN	外径 DW	套管		
		外径 DW	厚度 δ	长度 L
15	ϕ22	ϕ34	4.5	42
25	ϕ34	ϕ48	5.5	50
32	ϕ42	ϕ60	7	50
40	ϕ48	ϕ60	5.0	60
50	ϕ60	ϕ76	7	80
65	ϕ76	ϕ96	9	100
80	ϕ89	ϕ114	11	120
100	ϕ114	ϕ140	11	140
125	ϕ140	ϕ165	11	160
150	ϕ168	ϕ194	11	200
200	ϕ219	ϕ245	11	200

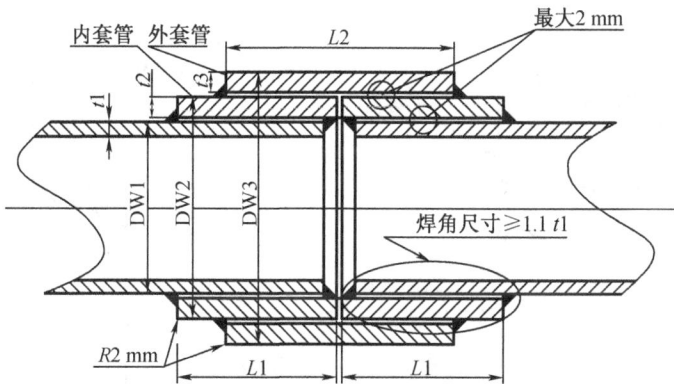

图6.29 双套管结构

表6.4 双套管基本尺寸

通径 DN	外径 DW1	厚度 t1	连接套管（内）			连接套管（外）		
			外径 DW2	厚度 t2	长度 L1	外径 DW3	厚度 t3	长度 L2
25	ϕ34	4	ϕ48	5	60	ϕ60	5	40
32	ϕ42	4	ϕ54	6	60	ϕ68	6	40
40	ϕ48	4	ϕ60	5	60	ϕ76	7	40
50	ϕ60	5.5	ϕ76	7	70	ϕ96	9	100
65	ϕ76	6	ϕ96	9	70	ϕ120	11	100
80	ϕ89	6	ϕ114	11	70	ϕ140	12	100

表 6.4（续）

通径 DN	外径 DW1	厚度 t1	连接套管（内）			连接套管（外）		
			外径 DW2	厚度 t2	长度 L1	外径 DW3	厚度 t3	长度 L2
100	φ114	6	φ140	11	83	φ168	13	116
125	φ140	7	φ165	11	83	φ194	13	116
150	φ168	7.5	φ194	11	83	φ219	11	116
200	φ219	8.5	φ245	11	83	φ273	12	116
250	φ273	9	φ299	11	83	φ325	11	116
300	φ325	11	φ351	12	83	φ377	12	116

套管通舱管件和法兰焊接座板的开孔孔径公差为 1～4 mm。

复板通舱管件和管子通过无水密要求的舱壁或平台时，开孔孔径公差为 1～5 mm。

（5）船舷通海阀和排出口的要求

①船舷通海阀和排出口的安装，当采用座板连接时，座板与船外板应双面进行焊接。如图 6.30 所示。

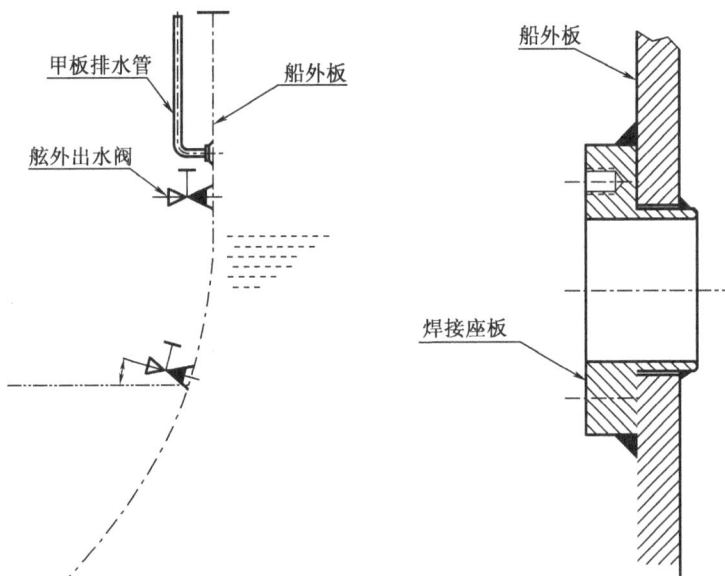

图 6.30　座板连接式船舷通海阀和排出口

②船舷通海阀和排出口的安装，当采用短管连接时，如图 6.31 所示，外板接管的壁厚应不小于外板的厚度，安装时应伸出舷外 10～15 mm，并采用肘板或复板进行加强。复板厚度不得小于外板的厚度。

③舷外开孔与座板或接管的间隙应不大于 3 mm。

④排水孔和海水泵进水口，锅炉备用进水及压载系统进水，海底阀一般不应布置在同舷的一个肋距内。

⑤海水泵的进排水孔，若在同一舷的，同一肋距内，则进水口应布置在排水孔之前。

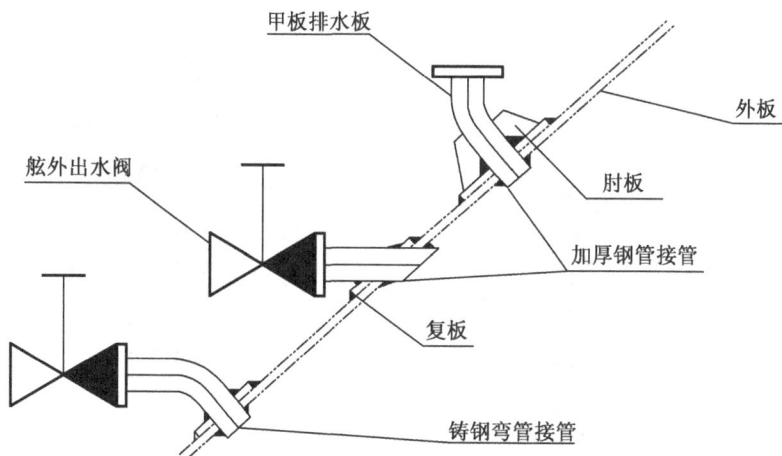

图 6.31 短管连接式船舷通海阀和排出口

⑥日用海水进水孔应在卫生、污水及粪便处理的排泄孔之前,其间距应不小于 1.5 m。

⑦舷侧排水孔也应避免开在救生艇及舷梯卸放区域内或舷梯上。

在焊接座板完成后,还应进行探伤以保证无裂纹。

二、二氧化碳灭火系统

二氧化碳灭火剂以液态的形式储存在容器内。当发生火灾时,来自驱动瓶组的控制气体使手气启动器动作,容器阀开启,二氧化碳通过从容器阀出口释放。紧急情况时,可用手指拉下手气启动器上的保险扣,拍击手动按钮,即可使手气启动器动作,直接释放出二氧化碳气体,实施灭火。

如图 6.32 至图 6.38 所示,高压二氧化碳灭火系统主要由二氧化碳气瓶、瓶头阀、集合管、遥控释放站、气控释放阀(区域选择阀)、释放报警控制装置、声光报警器等主要部件和设备组成。

图 6.32 高压固定二氧化碳灭火系统

图 6.33 集流管

目前系统使用的钢瓶主要有 68 L 和 40 L 两种。瓶体材料一般为 34Mn2V,使用温度为 $-20 \sim 60$ ℃。

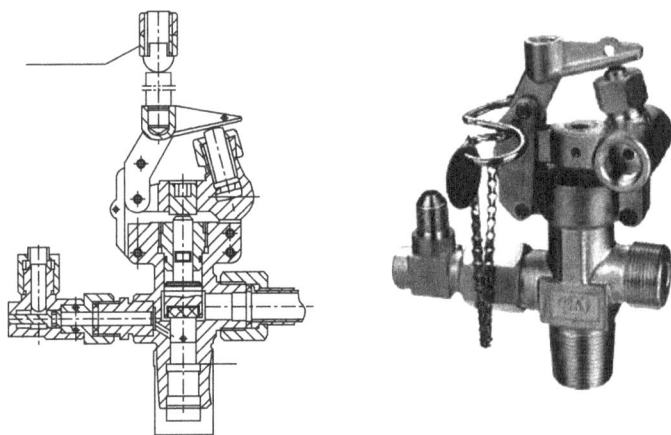

图 6.34　集合管

图 6.35　气控释放阀图

图 6.36　遥控释放站

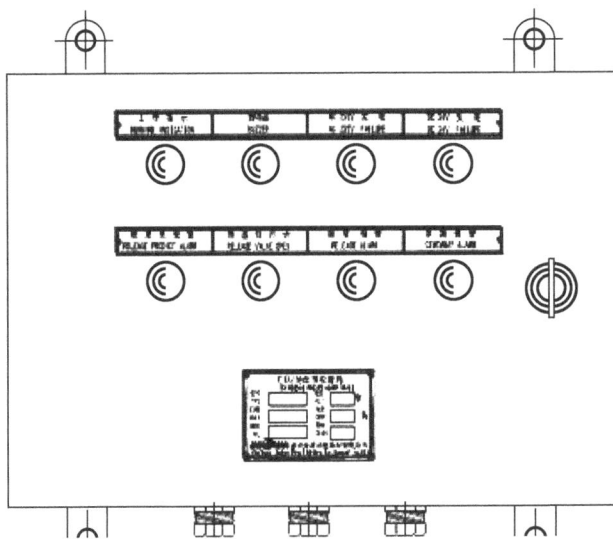

图 6.37　释放报警控制箱

图 6.38　声光报警器

三、船舶惰性气体系统

对载重量为 20 000 吨及以上的载运闪点(闭环试验)不超过 60 ℃的原油船或成品油船,以及所有使用原油洗舱的油船,均应设置惰性气体系统。惰性气体系统指将货物泵出以后充入一种惰性气体(化学性质非常稳定),该气体通常为船舶发动机的废气来代替货物充入油轮的油舱以避免油舱爆炸。它的主要功能是降低货油舱的氧气含量,使其降低至爆炸下限以下。

1. 船舶惰性气体系统功用

(1)惰性气体(IG)的定义

具有不与氧化合的化学稳定性的气体。如 He、Ne、Ar;氮气、二氧化碳、含氧浓度很低的空气;烟气。

(2)惰性气体的防爆原理

防止油舱发生燃烧爆炸的三种措施有以下几种。

①控制油舱内可燃石油气的浓度,使其处于爆炸范围外,即处于"过浓区"或"稀释区"。该法可操作性难度大,如图 6.39 所示。

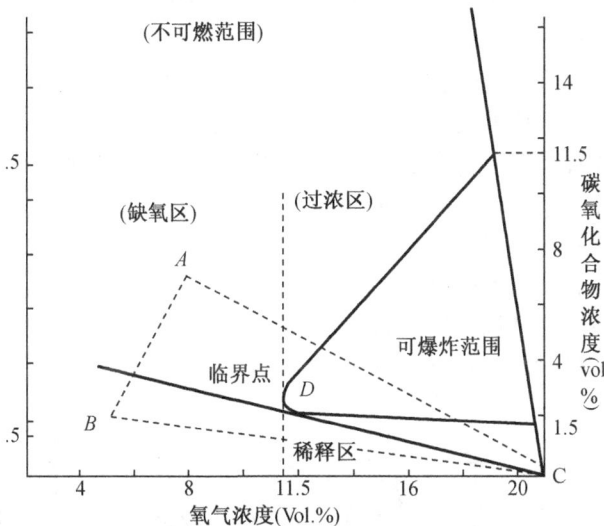

图 6.39　石油气爆炸范围

②控制引火源的产生,不能完全防止燃烧爆炸事故的发生。

③控制油舱内氧气的含量,使其小于"临界点"值。最有效的方法是向油舱内充注惰性气体。

(3)船舶各种营运状态下惰性气体充注效果

①卸油时惰性气体的充注

M1—卸前充满 IG、M2—卸前未充 IG,卸油过程未补充 IG—M1C、M2C;卸油过程补充 IG(含氧浓度 8%)—M1G 的效果如图 6.40 所示。

②航行中惰性气体的补充

M1C,应根据需要向舱内充入惰性气体,保证氧浓度在 8%以下。

③货油舱内压入和排出压载水时惰性气体的充注

a.压载水排出时:开始排水时,舱内气体状态处于 M3 点,M3C 线经危险区。因此,排水时应不断充注 IG,使气体状态沿 M3G 变化。

b. 压载水压入时:保持在 M3 点,不需充入惰性气体。

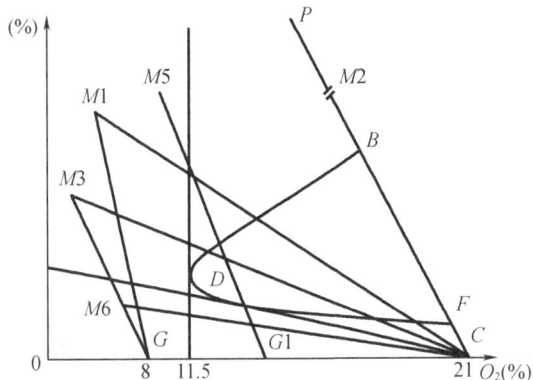

图 6.40　各种营运状态充注 IG 的效果

④装油前惰性气体的充注

开始装油时若舱内含氧大于 11.5%,处于 G1 点,G1M5 线经危险区,因此装油前,油舱内必须充满惰性气体(含氧 8% 以下),G 点:GM1 线处于危险区外。

⑤清洗油舱时惰性气体的充注

应连续向舱内充注惰性气体,保持正压,舱内含氧浓度在 8% 以下。

⑥驱气作业时惰性气体的充注

首先用惰性气体置换舱内的石油气,当油气浓度降到 4% 以下时(M6 点),再用新鲜空气置换,舱内气体状态变化线为 M3—M6—C。

3. 船舶惰性气体系统组成

(1)"烟道气"式惰性气体系统

利用锅炉排气经冷却、脱硫、洗涤后得到 IG。其组成及流程如图 6.41 所示。该系统具有经济性好、供气量大的特点,含氧一般在 4% 以下;IG 含 SO_2 和烟尘,IG 含氧量受锅炉负荷的影响较大。

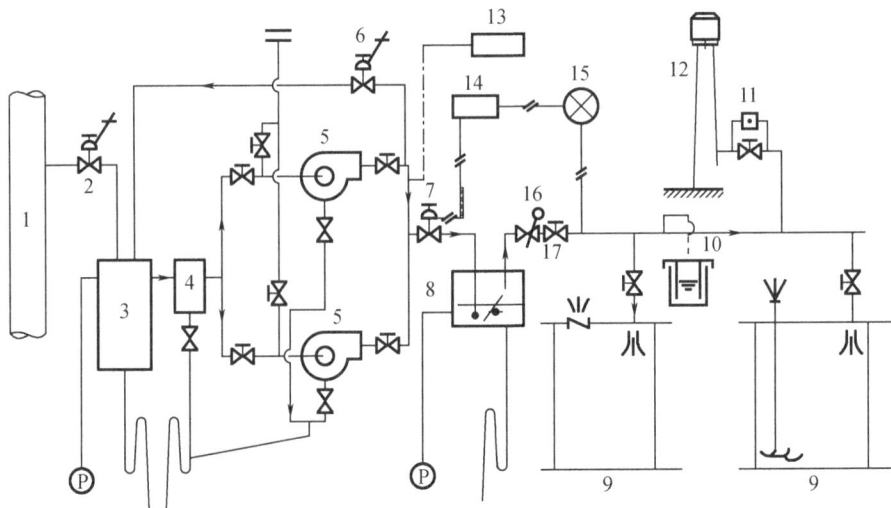

图 6.41　烟道气式惰性气体系统

1—锅炉烟道;2—烟气抽气阀;3—洗涤塔;4—除湿器;5—风机;6—循环阀;7—阀;8—甲板水封;

9—货油舱;10—压力/真空切断阀;11—呼吸阀;12—透气桅;13—氧气分析仪;14—控制箱;15—压力变送器

（2）惰性气体发生装置

用专门的 IG 发生器,燃烧煤油等液体燃料得到 IG。其组成如图 6.42 所示。该系统装置含氧低(0.1%),SO_2、烟尘少;经济性差,造价高。

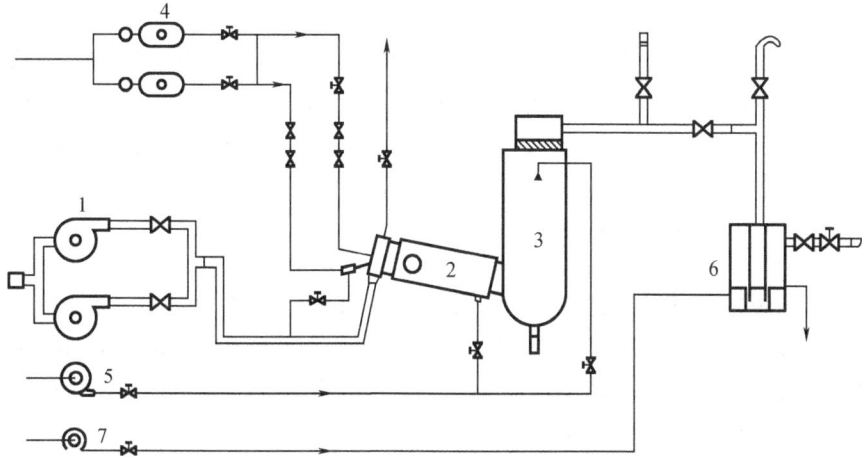

图 6.42 惰性气体发生装置系统

1—风机;2—燃烧室;3—洗涤塔;4—燃油泵;5—冷却水泵;6—甲板水封;7—水封水泵

（3）组合式惰性气体系统

组合式惰性气体系统为前两者串联起来使用。将含氧量大于 13% 的柴油机或辅助锅炉的排气供入燃烧室,使其与燃料混合再燃烧,产生含氧量小于 5% 的 IG。

（4）惰性气体系统主要设备

①烟气抽气阀。可在控制室遥控的截止阀。其工作环境恶劣,是检修重点。

②洗涤塔。对 IG 进行冷却、脱硫、除尘。船用洗涤塔结构有填充式洗涤塔和喷雾式洗涤塔两种类型。

③除湿器。去除洗涤塔排气中的水滴,减少油舱酸腐蚀。要求除湿率达 99%。常用的除湿器有过滤式、旋流式和挡板式 3 种。

④甲板水封。防止货油舱内可燃性气体逆流的安全装置(单向阀)。

⑤压力/真空切断阀:防止货油舱和管路正压或负压过高的安全设备。

⑥鼓风机。大容量、高静压离心式电动鼓风机。其总容量必须比货油泵总容量大 25% 以上。至少设两台,配置方式为 50% +50%,100% +50%,100% +100%。

⑦固定式氧气分析仪。"锆电池式"固定式氧气分析仪。可连续测定 IG 中的氧气含量。测定范围分 0 ~ 5%、0 ~ 10%、0 ~ 25% 三挡。

⑧泄放排气阀压力指示控制器。自动调节惰气风机排气压力,使惰气供气压力保持恒定。

⑨惰性气体主供气阀压力记录控制器。维持甲板主管压力的恒定,并且根据设定压力自动调节惰气主阀开度,从而控制惰气流量。

3.船舶惰性气体系统的安全保护装置及操作管理

（1）安全保护装置:

①连锁机构;

②报警系统;

③防止危险气体逆流到安全区域的装置;

④防止货油舱产生高压或负压的装置。

(2)操作管理(操作程序):启动前,启动顺序,运转中,航行中,驱气,停止顺序。

(3)运行中应注意的问题:腐蚀问题、人身安全问题、二次污染问题。

四、船舶防火控制图

船舶防火控制图作为检验和验收的必备文件,主要内容有每层甲板的控制站、各级防火分隔围蔽的防火区域、探火和失火报警系统、喷水装置、消防器材、各舱室和甲板出入通道等设施的细目,以及各通风系统的位置,包括风机、挡火闸、遥控关闭装置、应急通道,还有船舶所配备的各种救生设备和位置,是随船存放的十分重要的一份图纸,也是船舶在危险情况下作为逃生的指导性图纸。

经修正的 1974 年国际海上人命安全公约第 II – 2/15.2.4 条规定,要求船上应有固定展示的防火控制图作为对船上高级船员的指导,和一套防火控制图或具有该图的小册子的复制品,永久性地置于甲板室外面有醒目标示的风雨密盒子里,以有助于岸上的消防人员。

国际识别符号的使用极大地增加船舶防火控制图的实用性。有关船舶防火控制图识别符号的规定见表6.6。其中相关规定如下。

1. 灭火剂以颜色区分种类

①灰色代表二氧化碳;

②黄色代表泡沫;

③棕色代表二氧化碳以外的气体;

④白色代表干粉;

⑤绿色代表水。

2. 以字母表示灭火剂种类

①CO_2 代表二氧化碳气体;

②H　代表除二氧化碳以外的气体;

③N　代表氮气;

④F　代表泡沫;

⑤P　代表干粉;

⑥W　代表水。

3. 通风类

通风类识别以颜色区分处所:

①起居处所颜色为蓝色;

②机器处所颜色为绿色;

③货舱处所颜色为黄色。

4. 灭火器容量的标识

①气体和干粉的容量用 KG 表示;

②水和泡沫的容量用 L 表示。

5. 遥控类设备

遥控类设备用三角形标识。

6. 防火控制图符号的分类

①结构防火识别符号;

②消防设施识别符号;

③脱险通道和相关的脱险设施的识别符号。

表 6.5　国际航行船舶灭火设备配备表

名称 ＼ 存放地点	起居处所、服务处所和控制站	机器处所					其他
		设有燃油锅炉或燃油装置的 A 类机器处所①	设有内燃机的 A 类机器处所	功率不小于 375 kW 的汽轮机处所	载客超过 36 人客船的每一 A 类机器处所	特种处所和滚装处所	
手提式灭火器	1000 总吨及以上船舶以及高速船和平台至少应备 5 具； 对于客船： 1. 每一主竖区或水密舱壁范围内至少每层旅客处所至少备 2 具； 2. 舱壁甲板以上每层旅客处所至少备 2 具； 3. 每一厨房内至少备 1 具； 4. 每一船用物料储存室内至少备 1 具； 对于货船： 每一厨房内至少备 2 具。	对于平台： 生火处所和部分燃油装置所在的每一处所，至少设置泡沫型 2 具； 对于平台： 除以上要求外，每一燃烧器还应至少有一个容量为 9 L 的同型灭火器配备，但总容量不必超过 45 L。	对于平台： 在每个机器处所的任一点至灭火器的步行距离不大于 10 m 处，至少设置 2 具； 对于平台： 在每个机器处所的任一点至少有一具； 对机器输出功率每 750 kW 型或其零数配备泡沫型 1 具，其总数不应少于 2 具，不多于 6 具。②	任一点至灭火器的步行距离不大于 10 m 的任一点至灭火器的步行距离不大于 10 m。	其相互间距离不大于 20 m，且在每层车辆甲板的任意位置灭火器处所内任一种处所内任意位置至少备 2 具； 对于高速船：灭火器处所内任意位置至少有 1 具，且至少有 1 具 CO_2 灭火器	但船上应有供特种处所特种处所使用的	对于平台直升机甲板，通往该甲板直升机甲板的通道附近配备： 1. 总容量不小于 45 kg 的干粉灭火器； 2. 小于 18 kg 的 CO_2 灭火器
手提式泡沫枪装置		每一锅炉舱内至少设置 1 套	每一锅炉舱内至少设置 1 套				
大型泡沫灭火器		每一锅炉舱内设 1 具，容量至少为 135 L。	足够数量，每具容量至少为 45 L，每一机为 45 L③				

表 6.5（续）

名称	存放地点	机器处所				其他
		设有燃油锅炉或燃油装置的A类机器处所[①]	设有内燃机的A类机器处所	功率不小于375 kW的汽轮机处所	功率不小于375 kW的汽轮机处所	载客超过36人客船的每一A类机器处所	特种处所和滚装处所
水雾枪	起居处所、服务处所和控制站	每一生火处所1具，也可用1具手提式灭火器代替（包括平台）				每一A类机器处所至少设有2具	每一特种处所至少设有3具（包括高速船）

注：①货船小于175 kW的生活用锅炉，可放宽此项要求。
②如果设置了容量至少为135 L的大型泡沫灭火器，则可以不设手提式灭火器。
③如果设有符合要求的固定式灭火系统，且至少具有等效的保护，则可以不设灭火器。

内装砂子或浸透苏打的锯屑的容器

表 6.6　国际航行船舶消防员装备配备表

船舶类型	设有旅客处所和服务处所的甲板
客船	至少 2 套,且在任一位置可即刻获得至少 2 套消防员装备和 1 套个人配备。 1. 按其最大的旅客处所和服务处所的合计长度,每 80 m 或其零数备有 2 套消防员装备和 2 套个人配备; 2. 对载客超过 36 人的,每一主竖区内应另增加 2 套消防员装备,每具呼吸器应设有 1 支水雾枪; 3. 可根据船舶大小和类型适当增加数量
液货船	至少 4 套,根据船舶大小和类型还需增加个人配备和呼吸器数量
货船	至少 2 套,根据船舶大小和类型还需增加个人配备和呼吸器数量
液化气体船	货舱总容积:≤5 000 m³　4 套;≥5 000 m³　5 套
高速船	除 A 类客船以外的所有船舶应至少配备 2 套消防员装备。 对于 B 类客船: 1. 按其旅客处所和服务处所的总长度或这种甲板如多于一层,按其最大的旅客处所和服务处所的总长度,每 80 m 或其零数备有 2 套消防员装备和 2 套个人配备; 2. 每具呼吸器应设有 1 支水雾枪,存放在呼吸器相邻处; 3. 可根据船舶大小和类型适当增加数量。 在客船上,应在任一控制站获得至少 2 套消防员装备和 1 套个人配备
平台	至少 2 套消防员装备和 2 套个人配备。 消防员装备应易于到达并随时取用,如适用,其中 1 套装备应存放在直升机甲板的附近

表 6.7　船舶防火控制图识别符号

1 结构防火识别符号

序号	识别符号	名称	使用说明
1.1		A 级分隔	
1.2		B 级分隔	
1.3		主竖区	
1.4		A 级铰链防火门	符号应标在门的位置上,且显示防火门的实际方位。 如是水密门,则在符号右侧加上 WT 字样。 如是半水密门,则在符号右侧加上 SWT 字样

表6.7（续）

序号	识别符号	名称	使用说明
1.5		B级铰链防火门	符号应标在门的位置上,且显示防火门的实际方位。 如是水密门,则在符号右侧加上 WT 字样。 如是半水密门,则在符号右侧加上 SWT 字样
1.6		A级自闭式防火门	符号应标在门的位置上,且显示防火门的实际方位。 如是水密门,则在符号右侧加上 WT 字样。 如是半水密门,则在符号右侧加上 SWT 字样
1.7		B级自闭式防火门	符号应标在门的位置上,且显示防火门的实际方位。 如是水密门,则在符号右侧加上 WT 字样。 如是半水密门,则在符号右侧加上 SWT 字样
1.8		A级滑动防火门	符号应标在门的位置上,且显示防火门的实际方位。 如是水密门,则在符号右侧加上 WT 字样。 如是半水密门,则在符号右侧加上 SWT 字样
1.9		B级滑动防火门	符号应标在门的位置上,且显示防火门的实际方位。 如是水密门,则在符号右侧加上 WT 字样。 如是半水密门,则在符号右侧加上 SWT 字样
1.10		A级自闭式滑动防火门	符号应标在门的位置上,且显示防火门的实际方位。 如是水密门,则在符号右侧加上 WT 字样。 如是半水密门,则在符号右侧加上 SWT 字样
1.11		B级自闭式滑动防火门	符号应标在门的位置上,且显示防火门的实际方位。 如是水密门,则在符号右侧加上 WT 字样。 如是半水密门,则在符号右侧加上 SWT 字样

表 6.7（续）

序号	识别符号	名称	使用说明
1.12		遥控通风或关闭	圆圈和符号右侧字母的颜色表示： A = 起居处所和服务处所为蓝色； M = 机器处所为绿色； C = 装货处所为黄色
1.13		遥控天窗	
1.14		遥控水密门或防火门	在符号右侧加上 WT 字样表示遥控水密门，加上 FD 字样表示遥控防火门
1.15		防火风闸	圆圈和符号右侧字母的颜色表示： A = 起居处所和服务处所为蓝色； M = 机器处所为绿色； C = 装货处所为黄色。 风闸的识别号可在符号底部标明
1.16		通风进口或出口的关闭装置	圆圈和符号右侧字母的颜色表示： A = 起居处所和服务处所为蓝色； M = 机器处所为绿色； C = 装货处所为黄色。 关闭装置的识别号可在符号底部标明
1.17		遥控防火风闸	圆圈和符号右侧字母的颜色表示： A = 起居处所和服务处所为蓝色； M = 机器处所为绿色； C = 装货处所为黄色。 风闸的识别号可在符号底部标明
1.18		通风进口或出口的遥控关闭装置	圆圈和符号右侧字母的颜色表示： A = 起居处所和服务处所为蓝色； M = 机器处所为绿色； C = 装货处所为黄色。 关闭装置的识别号可在符号底部标明

2 消防装置识别符号

序号	识别符号	名称	使用说明
2.1	Fire Plan	消防装置或结构消防图	
2.2		遥控消防泵	
2.3		消防泵	每单位时间排放的消防用水类型和用量以及压力头应在符号右侧或图注中标明
2.4		遥控应急消防泵或由应急电源供电的消防泵	
2.5		应急消防泵	每单位时间排放的消防用水类型和用量以及压力头应在符号右侧或图注中标明
2.6		燃油泵遥控关闭	
2.7		滑油泵遥控关闭	
2.8		遥控舱底泵	
2.9		遥控应急舱底泵	

表 6.7(续)

序号	识别符号	名称	使用说明
2.10		遥控燃油阀	
2.11		遥控滑油阀	
2.12		遥控消防泵阀	
2.13	Co_2	遥控施放站	在符号底部标明所保护的处所。灭火剂种类应在符号下端用颜色指示,并在符号右侧用一个字母标明:灰色—CO_2 代表二氧化碳或 N 代表氮气,棕色—H 代表除 CO_2 或 N 以外的气体(标明气体种类),白色—P 代表干粉,绿色—W 代表水
2.14		国际通岸接头	
2.15	W	消防栓	
2.16	W	消防总管阀组	在符号右侧标明阀组的参考号
2.17	S	喷淋器阀组	在符号右侧标明阀组的参考号。本符号还适用于同类水型灭火系统。自动干管喷淋器系统的阀组应在图注中标明

表 6.7（续）

序号	识别符号	名称	使用说明
2.18	P	干粉阀组	在符号右侧标明阀组的参考号
2.19	F	泡沫阀组	在符号右侧标明阀组的参考号
2.20	F	固定式灭火装置	灭火剂种类应在符号中部用颜色指示,并在符号上方用一个字母标明:灰色—CO_2 代表二氧化碳或 N 代表氮气,黄色—F 代表泡沫,棕色—H 代表除 CO_2 或 N 以外的气体(标明气体种类),白色—P 代表干粉,绿色—W 代表水
2.21	CO_2	固定式灭火钢瓶组	灭火剂种类应在符号下端用颜色指示,并在符号上方用一个字母标明:灰色—CO_2 代表二氧化碳或 N 代表氮气,黄色—F 代表泡沫,棕色—H 代表除 CO_2 或 N 以外的气体(标明气体种类),白色—P 代表干粉,绿色—W 代表水
2.22	H	放置在所保护区域的固定式灭火瓶	灭火剂种类应在符号下端用颜色指示,并在符号上方用一个字母标明:灰色—CO_2 代表二氧化碳或 N 代表氮气,黄色—F 代表泡沫,棕色—H 代表除 CO_2 或 N 以外的气体(标明气体种类),白色—P 代表干粉,绿色—W 代表水
2.23		高倍泡沫供应导管（排出管）	如有必要,在符号底部标明所保护的处所
2.24		喷水系统阀	如有必要,在符号底部标明所保护的处所

表 6.7（续）

序号	识别符号	名称	使用说明
2.25	IG	惰性气体装置	
2.26	F（炮图）	炮	灭火剂种类应在符号中部用颜色指示,并在符号上方用一个字母标明:黄色—F 代表泡沫,白色—P 代表干粉,绿色—W 代表水
2.27	W（消防水带图）	消防水带和水枪	在符号右侧标明水带的长度;如果只使用一种水带,可在图注中标出。灭火剂种类应在符号下部用颜色指示,并在符号上方用一个字母标明:黄色—F 代表泡沫,白色—P 代表干粉,绿色—W 代表水
2.28	F 6 L（灭火器图）	灭火器	在符号右侧标明灭火剂(CO_2 代表二氧化碳,F 代表泡沫,H 代表除 CO_2 以外的气体(标明气体种类),P 代表干粉,W 代表水)和容量(气体和干粉用 KG 表示,水和泡沫用 L 表示)。灭火剂种类应在符号下端用颜色指示:灰色代表二氧化碳,黄色代表泡沫,棕色代表除 CO_2 以外的气体,白色代表干粉,绿色代表水
2.29	F 50 L（舟车式灭火器图）	舟车式灭火器	在符号右侧标明灭火剂(CO_2 代表二氧化碳,F 代表泡沫,H 代表除 CO_2 以外的气体(标明气体种类),P 代表干粉,W 代表水)和容量(气体和干粉用 KG 表示,水和泡沫用 L 表示)。灭火剂种类应在符号下端用颜色指示:灰色代表二氧化碳,黄色代表泡沫,棕色代表除 CO_2 以外的气体,白色代表干粉,绿色代表水
2.30	（手提式泡沫喷枪图）	手提式泡沫喷枪或相关备用箱	

表 6.7(续)

序号	识别符号	名称	使用说明
2.31	**FL**	消防贮存箱	在符号右侧标明消防贮存箱号。每个消防储存箱里的主要贮存物应在图注中标明
2.32	F	由灭火系统保护的处所或处所群	在符号上方标明灭火剂(CO_2 代表二氧化碳，F 代表泡沫，H 代表除 CO_2 以外的气体(标明气体种类)，P 代表干粉，W 代表水，S 代表喷淋器或高压水型灭火系统)和容量(气体和干粉用 KG 表示，水和泡沫用 L 表示)。添加后缀 L 表示固定式局部应用消防系统。灭火剂种类应在符号下端用颜色指示：灰色代表二氧化碳，黄色代表泡沫，棕色代表除 CO_2 以外的气体，白色代表干粉，绿色代表水，橘黄色代表喷淋器或高压水型灭火系统
2.33		水雾喷枪	
2.34	G	应急电源(发电机)	
2.35		应急电源(电池)	
2.36		应急配电板	
2.37		压缩空气呼吸装置	

表 **6.7**(续)

序号	识别符号	名称	使用说明
2.38		探火和报警 系统控制屏	
2.39		火警按钮/开关	
2.40		手操呼叫点	由主管机关自行决定是否使用本符号
2.41		由感烟探测器监控的 处所或处所群	应标明受监控的处所
2.42		由感温探测器监控的 处所或处所群	应标明受监控的处所
2.43		由火焰探测器监控的 处所或处所群	应标明受监控的处所
2.44		由可燃气探测器 监控的处所	

3 脱险通道和相关脱险设施的识别符号

序号	识别符号	名称	使用说明
3.1		主脱险路线	
3.2		副脱险路线	
3.3		应急脱险呼吸装置 （EEBD）	在符号右侧标明所装载的 EEBD 数量

参考文献

［1］ "船舶管理"中国海事服务中心组织.船舶管理［M］.大连:大连海事大学出版社,2014.
［2］ 杨星.船舶结构与设备［M］.武汉:武汉理工大学出版社,2016.
［3］ 国际海事组织(IMO)国际消防安全系统规则［S］.北京:人民交通出版社,2014.
［4］ 国际海事组织(IMO)国际海上人命安全公约［S］.北京:人民交通出版社,2017.
［5］ 中国船级社(CCS)钢制海船入级规范2006［S］.北京:人民交通出版社,2006.
［6］ 崔刚.船舶结构与设备［M］.大连:大连海事大学出版社,2016.
［7］ 熊仕涛.船舶概论［M］.哈尔滨:哈尔滨工程大学出版社,2010.